社会治理的法治生态研究

张有亮　著

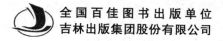

全国百佳图书出版单位
吉林出版集团股份有限公司

图书在版编目（CIP）数据

社会治理的法治生态研究 / 张有亮著 . -- 长春：
吉林出版集团股份有限公司 , 2021.8
ISBN 978-7-5731-0389-5

Ⅰ . ①社… Ⅱ . ①张… Ⅲ . ①社会主义法治 – 建设 –
研究 – 中国 Ⅳ . ① D920.0

中国版本图书馆 CIP 数据核字 (2021) 第 186298 号

社会治理的法治生态研究

作　　者 / 张有亮　著
出 版 人 / 吴文阁
责任编辑 / 朱子玉　杨　帆
责任校对 / 张洪亮
封面设计 / 优盛文化
开　　本 /710mm×1000mm 1/16
字　　数 /260 千字
印　　张 /15
版　　次 /2021 年 8 月第 1 版
印　　次 /2021 年 8 月第 1 次印刷

出　　版 / 吉林出版集团股份有限公司（长春市人民大街4646号）
发　　行 / 吉林音像出版社有限责任公司
地　　址 / 吉林省长春市净月区福祉大路 5788 号出版大厦 A 座 13 层
电　　话 /0431-81629660
印　　刷 / 定州启航印刷有限公司

ISBN 978-7-5731-0389-5　　　定价 /79.00 元

社会治理是一个能引起国家和政府高度重视、拨动民众向往心弦的问题。社会治理的中心问题是要在既定的生产力水平条件下，寻求社会中人们之间利益和权利分配的合理化，维护社会稳定与发展。从社会管理到社会治理表明，国家将从多主体、多层次、多角度互动的视角重新审视社会治理问题，努力实现从传统社会管理向现代社会治理的转变。

中共十八大报告提出"在改善民生和创新管理中加强社会建设"，中共十八届三中全会提出"紧紧围绕更好保障和改善民生，促进社会公平正义，深化社会体制改革"。社会建设是一个庞大而复杂的系统工程，需要我们准确打开社会建设的入口，才能在纷繁复杂的社会建设中事半功倍。民生是广大人民群众社会经济生活中的基本需求，也是党和国家当前及今后长时间关注的基本问题。自从社会治理的理念和模式被提出后，社会治理的目标就始终与民生紧密地联系在一起。民生保障必须法治化，通过具体法律制度予以落实。无论是我国民生的发展，还是西方民生社会保障制度的制定、执行，都告诉我们，民生要想获得长久性与现实性，就必须与法治结合起来，这是法治国家之必然规律。

但是，由于我国学术界对社会治理的研究自 20 世纪 90 年代才开始，民生保障进入法学界视野的时间更晚，因此现有成果对创新社会治理体制背景下的民生保障法律制度研究严重不足，主要存在以下缺陷。第一，社会治理研究与民生保障法律制度研究在两条互不搭界的平行轨道上运行，忽视了社会建设两个不可分割的统一整体。社会学界主要在社会治理领域耕耘，法学界主要在民生保障法律制度领域劳作，很少相互沟通合作，导致民生保障法律制度缺少社会各方参与而无法达到预期效果。第二，没有将民生权利理念与社会治理的法治保障结合进行研究。在一系列的研究摸索中，学者虽关注到民生保障与法治密切关联，但未从法治的具体要求和环节上对社会治理进行研究。目前，学术界有从权利角度论证其保障的必要性，也有从具体部门法角度探讨如何从刑法、民法乃至财税经济法层面保障民生，但这些角度和视野使研究囿于形而下的"器"，无法彻底解决部门法在具体制度设计时的价值取向、权利、责任，特别是义务的主要承载者等一系列问题。毕竟制度设计的前端工作是统一认识，统一具体制度保障应该遵循的价值诉求。

鉴于目前现有研究的匮乏，进一步发展、突破的空间巨大，要求我们深刻领会社会治理的模式转变、社会治理的目标达成等。我们认为，社会治理以法治为载体，以民生为价值取向，以公民权利保障和实现为目标。研究的目标决定了研究的任务，在建设法治中国的进程中，以民生保障为视角，探讨社会治理的法治模式，具体从立法、执法、司法监督三方面对保障民生的法治供给进行研究，进一步明确立法、执法及司法过程中如何实现民生的保障。特别是在三大环节中理解尊重社会需求，吸收社会力量，将社会协同融入社会治理的法治环节当中。立法方面的回应与互动模式，从法治社会到公民意识再到法治政府，形成三位一体的民生发展与法治国家互动效益，从制度安排、协调运作到评价标准，形成完整的民生保障的社会治理制度研究，为民生问题的法律解决提供具体有效、操作性强的理论指导。

基于法治的动态保障对社会治理的重要意义的考量，笔者拟在社会治理的法治生态研究这一主题框架下，从梳理权限、规范程序、创新机制、信息公开到治理成果共享和主体激励的研究脉络对完善社会治理的法治生态展开论证，提出从管理观念转变、法律法规完善、网络舆情引导、行业自律与技术规范等方面的建议，以期实现社会治理的有效法律规制。

明确新媒体时代创新社会管理的法治生态建设的方向是"既要有活力，又要有秩序"，制度设计要致力创新主体激励、致力均衡发展、致力形成合力、致力控制风险。提出增强中国特色社会主义法治文化软实力在新媒体社会管理创新过程中的渗透力和影响力研究。将多元化主体参与作为化解社会矛盾和改善民生的突破口和基础。以完善立法、公正司法、人性执法的法治精神，实现新媒体时代社会管理创新的三维之治。

国家治理与国家管理在治理主体（由单中心向多中心转变）、治理手段（由刚性管制向柔性服务转变）、治理空间（由平面化向网络化转变）、治理目的（由工具化向价值化转变）等多方面有明显区别，国家权力与社会力量的协同才是社会治理的发展趋势。在协同理论下，公共权力运作流程不再是单一的自上而下，而是互动式、多向度的。一是政府由凌驾于市民社会之上的管理者，重新回到市民社会之中成为服务者；二是主体趋于多元化，政府必须与各种社会组织一起形成协作网络，在共同分担社会责任的基础上形成多元协同治理机制，共享公共资源，参与公共治理，并使各方共同受益。社会治理始终以法治为最基础和最重要的方式，通过社会治理创新中多元主体、多元利益、多元价值和多元方式的引入，为传统社会治理法治的立法、执法和司法提供新的动力元素，以期形成协商立法、合作治理、指标考核和多元监督的互动型、回应型社会治理新貌。

新媒体时代创新社会治理的法治生态格局，需要依靠公众参与驱动，发挥主体多元化和法治动态化这两重关键性要素，以法治作为撬动创新社会治理的有力杠杆，推动公众在治理结构转型、创新管理主体和完善法治生态、动态发展三重因素的进程中发力，实现创新社会治理与法治的生态性互恰。"社会治理"应该更加强调"双中心""多主体"的治理理念，强调平等合作的治理过程，强调国家权力有效引导下的多元参与的治理方式，在保证更多公众参与的前提下，集中解决治理过程中产生的一系列问题，才可以使社会更协调进步，最终实现公平正义。

社会治理与法治生态的共生关系是新媒体时代下权力与权利关系的规则。法治生态是属于社会生态中的一个子系统，与经济生态、文化生态并列平行的制度构成样态，包括立法、执法及司法在内的整个法治系统的生态化。社会治理创新的法治生态即用生态文明的理念和生态学的原理方法构筑社会治理法治，将生态理性和生态文明观贯穿到我国社会治理实践过程中，社会治理的法治生态制度建设应该围绕着公众参与立法、执法及司法领域构建，保证法治发展与进步的生态化机制的构建，强调整体关联性下的权利与权力智慧共生，强调基于自我修复和平衡法则下的权利制衡权力，追求权利保障与权力规范和谐共赢的社会治理方式的实现。基于新媒体治理背景下社会有效治理，必须建立社会合作治理体系，这一治理体系的建构基本上包括四大特征，即要求治理主体由单中心向多中心转变；治理手段由刚性管制向柔性服务转变；治理空间由平面化向网络化转变；治理目的由工具化向价值化转变。

社会治理的法治生态制度构建应以人大主导的协商立法体制推进社会治理创新，通过协商民主的运用来维持社会的和谐稳定及可持续发展；社会治理的法治生态制度构建应保护和调动公民自治的积极性，在政府主导的行政执法领域、社会组织协同的市场机制领域和公民自治组织参与的自治调节保障领域各自实现行政与公民的良性互动。社会治理的法治生态制度构建应建立社会治理过程中的监督体制，确保社会治理中的多元主体合理、合法地参与到社会事务的共治中。

目录
contents

第一章　社会治理的现状研究

一、社会治理的概念、内涵与外延

（一）"治理"的语义分析

"治理"（governance），《朗文英汉双解活用词典》将其解释为"to rule a country, city and its people"。作为 govern 的名词化形式，单从英文解释来看，governance 意图是在国家或者城邦构建一种规则（rule），使之秩序化。

在汉语言文字中，"治理"一词的含义较为丰富，如办理、管理、解决、处分、处置等意思，综合起来主要有三层含义。一是指一种管理的行为。"治理"最早出现在《荀子·君道》："明分职，序事业，材技官能，莫不治理，则公道达而私门塞矣，公义明而私事息矣。"而后，《汉书·赵广汉传》中指出："壹切治理，威名远闻。"《孔子家语·贤君》也有论及："吾欲使官府治理，为之奈何？"可见在汉语言文字中，治理的任务主要在政府，在于"官能"。清王士禛《池北偶谈·谈异六·风异》中记载："帝王克勤天戒，凡有垂象，皆关治理。"二是指治理政务的道理。清严有禧《漱华随笔·限田》中记载："蒋德璟出揭驳之：'……由此思之，法非不善，而井田既湮，势固不能行也，其言颇达治理。"三是指修整、处理，如常用搭配"治理黄河"等。

从中西方语义的比对中不难看出，在西方，governance 重在一种规则（rule）的构建，不论是对国家、城市还是城邦、人民，治理的方式最为重要。而汉语中的"治理"，虽然也含有治理的方式或规则，但在具体语境中使用时，更关注治理的主体或强调"谁"对"谁"的治理。

（二）"治理"的科学内涵

全球治理委员会于1992年成立，"治理"这一概念被总结发表在《天涯成比邻》（《我们的全球伙伴关系》，1995年）中，该文件是现如今界定"治理"内涵理论被学者引用最多的文件之一，其总结了"治理"的基本特征——治理是协调、持续、平衡、互动的过程，并不是国家独裁专制、强制控制社会活动的过程，它不同于完整的规章制度与法律相关规则，即在治理过程中需要同时涉及公共利益与个人利益。"治理"的理论如今被各国学者广泛积极地讨论与研究，大体可以划分为五种意见。第一种研究的观点认为，政府是实施治理的重要机构，但来自社会的公共机构和实施的行为者同样重要。第二种研究的观点认为，治理过程中存在许多模糊不清的界限，尤其是在经济或社会领域方面，责任不明也尤为严重，原因在于社会及公民更多地承担此责任，由此产生了一些自愿性的公民组织或部门，国家也减轻了一部分责任。第三种研究的观点认为，在社会治理不断进步和发展的过程中，社会各个工作机构之间存在着相互补充的现象，而治理恰好平衡了各集体之间的关系。第四种研究的观点认为，如今自媒体已经不再是小众群体，自媒体时代下，我们更应注重网络赋权，参与治理活动的行为者会不断强化自身的特殊性，并且形成特殊的区域——网络自主领域。在此治理领域，仅有少数政府支持与合作，更多是自治产生合意而实施治理。第五种研究的观点认为，在治理公共事务等方面的过程中，不仅政府有责任与义务支持与指导活动的展开，其他社会组织或机构还可以利用科学技术与手段参与治理活动，同时可以分担并减少政府下属相关行政机构的管理责任。

（三）中国语境社会治理的概念嬗变

中国社会"治理"的概念来源于中共十八届三中全会，在此之前，不论是理论研究方面，还是课题申报方面，均使用"社会管理"这一概念，这么做的目的是与国家颁布的有关社会治理方面的文件保持高度统一。"社会管理"的目的主要是保持社会秩序的稳定，社会管理的主体是政府，政府管理者的身份出现在社会管理中，社会和普通公民则是以被管理的对象的身份出现在社会管理中。

2016年，中共宣传部组织编写的《习近平总书记系列重要讲话读本》中对改进民生和创新社会治理问题进行了相关的论述。社会治理在社会建设方面起到了举足轻重的作用，只有真正做好社会治理才能有机会完成社会的基础建设。

自 20 世纪 90 年代以来，党与政府主要的工作是要在社会管理方面取得重大突破，要在社会管理方面积累丰富而又宝贵的经验。目前，我国改革处于攻坚阶段，社会管理已经基本解决小问题、小矛盾，但是仍有一些根本性的问题还等待党和政府用最优化、最有效、最快捷的方式去解决，只有不断深化我们国家的改革，完善各项规章制度与法律法规，才能实现从传统社会管理向现代社会治理的转变。①

综上所述，我们需要依法从源头入手实施综合性与系统性的科学治理。我国从中共十八大到中共十八届三中全会治理工作所做出的进步，不仅是在文字上由"社会管理"到"社会治理"的改变，还在主体上由政府扩大到社会公共机构等，国家将更多精力集中在宏观方向上。上述的这些改变促使学界必须从一种多主体、多层次、多角度互动的视角重新审视社会建设问题。在深刻领会我党对社会治理的相关论述后，我们认为"社会治理"应该更加强调"双中心""多主体"的治理理念，强调平等合作的治理过程，强调国家权力有效引导下的多元参与的治理方式，在保证更多公众参与的前提下，集中解决治理过程中产生的一系列问题，才可以使社会更协调进步，最终实现公平正义。在这一点上，国内许多学者对社会治理的核心思想的理解不谋而合。首先，社会治理不能脱离政府的有效管理，因此政府应当作为社会治理的主导。②全心全意为人民服务，将人民的利益置于首位。其次，充分调动其他治理参与者的力量，形成社会治理的第二中心，增强社会的自愈力。换言之，社会治理创新不能仅仅依靠政府，应该发挥多元治理主体的作用，针对国家治理中的社会问题，完善社会福利、保障改善民生、化解社会矛盾、促进社会公平、推动社会有序和谐发展（王浦曲，2014）。最后，创新治理新格局需要政府跳出固有思维与模式，将长期以来利用行政措施治理社会矛盾问题适当放权，多听群众的心声，重视社会治理过程中自发形成的社会力量，在应对突发情况中找出焦点矛盾，不要为了急于解决冲突而稳定求和，可借助社会治理机构等和谐处理纠纷矛盾，表面的稳定并不代表问题最终的解决，社会治理的实质目标是实现人民群众的利益最大化。而从社会管理转变为社会治理，改变的不仅是文字，还是思维模式的变革，从治理的原则、宗旨及理念到治理的机制与手段，单一性由政府管制的治理模式早已不能满足新媒体时代的到来。因此，课题组认为，社会治理在概念上的细

---

① 　闫文秀、李善峰：《新型农村社区共同体何以可能？——中国农村社区建设十年反思与展望（2006—2016）》，《山东社会科学》2017 年第 12 期。

② 　杨新元：《论我国社会法治理的调整对象》，《社会治理法治前沿年刊》2017 年第 8 期。

微区别预示了社会建设在整体上的不同，所谓差之毫厘，失之千里。概念语意的转变，贯穿着对治理机制创新的要求和期待。

（四）外延：相关范畴及区别

1. 理念不同

"治理"重在"治"，在《说文解字》中主要的含义是"治"水，即要顺应水势，水的流经规律，采取疏导、分流、利用等积极的方法进行"治"理，而"管理"却强调"管"。因此，治理和管理在主导思想上有很大的区别，治理旨在遵循社会发展的规律，对社会事务及社会发展过程中的矛盾进行引导与疏通，重心在"导"；而管理以一种积极控制的态度对社会事务进行"管"，在"管"的过程中，必然带有限制、把控之意。因此，社会治理强调政府领航员的角色，政府不能只从微观角度上"控制"（control），更应在宏观基础上指导社会。在这一点上，一方面要求政府必须转变职能，另一方面要求政府调动民间其他力量，强调社会和民间的协同与合作。

2. 着力点不同

管理是一种自上而下的垂直方向，上下级关系较单一，上级发布命令，部署工作任务和安排，下级执行命令，完成工作任务。庞大的社会事务，往往只集中在政府行政权力范围内，因此为了应付烦冗复杂、层出不穷的社会事务，行政权力无限制扩大成为不可避免的趋势，如政府机构扩张、人员臃肿等症结都在于政府对社会管得过多。社会治理与之不同，由于治理的主体已由政府的单一性转向了社会的多主体，社会组织、公民自治组织等都加入社会治理的过程中，社会治理力量发生了转向，从自上而下的垂直方向转向了横向协商的公治方向。治理更多地依靠市场规律与"民间智慧"。相比政府而言，产业发展的内在机制和趋势、社会发展过程的矛盾和不适，都是身临其境的社会组织或者参与者才能真正了解和体会到其中的治理之道。

3. 角色定位不同

在社会管理中，政府承担着主要责任，其发挥的作用具有不可替代性。在社会管理中，政府是全权负责制，既是具体规则的制定者，又是执行者，也是责任的承担者。而社会治理更多强调多元化主体共同承担责任，彼此之间有着良好的合作关系。在推进社会治理的过程中，国家和政府逐渐减少了应承担的管理责任，而各种相关的社会组织和公民志愿团体发挥着越来越重要的作用。在治理活动中，社会服务寓于社会管理中，而在管理状态下，社会服务主要是由政府供给，参与成员无法自主选择这种社会服务。社会治理主要依据参与者自身情况提出所需内容，强调成员积极主动提出要求或愿望，对所提出的服务项目，由社会团体或组织自主实施，政府提供扶持，并接受政府的监督和估量。概言之，在推进社会治理的过程中，政府应当扮演好掌舵人的角色，从具体事物的"亲力亲为"中解放出来，更多地研究产业和市场发展的内在机制与趋势，对社会发展多进行宏观上的引导，减少顶层设计上的大而不当。

4. 目标样态不同

社会管理是以国家利益为导向，国家利益在不同阶段表现出不同的价值追求。比如，战争年代国家最大的利益是国土安全和民族独立，处在和平年代则会因社会发展状况的不同而有所不同。国家处于发展中的初级阶段，社会安全与秩序成为首先需要考量的利益；国家在发展的攻坚阶段，则以经济为中心，GDP 就成为最迫切的追求目标。当国家发展到一定阶段，利益也许会转向民生的追求和实现层面。因此，只要是在管理主导的前提下，国家的整体利益是永远需要首先考量的利益，虽然社会主义国家以追求全体人民的利益为最终目标，但是从宏观角度出发，将整体考量作为必要条件时，不可避免地会牺牲一部分公民的群体利益。

比如，《中华人民共和国刑法》长期以来以打击犯罪为主导目标，虽然也在保护人民、保障社会主义建设事业方面起到了积极的作用，但是由于法律的主旨目标所限，它在打击犯罪的实践中不可避免地会产生一些负面因子。例如，在积极追求社会秩序安全下的"河北气枪案"，就对法治的尊严和稳定性造成了一些不可避免之损害。因此，社会管理和社会治理由于目标不同，造就了利益主导方面的区别，更加促成了社会样态的大相径庭。由于社会管理目标的实现主要依靠行政权力，政府在社会发展上的领导地位，在经济目标实现上的全职责任，使整个社会的行政化色彩较浓，表现出一种行政社会的形态，即整个社会以行政权力为中心，以行政权力的运行方向为导向，以行政官员的命令和意志为宗旨的样态。相反，在社会治理的大前提下，由于政府从社会繁杂事务的"亲力亲为"中解放出来，转变为社会发展的掌舵人，相应地，社会事务在社会组织与公民自治组织的共同努力下得到解决，无须借助行政手段或奉命行事的做法，自主协商解决矛盾的方式也更大限度地缓解了行政压力。因此，从一定程度而言，法律规则就成为一种通行的治理依据。不论是社会组织还是个人，也不论是行政机关还是企事业单位，都必须以法律规则为行动指南，以公民权利的保障为终极目标，这恰恰符合了法治社会的要求和形态，正如表 1-1 所示。

表1-1　不同目标样态不同

	社会控制	社会管理	社会治理
主体	政府（单一）	强政府＋弱社会	社会（多元主体）
政府作用	管制主导	管制主导	掌握方向（掌舵）
权力运行	自上而下的行政命令（完全强制）	自上而下的管理（强制主导）	横向、协商和公治
目标	国家利益导向	国家利益导向	公共利益、人民群众利益为导向
社会形态	行政社会	行政社会	法治社会

二、社会治理的现状分析

（一）社会治理的发展远景

社会变革依赖社会信息的传播形式和过程，因此必须认识到新媒体给社会结构改变带来的深远影响，在新媒体视阈下，要依据其新特征加强社会治理。现阶段的社会治理中不断涌现新的问题，是因为新媒体这一特殊环境改变了以往的传统管理背景，突破了传统信息传播途径。在此背景下，营造和谐的社会治理环境需要新媒体的有力支撑。

1. 社会治理环境更加开放

现在，信息传播网络已经基本能够覆盖到世界的各个角落，其覆盖范围之大、涵盖内容之多、传播速度之快，使新媒体这一传播信息平台不受文化、种族、国界的阻碍，都能实现平等交流。因此，国内政府发布的各类信息、制定的方针和政策，都能够在短时间内传播到世界各地，使社会治理工作处于一个完全开放的状态。面对这种变化，政府要改变传统的社会管理理念。根据新形势下的新特征改变工作方法，提高工作人员的执政能力。

2. 社会治理内容更加务实

在传统的社会管理中，公民会保留自己的观点，尤其是在涉及政治问题上，会因为某些特殊情况回避一些问题。而新媒体这个互动平台恰好改变了这个局面，各种身份的人都可以利用新媒体对社会治理工作发表个人看法，提出个人见解，新媒体既能保护公民的隐私，又可以获得公民最真实的想法。因此，新媒体属于连接政府与公民最便捷的纽带，新媒体将成为倾听民意、汇集民智、联系群众的重要渠道。

3. 社会治理更加民主

近年来，社会治理工作的开展更加注重民生、民情，民意表达也呈现增强趋势，对政府决策的影响也越来越大，而且新媒体所营造的新型公共领域为政府与公民的互动交流提供了更广泛、便捷的渠道与平台。政府的权力由人民赋予，政府制定的方针、政策就必须要围绕民意，以人民诉求为依据。民主意义上的社会治理是由于新媒体有着特殊的影响政策行为的能力。为加快政府—公民协商合作模式的建立，需要改变传统社会管理模式，新媒体恰恰就为此种发展方向提供了便捷渠道。多元化形式下的社会治理需要不断利用先进的技术和手段，为新媒体时代的发展做铺垫。

（二）社会治理的现存问题

1. 社会风险加大

社会风险来源于长期以来历史中积累的社会问题和现阶段社会剧烈变革过程中产生的社会矛盾和不稳定因素，新旧风险交错影响，产生叠加效应，使具体问题更为棘手。我国社会日新月异，自 1978 年 12 月国家实施改革开放以来，从整体上看呈上升趋势，但也存在收入差距扩大化、社会阶级分化严重等问题。随着 2001 年中国加入世界贸易组织，国内外经济环境联系日益密切，经济全球化加速，国内社会状况复杂多变，如社会结构开始出现重大转变，人口、家庭、城乡、就业等方面都有结构性变化，从而增加了社会事务管理过程中的不稳定因素，而当前我国中央及地方政府仍主要依赖传统国家管理模式，经济社会发展态势已超越政府管理的治理体制，传统国家管理模式无法迎合经济社会的快速发展，从而导致国家社会管理能力的施展遭遇瓶颈。[①]

此外，在中国经济发展过程中，伴随经济的飞速发展，随之而来的社会市场的隐性风险和显性危机也不断积累。这些问题直接影响到市场经济制度的运作，为了避免这些问题的发生，进行了产业改革。虽然这些制度仍在不断完善，但在众多社会矛盾叠加的当今社会，在这个高风险、高发展时期，这些不稳定因素、不同层次的风险将影响我国和谐社会、法治社会的建设进程。[②]国家和社会只有切实重视这些问题，并防患于未然或者及时有效解决，才能顺利实现

① 罗豪才、宋功德：《公域之治的转型——对公共治理与公法互动关系的一种透视》，《中国法学》2005 年第 5 期。
② 商巍：《社会治理创新所面临挑战与政策选择》，《法制与社会》2015 年第 3 期。

创新社会治理的目标，保证国家平稳发展、安定繁荣。

2. 计划体制残留

随着社会的发展，我国的法治建设不断取得突破性成就，但是在社会治理过程中，仍有很多问题日益突出。随着社会的全面迅速发展及计划体制的影响，一些政策法规早已滞后，社会治理更无法适应现代化的发展。2013 年，党的十八届三中全会通过的《中共中央关于全面深化改革若干重大问题的决定》提出，在我国社会治理的问题上，治理模式要不断创新，结构要不断优化，须民主的创设主体，客观上要符合各阶层的利益，更规范与透明。科学良好的社会治理组织体系不仅需要不同治理主体都保持相对自主的独立性，还要有相互配合及融合性。然而，当前我国社会政府治理结构还未形成，各级政府治理创新理念还未全面更新和树立。

我国传统文化中的"民本思想"贯穿了两千年的封建专制统治，统治者集权，被统治者臣服，这种等级分明、尊卑有别的现象使民众形成了畏权、求权、攀权的"官本位"思想。该"民本思想"来自孔孟，与当今所提倡"民主思想"并不相同，它不包含"民治"理念。在传统文化和传统国家治理中，社会大众似乎一直处于被动状态，不论是封建君主还是专政政府，国家治理始终只凭借着严密的行政体系进行运作，社会力量发挥的空间极为狭窄，甚至无处施展。受传统文化和统治历史的影响，当今仍有崇信权威、消极应对的现象。这不仅体现在大众中，还体现在行政机关里。多元化主体成为社会治理主体实现社会治理的必由之路。[1]国家治理与社会治理无法和谐共事，行政主导占据很大甚至是决定地位，这严重影响了社会治理的方式、方向和成效。"官本位"思想近年来有所淡化，但还未完全退出整体格局，仍旧影响着社会治理的自由和创新的前提环境。

3. 治理手段单一

根据党的十八届三中全会的指示："坚持系统治理，加强党委领导，发挥政府主导作用，鼓励和支持社会各方面参与，实现政府治理和社会自我调节、居民自治良性互动。"由此可见，第一，参与主体是社会中的有关团体组织及相关公民；第二，社会治理的初衷是达到与政府治理相辅相成的理想状态，也就是说社会治理在一定程度上是配合政府治理来服务于整体大局的。近年来的现实情况多数展现的是社会治理的"维稳"作用，而不是服务全局的作用。

---

① 翁士洪、周一帆：《多层次治理中的中国国家治理理论》，《甘肃行政学院学报》2017年第 6 期。

对此，治理手段局限在单独的方面发挥效用，并且很大程度上依靠行政手段来约束引导或者施压控制社会问题，这必然有碍社会治理自身发展的积极性，继而缺乏创新，手段略显滞后，相关配套制度、基础设施也就急需建立、健全。

多元化主体之间信息多向交流机制是社会治理的重要环节。在新媒体时代，需要借助网络信息技术来保证信息的高效传播。近年来，兴起的"大数据"也对信息传递和信息交互提供了宝贵的借鉴经验，然而，当下中国的互联网或者"大数据"所能助力的空间并不大，究其原因，不外乎于信息共享网络不完善，以及相关数据信息收集、处理的技术手段不成熟等。当社会治理主体无法及时有效地获取相应信息时，就会严重妨碍社会治理的效率甚至是治理的质量，也就会制约政府治理，妨碍行政机关的有效统筹。

三、社会治理的特征分析

（一）治理活动组织形态无形化

传统的治理体系中的治理活动，都有明确的领导及规范的行为准则，而在新媒体时代则不同。新媒体时代发生的各种以媒体为发源地的社会行为，都是受众群体临时自发的群体行为。这种社会行为没有明确的领导，通常是合意者共同作为发起者。在该群体中，也没有形成规范的行为准则，没有规范体系，他们中的大多数人并不是为了追求自己的权利，只是为了发泄个人情绪，以及倾诉个人心声，以此来引起政府及相关部门的注意，以期事件向自己希望的方向发展。

（二）治理活动主体草根化

媒体时代的到来，很大程度上让民众的行为摆脱了政治的束缚，它是一种"在很大程度上摆脱了政治控制的全新的政治参与方式"。传统的治理活动的管理者都是经过层层选拔的优秀人才，底层民众鲜有在大众媒体面前发声的机会，即便是有，也是管理层对其进行筛选、选择的结果，很难真正表达平民的心声。而在新媒体时代，其开放、共享的特性，极大程度地满足了广大民众表达自我的愿望，人民群众可以自由发表言论，能够在不受时间、空间的限制下吐露心声，并且这种行为也不受教育程度的制约，这使社会治理活动更接近底层。

（三）政府对舆论信息管控的弱化

传统的社会管理的信息传播渠道较为简单，管理模式为自上到下的金字塔式的层级管理，管理方式相对单一。此时的政府对社会舆论可以有效掌控，并且可以有效地加以限制。但是在网络发达的今天，新媒体的内容之多、范围之广，让政府垄断媒体信息成为不可能。互联网的发展改变了传统的社会结构，权力并不能独霸信息资源，它也改变了权力集中的单一格局，降低了一味对集体的依靠能力。网络平台的开放性特点，使政府获取信息的途径不如民众便捷，使政府获得信息的内容不如民众全面，使政府得知信息的真实性不如民众准确。

（四）科技比重大

技术创新对社会治理创新起到了巨大的推动作用。治理模式由最初单纯的政府治理转变为以政府治理为主导的社会治理是受到新技术的影响，科技创新是治理模式变革的重要动力。如今，科技成果日新月异，积极运用互联网、大数据等现代科技手段来进一步提升社会治理智能化水平是可以达到预期效果的。

首先，互联网对社会治理的影响。互联网作为20世纪引人瞩目的科技成果，是在美国阿帕网（Advanced Research Projects Agency Network，ARPANET）的基础上逐步建立起来的，互联网的发展为中国的快速发展增添了浓墨重彩的一笔。不论是经济、文化，还是相对而言更为严肃的政治领域，互联网始终发挥着不可小觑的作用。在我国，"社会治理"创新在1998年的《关于国务院机构改革方案的说明》中被提及。随着我国经济、政治的发展，以及互联网技术和社会观念的进步，社会治理中愈发凸显民主、和谐、开放等积极因素。20余年来，互联网为广开言路、集思广益、谋划发展提供了高效便捷的途径，而如今在我国大力构建法治中国的背景下，也极大体现了公平、公正的正统观念。网民数量与日俱增，主动参与政治生活的人也越来越多，社会治理在接下来的时间中，能否实现"社会各方面参与"，很大程度上会受到互联网技术及互联网环境的影响。

其次，大数据对社会治理的影响。李克强首次提出"互联网+"行动计划，推动移动互联网、云计算、大数据等信息技术与现代制造业的完美结合与健康发展。前面提到"互联网"的飞速发展，此处就不得不提及互联网所引领到来的"大数据时代"。互联网可以简单称为"信息高速公路"，信息的往来传输，会带来极大丰富的信息，继而数据系统就会不断膨胀，为了发挥信息的效用，就更需要互联来实现数据共享。在社会治理中，各个参与主体之间、政府和其他主体之间，如果形成数据共享网络，也就综合形成"大数据"。因此，治理过程就会变得有序而合理，也会实现社会治理所欲达到的"善治"标准。俞可平认为，善治的本质特征就在于它是政府与公民对公共生活的合作管理，是政治国家与公民社会的最佳状态。善治表示国家与社会或者政府与公民之间的良好合作。社会治理必须有着多元化的主体来一起分担责任，通过利用资源共享，以促进这种"善治"状态的建立。

最后，新媒体对社会治理的影响。新媒体即"数字化互动式新媒体"，是借助互联网和计算机信息处理技术来传播、融汇信息的一种方法与手段。新媒体相较于"旧媒体"，最明显的特征是"数字化"与"互动式"。它不仅以报纸、电视、广播等"旧媒体"所不及的速度单向传播信息，还以一种开放包容的维度允许信息的多向交流。新媒体环境下的社会治理主体多元，每位主体在治理体系中需要行使某项权力，或者角色转换，又成为接受治理的对象，当其成为对象时又需要履行某项义务、享有某项权利，但不论何种角色，都要有某种机制来保障实施和反馈，以此进行预期、处理以达到"善治"目标。应运而生的新媒体恰恰符合需求，结合"大数据"的庞大数据库及其数据处理能力，在可控范围内，将为社会治理提供高效便捷的互动渠道和传播路径。

四、社会治理的新挑战

从人类社会的发展来看，每一项发明与创造都对社会的发展与进步作出了重大贡献。新媒体的诞生从根本上扭转了人与人之间的交流手段，促进了人类的生产、生活条件，使人类可以在任何角落接收及传递信息。对新媒体的界定，可谓众说纷纭。清华大学的教授熊澄宇认为，新媒体是一个不断变化的概念。新媒体在传播过程中，用户可以通过各种平台发声，表达诉求及个人意向；同时，新媒体所承载的内容多种多样，其涵盖范围之广几乎可以覆盖我们现有的生活；并且，受众群体可以随时随地使用新媒体，其不受时间限制，亦不受空间限制。随着网络发展空间的不断扩大，新媒体在某些方面也给社会治理活动带来了严峻的挑战。

（一）新媒体使社会矛盾复杂多变

新媒体造就了一个同现实世界完全不同的虚拟世界。在那个世界里，受众群体的真实身份我们不得而知，其传递的信息也具有隐匿性，因此现实世界的道德规范无法真正限制他们的行为。在新媒体的信息传播中，无组织主义泛滥，人们都存在于一个虚拟的世界里表达心声，导致人情冷漠、情感淡化，各个阶层的群众均通过各种媒体、媒介表达利益诉求，这就难免会引发各种社会矛盾。

部分群体除了表达经济利益诉求外，一些权利方面的诉求也呈上升趋势。① 近年来，我国频发的各种群体性暴力事件折射出民众参与社会治理的积极性与政府的闭塞决策间的矛盾。除此之外，新媒体平台对个人隐私的监管力度也不够，大量个人信息外泄，网上的人肉搜索、恶意攻击行为屡见不鲜。

（二）新媒体冲击传统媒体

传统媒体背景下社会信息的传播方式比较单一，要经过严格筛选才能进行扩散传播，此时的民众处于被动接收信息的地位，不能主动表达自己、吐露心声，公民也较难参与到政治生活中来，一切舆论导向都由政府主宰，信息过滤也由政府掌控。随着新媒体的演进，社会信息的传播不断满足了底层民众的需求与愿望，这也在很大程度上冲击了旧有的模式体制。

第一，新媒体激发了公众的参与意识。传统的公民参与模式并未给公众提供一个平等、开放的平台，并未重视民众政治参与的主体性。而新媒体极大地增加了各主体间的互动机会，导致传统的公众参与模式已经无法满足人们的需求。新媒体特有的互动性、开放性、全球性、便捷性，改变了传统媒体对信息的发布与传播的垄断，这一平台的建立使个人即时发布信息成为可能。信息主体不分阶层、不分身份，都可以在新媒体平台上自由发表意见，并将信息传播到世界各地。新媒体所建构的虚拟空间形成了一个巨大的无形的舆论场，这将大大拓宽公民表达利益诉求和政治参与的途径。

第二，新媒体改变了信息传播的模式。新媒体更大程度地摆脱了时空限制，改变了传统媒体信息传播的单向途径，有利于民众更自由、更便捷地进行信息交换与互动，新媒体的开放性、全球性决定了信息传播是快速的、不受制约的，这一发展趋势很大程度上削弱了政府对舆论信息的掌控权，而且其形成的"点对点""面对面"的全新信息传播方式，使传统的依赖信息控制的信息传播模式很难奏效。

第三，新媒体为社会成员集聚提供便捷。新媒体涵盖内容之丰富、涉及领域之广泛，已经使传统模式丧失吸引力，而且传统模式已无法满足民众的现实需求。在新媒体这一时代背景下，传统媒体的信息传播模式受到前所未有的冲击。在新媒体时代，媒体传播信息非常迅速，公民可以随时随地通过各种媒体媒介获得大量信息。并且，在媒体这一虚拟平台针对某一事件的看法更容易引起众也更愿意表达自己真实的观点。现如今，中国正面临社会转型的关键时期，

---

① 刘蓼、李晓红：《新媒体时代社会治理方式探析》，《商》2015 年第 9 期。

社会结构在持续变革，社会矛盾与问题也日益加深，新媒体地位的不断提升，势必会带动社会模式的改变。

（三）新媒体的角色失位阻碍社会发展

第一，新媒体的自身属性使网络信息筛选存在一定漏洞，致使虚假新闻、恶言恶语在网络空间疯传。这些不良信息很容易引起各地网民的关注，会引发大量声讨与吐槽，而且恶意评论、制造谎言会使这些信息迅速传播。这不仅使网络平台的公信力大幅度下降，还给当事人造成了极大困扰，严重影响了社会治理工作，给社会治理工作的进行增加了难度。第二，由于现在的网络环境并没有完全落实实名制，一些素质低下的网友便会存有侥幸心理，大肆宣扬不实言论、传播负面信息，甚至用言语进行人身攻击，严重损害了我国和谐社会、文明社会的建设，不利于社会治理的发展。

（四）新媒体带来价值观的偏差

伴随着网络信息技术的迅猛发展，新媒体的广泛应用为公众提供了很好的政治参与平台。但是，经新媒体传播的信息很容易与事实相悖离。在多元化经济和社会结构背景下，人们的价值观呈现多样化也是必然的。由于新媒体发布信息的不可控制性，每个环节的信息传递者都有可能对该信息进行掺杂自我认识的加工，其中的一些不良风气也就极易扩散开来，导致信息接收者对信息产生事实偏差，由此产生的负面效应很容易使社会主义核心价值观偏离正确的轨道。

（五）公共理性欠缺

上述评析是从宏观角度进行阐述的，而具体到大众生活中，存在的挑战主要表现为社会大众在新媒体大环境中的理性缺失，而兴起的社会治理在调节社会情绪、引导情绪宣泄方式合理化的制度是不健全的。

在新媒体环境下，民众通过虚拟空间在理性范围内适度进行情绪宣泄，有利于消减个体不良情绪、减缓社会紧张氛围、减轻社会治理压力。但是，由于新媒体途径使用的不规范、规制框架不健全，加之个人本身受特殊事件的影响做出的主观选择会表现为非理性，继而导致民众宣泄情绪时并不能稳定在公共理性的范围内。

面对社会事件，有些人认为网络是虚拟空间，有一定的隐蔽性，在匿名的情况下，习惯于发表不负责任、欠缺理性的言论；有些人易受情绪感染，尤其在新媒体强大的渗透力下，偏激情绪以病毒式传播，加之个体缺乏辨析和独立思考，人云亦云扩大不理性的情绪；有些人利用公共理性的缺失、利用社会群体的从众心理推动形成激化现象以获取某些不正当或者非法的经济、政治利益。

（六）负面影响波及度广

目前，大部分网民的观点是网络空间是虚拟世界。对于普通网民而言，在这种观点下，"虚拟"意味着可以隐匿网络活动中主体的真实身份，查无凭据的情况下，自己无须负担任何法律或者道德上的责任。而所谓"言论自由"时常成为传播糟粕思想及各种不负责任的言语的借口。这种误区带来的肆意性和自主性时常会给社会带来负面影响，成为社会不和谐因素。虽然在网络技术方面，可以通过如IP、浏览痕迹等来确定违法信息的来源，但是从信息传播起到被发现，再到网络安全维护者打击违法，最后到删除该信息是需要一定时间的，而在这段时间内，违法信息借助新媒体的高速互动性所造成的负面影响就难以预估了。

其一，根据人民网的一篇调查报告，我们可以看到仅2016年的前6个月，全国范围内引起网络舆情群体性事件热度排名前十的案件无一例外反映了社会实情和相应社会问题，涉及领域包括政治、经济、文化、医疗卫生等多个方面。网民通过大众化社交平台，如微信（朋友圈）、微博、新闻客户端热烈讨论时事新闻，陈述观点、批评、反驳、赞扬、支持，各种互动交流带来言论极大自由和思想碰撞的同时，不可避免地会出现语言冲突，故而公众舆论中既存在观念的表达，又存在有损社会主义核心价值观的不当言论。其二，北京地区网站联合辟谣平台刊登的题为《"双十一"谣言袭来，多所高校"中枪"》的新闻中，指明11月6日夜间，某微博称广西财经学院为防学生无度挥霍生活费将于11月11日全天24小时全校停网，并屏蔽周边5千米的手机信号。此条新闻在第一时间就引起热议，该消息快速在学生中间传播开来，之后引起社会的广泛关注。第二天，学校官网给予澄清，此为一则不实报道。该条谣言无论是从损害公众的知情权上，还是学校的声誉和形象上，都造成了不良影响。短时间内，网民即可对该"伪新闻"做出回应。谣言传播越久，受众越多，影响也就越大。

第二章　社会治理的法治生态导向

一、社会治理立法现状研究

（一）社会治理立法概述

社会结构变革、社会关系调整、社会观念变迁等因素影响着社会治理的立法。因此，社会治理的立法应当与这些因素步调一致、相互协调，应当与公众民主法治意识相适应。[①]亚里士多德阐释了"法治"，即"法治应包含两重意义：已成立的法律获得普遍的服从，而大家所服从的法律又应该本身是制定得良好的法律"[②]。

全国人大常务委员会及国务院进一步完善了有关社会治理方面的法律法规。根据 2016 年全国人大常务委员会立法规划和全国人大常务委员会工作要点的安排，2016 年初次审议和继续审议的法律如表 2-1 所示。根据 2016 年国务院立法工作计划，尽快完成起草、审查、制定、修订的任务如表 2-2 所示。

---

① 陈朋、张明：《军社会治理法治化的价值取向及实践回应》，《人民论坛》2015 年第 6 期。

② 亚里士多德：《政治学》，商务印书馆，1965，第 199 页。

表 2-1　2016 年全国人大常委会初次审议和继续审议的法律

序　号	名　　称	通过日期	施行日期
1	《中华人民共和国慈善法》	2016 年 3 月 16 日	2016 年 9 月 1 日
2	《中华人民共和国网络安全法》	2016 年 11 月 7 日	2017 年 6 月 1 日
3	《中华人民共和国民办教育促进法（修改）》	2016 年 11 月 7 日	2017 年 9 月 1 日
4	《中华人民共和国电影产业促进法》	2016 年 11 月 7 日	2017 年 3 月 1 日
5	《中华人民共和国公共文化服务保障法》	2016 年 12 月 1 日公开征求意见	
6	《中华人民共和国红十字会法（修改）》		
7	《中华人民共和国社区矫正法》		

表 2-2　2016 年国务院立法工作计划

任　务	相关内容
起草、审查	《社区矫正法》
制定	《全国社会保障基金条例》《残疾预防和残疾人康复条例》《城镇住房保障条例》
修订	《社会团体登记管理条例》《民办非企业单位登记管理暂行条例》《失业保险条例》《基金会管理条例》《中华人民共和国残疾人教育条例》《互联网信息服务管理办法》《未成年人网络保护条例》《中华人民共和国献血法》《中华人民共和国法律援助法》《中华人民共和国社会组织法》《儿童福利条例》《特困人员供养工作条例》《城市生活无着的流浪乞讨人员救助管理办法实施细则》

（二）社会治理的法治困境

伴随着互联网等新兴媒体的快速发展，我国法治也在随之发展。当前，尽管我国各地政府都在积极响应中央号召，大力推行社会治理工作，但总体来看，当下社会治理立法还需要不断完善，立法的不足使社会治理存在很大的上升空间，距离真正意义上的社会治理法治化还存在一定差距。

第一，立法滞后。经过对我国现阶段新媒体背景下立法现状的梳理，目前我们在新媒体立法方面缺乏整体规划，还没有形成系统完备的法律体系；有些既有的法律会产生相互冲突的现象，不同效力层次的法律对同一问题的规定有差异，导致行政主体在行使权利时职能交叉，使人民利益得不到根本保障；对于法律的操作也是困难重重，对有些事项的规定过于笼统，自由裁量权过大，使执法人员无所适从。

第二，法治观念和法治文化的缺失。著名法学家伯尔曼说过："法律必须被信仰，否则形同虚设。"法治的来源就是公民将法律奉为内心最崇高的信仰，并愿意以其来规范自身行为，它是道德的最后一道防线。将法律奉为最高准则，是公民在精神层面领会到法律的权威性，继而内化，实现自觉遵守。但受中国人情社会的影响，公民在解决纠纷矛盾时，更愿意采取一些非理性行为，公众信权不信法、信闹不信法等现象尤为突出。政府与公民还没有搭建彼此信任的桥梁，官员和公众的心里也没有较强的法治理念，法治文化并未深入人心。

第三，社会治理执法滞后。首先，在现实执法过程中存在以权谋私的现象，执法人员仍然奉行"权大于法"，这与我国大力倡导的执政为民、执法为民的理念大相径庭。其次，政府的权力职能是传统的社会管理所突出强调的，传统的社会管理实行的是自上而下的管控，而当下我们推行的社会治理，更加突出强调各个主体间的权利，更加注重多元主体间的协同治理，最终目标通过相互配合、平行合作的方式建立起治理的网络化。最后，在执法过程中，缺乏规则界限。任何组织、任何机构的行为既应受到一定约束，也应该具有规范，这样才能保障公民的合法权益不受侵犯，才能约束公权力，保障私权利。

（三）社会治理立法专题研究

自1997年中共十五大提出"依法治国"，到1999年宪法修正案正式将"中华人民共和国实行依法治国"列为宪法条文，再到2014年中国共产党第十八届中央委员会第四次全体会议提出"全面推进依法治国"，我国的法律理念与执政治国理念历经了党的十五大前的"建设社会主义法治国家"到如今的"建设社会主义法治国家"的转变。伴随着全面推进依法治国的深化，具有立法权限或者因授权而获得立法权限的各个部门、机构、组织积极响应，本着这一治国安邦的基本方略，出台多部法律法规、规章制度等，力求加快我国的法治进程，尽快让法治融入社会生活的方方面面。

依法治国最理想的状态就是依照法律治理国家，这里的"法律"是指能够充分体现人民意志和社会发展规律的法律。然而，理想状态总是要在击破诸多现实困难后才能实现。单从社会治理这一领域来说，前面提到的各类困境就是全面推进依法治国的障碍。

全面推进依法治国就需要在社会治理的各个方面完善立法、执法、司法等环节。新媒体时代，信息丰富、技术先进，理论上说，社会治理借助这些优势是完全有可能在法治潮流下充分实现的，但是面对实践，这还只是一种理想的状态。当下在社会治理需求突出的几个领域，如社会救助、社区矫正、公共参与、危机管理、网络舆情等，在立法实情中均出现或多或少的问题，使新媒体背景下社会治理的推进并非一帆风顺。而这些问题都可以归源于立法的最初未吸纳或者充分吸纳民众意愿。具体从以下五个方面展开分析。

1. 社会救助立法

（1）社会救助概述。社会救助是指救助主体（包括国家和其他社会个体）对遭受重大事故、自然灾害或者其他无法预期的风险而导致失去劳动能力或者其他收入过低、生活困难的公民给予物质帮助，以维持其基本生活需求、保障其最低生活水平的各种措施。[①] 我国传统社会救助体系中包括最低生活保障、特困人员供养、受灾人员救助、医疗救助、教育救助、住房救助、就业救助、临时救助等救助形式。[②] 社会救济权在《中华人民共和国宪法》（以下简称《宪法》）中体现于第四十五条的规定。[③] 在很长一段时间内，国家或者政府才是社会救济的主体，保障救济权的有效实现必须依靠行政权力的介入和管控。但是我们必须意识到，不论是广义上而言的物质帮助权，还是狭义上所说的社会救助权，单纯由政府给予全部扶持是远远达不到救助目的的。在当下社会治理的环境中，充分发挥多元主体的能动性并积极配合相关救济政策，才能有助于

---

① 左权：《社会救助权的法理论析及其保障路径》，《社会保障研究》2011 年第 2 期。该篇文章中提出："社会救济权作为社会保障权体系中处于基础性地位的子权项，是指公民因各种原因而长期或临时陷入贫困或生活困境时，有按照法定程序向国家请求得到一定标准的物质性帮助或服务的权利。"

② 《社会救助暂行办法》是国务院于 2014 年 2 月 21 日，中华人民共和国国务院令第 649 号公布的文件。

③ 《中华人民共和国宪法》第四十五条："中华人民共和国公民在年老、疾病或者丧失劳动能力的情况下，有从国家和社会获得物质帮助的权利。国家发展为公民享受这些权利所需要的社会保险、社会救济和医疗卫生事业。国家和社会保障残废军人的生活，抚恤烈士家属，优待军人家属。国家和社会帮助安排盲、聋、哑和其他有残疾的公民的劳动、生活和教育。"

减轻社会救济压力，提高社会保障水平。

（2）社会救助立法困境。立法主体多元，法律条文众多，缺乏高效力规范。当前法律体系中，自2006年至2016年10月，关于社会救助的中央法规政策共有12部，其中行政法规一部，即2014年2月21日颁布的《社会救助暂行办法》，部门规章11部；自2006年至2016年10月，归于社会救助的地方性法规共517部。不难看出，有关社会救助的法律大多是地方性法规，行政法规、部门规章层次的法律极少。立法主体包括国务院、国务院各部门、直属机构、部委管理的国家局、直属事业单位、地方政府等，立法主体众多，呈现多元化，不同主体制定条文不可避免会出现标准不一、适用冲突，继而可能有损救助公平、加大救助难度、减损救助效果。

救助资金社会化，救助主体国家性。《社会救助暂行办法》中鼓励社会力量参与，扩大救助资金来源，这当然是对救助的极大支持。救助资金取自社会，一方面积聚了社会力量对困难人群进行帮扶，另一方面拓宽了群众献爱心的渠道，有利于树立社会主义核心价值观，形成良好的社会风尚，也使人作为"社会人"承担起责任，突显社会治理的优越性。然而，如何确保源于社会的救助资金稳定、及时地供应救助所需，也将是一个急需解决的问题。法规中规定的救助主体是"社会救助管理部门"。[①] 这一主体圈定了一个固定范围，使社会救助带上鲜明的行政色彩。而给予救助资金的社会大众或者法人、组织，似乎无法在法律条文中取得一席之地。这种国家性体现出社会救助具有国家责任性，但未给"社会救助主体"以应有的地位。

救助保障机制待完善。社会救助追求的核心价值是公平。前面已提到，救助资金可以来源于社会个体，救助的主体主要是国家行政机关，那么如何把握国家对资金的运筹，将是关乎救助是否公平的一个重要方面。如何保障一种社会管理形式或者社会管理手段的公正性？最可能达到成效的就是建立起一套维护公平正义的程序。而在实际中，社会管理形式在自身发展过程中，往往会自觉形成匹配的程序，这样的社会管理形式就需要借力这套程序来保障本体的公正合理。[②] 因此，社会救助资金不能在仅有政治动员和行政命令下划拨，而必

---

① 《社会救助暂行办法》是国务院于2014年2月21日中华人民共和国国务院令，第649号公布的文件。社会救助管理部门，包括国务院民政、卫生计生、教育、住房城乡建设、人力资源社会保障等部门，县级以上地方人民政府民政、卫生计生、教育、住房城乡建设、人力资源社会保障等部门。

② 卡洛尔·哈洛、理查德·罗林斯：《法律与行政（下卷）》，杨伟东译，商务印书馆，2004。

须在防腐防私的具有常态性的法治化体系中运作。社会群体参与社会治理，体现在社会救助中，主要是救助资金的社会供给和发放中的参与、互动，合理完善的救助保障机制是保证程序公正的要求。现行社会救助法规中，并没有统一规定社会救助资金的供给和发放，这是一个自身程序有瑕疵的社会管理形式，它缺乏实施规范，这就将增加公民社会救助权实现的制度成本和风险。[①] 结局也只能是反噬本体——社会救助。

现代社会保障体系中的社会救助，既是该体系的重要组成部分，又发挥着"兜底"的功能。其他社会保障制度是通过财务的再分配来实现，而社会救助体现的是财务转移，其作用是解决其他社会保障制度解决不了的问题。近年来，我国社会救助事业取得了长足的进展，但层出不穷的问题也使社会救助制度偏离了正常轨道，违背了社会救助制度的应有之义，急需进行制度层面的完善和创新，消除不良风气，形成合理有效的社会治理运行机制。

第一，社会救助责任分担不清晰。我国的社会救助工作是一个纷繁庞大的系统工程，它需要多元主体协同参与、彼此合作、互相配合。在这样的结构中，政府虽是最重要的主体，但也不能忽视社会自助、社会互助的作用。然而，在我国的社会救助实践中，除政府以外的其他主体明显缺位，只有政府占据主导地位，其他主体并没有发挥其自身功能，这也间接导致了社会自治功能的缺失，加剧了集体和公民个人薄弱的自救意识。除此之外，社会救助的客体不应仅限于金钱和实物，还应加强服务救助，社会组织应该加强广泛参与，使各主体间合理分担和分配各自职责，承担应尽义务。

第二，制度安排未能规避道德风险。社会救助福利化给制度带来危机，主要包括行政机关工作人员的道德风险与被救助人员的道德风险。行政机关工作人员的道德风险主要表现在拿福利送人情、解决个人问题；被救助人员的道德风险表现为个人福利依赖，一些人采取投机倒把的方式规避劳动，由最初的以社会救济作为临时性生活保障变成后来的将社会救济当成余生生存的唯一物质来源。在这两种主体中，显然政府工作人员更占优势，因为他们接触救助物资的机会更多，权力也相对更大。这样一来，就把本应得到社会救助的弱势群体排除在外，造成了"劫贫济富"的现象。同时，西方的实践经验表明，穷人的道德堕落是构成贫困社会结构的一大因素，适度的反福利依赖举措能够有效扼制人们对社会救助物资的需求。

[①] 赵大华：《社会救助权保障下的社会救助立法之完善——兼评〈社会救助暂行办法〉》，《法学》2016 年第 3 期。

第三，社会救助法制体系不完善。完善的法律法规体系是顺利进行社会保障事业的前提条件。目前，能够支持我国社会救助体制的规章制度只有"条例""通知""办法"等一些低层次的规范性文件，并没有专门的、系统的法律对其加以规定。社会救助法律制度不健全，导致制度运行层面不协调，救助网络缺乏关联，监管机制运行不顺畅，行政人员专业水平不足，内部约束力不够，使社会救助机制无法取得高效运行效果。

2. 社区矫正立法

（1）社区矫正概述。社区矫正是一种相对新型的犯罪处罚方式，最初来源于西方。社区矫正得到了多国的认可与实施，现在正在我国大力推行着。对于"社区"概念的理解，最早提出的是美国的滕尼斯，他将"社区"定义为一种持续与共同的生活，保持了原始状态的人们意志的共同体，是一个有机整体。到了近现代，官方的定义就是在一定地理区域范围内人们共同生活所构成的整体，被称为"社区"。[①] "矫正"是属于法律背景下的专业用语，是指用限制人身自由的方式将被矫正人员与正常的生活环境隔离开，通过心理疏导、行为纠正、授课等方式使其改变错误观念，逐渐接受正常生活习惯，纠正不良行为观念的一种刑事活动。社会治理强调社会主体的多元参与，社区作为治理工作中的重要一员，能够利用其特殊属性在治理工作中发挥重要作用。但是，社区矫正发源于西方，是从西方传入中国的，所以其社会工作并不成熟，在实施过程中还存在很多问题。

由最高人民法院、最高人民检察院、公安部、司法部在2003年联合下发的《关于开展社区矫正试点工作的通知》中明确指出：社区矫正是与监禁矫正相对的行刑方式，是指将符合社区矫正条件的罪犯置于社区内，由专门的国家机关在相关社会团体和民间组织及社会志愿者的协助下，在判决、裁定或决定确定的期限内，矫正其犯罪心理和行为恶习，并促进其顺利回归社会的非监禁刑罚执行活动。

根据《中华人民共和国社区矫正法（草案）》，可以总结出，社区矫正是由中央及县级以上地方司法行政部门管理的对被判处管制、宣告缓刑、驾驶、暂予监外执行的罪犯及法律规定的其他非监禁的罪犯在社区矫正机构实施惩罚与教育相统一的矫治制度。

《中华人民共和国社区矫正法（草案）》中规定："国家鼓励社会团体、

① 陈锐、周永根、沈华、赵宇：《中国城乡社区发展差异性研究》，《城市发展研究》2013年第12期。

企业事业单位、其他组织和个人对社区服刑人员开展公益性帮扶活动。"此项规定，使非司法非行政组织、个人参与到国家司法执法的管理中，并对这些公益性帮扶主体进行诸如"按照国家有关规定给予税收"等优惠奖励。社会治理中，社会主体参与到司法执法领域对建设法治国家具有重大意义。

（2）社区矫正立法困境。2002年，根据司法部的要求，上海率先探索社区矫正，随之开展了大规模的社区矫正试点工作，并且由上海市政法委员会发布了《关于开展社区矫治工作试点的意见》。2003年，最高人民法院、最高人民检察院、司法部、公安部联合下发了《关于开展社区矫正试点工作的通知》规范性文件，开始在全国进行社区矫正试点。之后，几年内陆续下发了相关规范性文件。2012年，最高人民法院、最高人民检察院、司法部、公安部、根据《中华人民共和国刑法》《中华人民共和国刑事诉讼法》等相关法律规定，制定了《社区矫正实施办法》，对全国试点的社区矫正做出了进一步的规范。2016年12月1日，国务院法制办公室发布通知对《中华人民共和国社区矫正法（征求意见稿）》公开征求意见。

翻阅相关文件，自2003年至2016年，除前文提到的《社区矫正实施办法》外，有关社区矫正的中央法规共有7部，均是相关部门以"意见""通知"下发的，而有关社区矫正的地方法规共有34部，多是地方根据各地实际情形来配合中央进行社区矫正试点的通知、意见，或是根据地区情势的不同制定的关于社区矫正实施的具体办法。先前的《社区矫正实施办法》对各地的社区矫正具有旗帜性的指导作用，但是缺乏具体性。现进入公开征求意见阶段的《中华人民共和国社区矫正法（征求意见稿）》，如果在一段时间的整合之后顺利颁布，将是对社区矫正这一制度的进一步规范与完善，也将促进社会治理领域与司法领域的融合对接。

但是目前来说，社区矫正还是一个有待完善的制度。

第一，社会工作参与社区矫正的法制不健全。目前，我国针对社区矫正的规定并没有一部系统、完善的法律法规，因此这一领域的制度还留有一定空白，针对社区矫正人员的资格认定、法律地位、权利义务及该组织构成都没有统一的规定。因此，导致社区矫正工作难度加大，很难得到民众的支持与认可，其合法性地位也遭到质疑。因此，我们应通过立法来明确社区矫正的性质、构成、对象、法律地位等问题，明确工作主体的权利义务、工作职责与工作内容。由于社区矫正的适用对象的特殊性，社区矫正工作人员在开展工作时，尤其要注意个人行为和言辞，其工作的特殊性使社区矫正政策规章的制定尤为重要。

第二，缺乏关于社区矫正对象的权利保障的规定。任何人都享有尊严，哪怕是接受社区矫正的罪犯；任何人都不得随意侵犯他人尊严，这里的主体应当包括社区矫正工作者。社区矫正对象在接受社区矫正的过程中，对其权利的限制应该在严格的法律框架内，他们除了失去依法被剥夺的权利之外，依然享有人身权利。而且，在国家司法机关面前，社区矫正对象处于弱势地位，对其权利与利益的保护尤为必要，应该限制司法机关在社区矫正工作中的权力，合理规范其职务行为，同时加强对社区矫正对象的权利保障，健全相应机制。

第三，社区矫正社会工作的社会认同感程度不高。社区矫正工作在我国还没能得到广泛认知，大多数人还不清楚它的工作性质是什么，它的作用是什么，更不知它的法律地位。除了群众对社区矫正不熟悉之外，许多应受社区矫正的人员对其也不甚了解，通常是抱着完成任务的心态去接受社区矫正，并不会从心里认同这一制度，这也就导致社区矫正工作不能达到预期效果。对社区工作认同感低，被矫正人员不了解矫正工作的性质，导致社区矫正工作者与被矫正人员建立良好的"合作"关系存在很大困难。因此，政府要大力宣传社区矫正，增强社区居民对社区矫正工作的了解，清楚社区矫正的工作性质和意义，明白社区矫正工作的重要性。最重要的是，要让被矫正人员降低对矫正工作人员的排斥心理，增强彼此的信任，使社区矫正工作顺利进行。

3 公共参与立法

（1）公共参与概述。根据俞可平的观点，公共参与就是公民以自己的力量实施的，目的在于对公共政策及公民生活的一切活动产生一定影响的一种行为。这些主体在具有公共利益和公共理性的社会领域中，通过一些渠道去影响公共政策和公共生活。

随着新媒体在我国的发展与普及，公民运用新媒体获取知识、表达诉求、参与社会治理的热情与日俱增。新媒体给公民的政治参与提供了广阔的平台，改变了传统的政治参与模式，扩充了社会治理的参与主体。[①] 在信息技术飞速发展的今天，将新媒体与社会治理公民参与相结合，充分发挥新媒体在社会治理中的作用，是实现社会健康发展的重要工作。新媒体已经成为社会工作的有力工具，其对公众参与既有助力又有制约。

新媒体对公众参与的助力主要包括两个方面。第一，新媒体给公众参与提供平台。新媒体搭建的是一个虚拟的、无边界的网络体系，蕴含着大量的信息

---

① 公民参与的主体是拥有参与需求的公民，既包括作为个体的公民，又包括由个体公民组成的各种民间组织。公共参与包括投票、竞选、公决、结社、请愿、集会、抗议、游行、示威、反抗、宣传、动员、串联、检举、对话、辩论、协商、游说、听证、上访等形式。

资源，拥有雄厚的先进技术，具有传统媒体无法企及的优势。新媒体提高了信息传播效率，也降低了信息交换成本。每个公民都可以不受时间、空间的限制，随时随地满足自己对信息的需求。这一平台也跨越国家、跨越种族，没有文化、语言的限制，大家可以自由平等地进行交流。第二，新媒体提高了公众参与的自愿性。新媒体相较于传统媒体，更注重互动与交流。新媒体超大的信息内涵为公众参与提供了选择性，其构建的对话平台降低了公民政治参与的困难。公民参与政治的表达具有隐蔽性，有时会掩饰、隐藏对社会工作的真实想法，而新媒体平台恰恰可以减少这一弊端，保障公民的隐私，让隐蔽性成为新媒体平台的优势，在为公民提供较理想的表达诉求的平台的同时，保障所表达内容的真实性，确保诉求心理安全感。

新媒体对公众参与的制约主要包括两个方面。第一，挑战公众参与的政府管理。新媒体是一把双刃剑，它在为公民提供信息交流平台的同时，也增加了政府对公众政治参与管理的难度。新媒体的无国界性，使世界任何角落的任何人都可以实现平等对话，一旦发生重大事件，新媒体的动员效应会得到社会的强烈反响，这种连锁反应无形中增加了社会不安定因素。第二，新媒体自身发展的局限性给公众参与提供了非理性环境。在新媒体的各种功能中，公民更倾向其娱乐功能，过渡娱乐消耗了公民的政治参与热情与精神，使公民对国家政治生活漠不关心，导致公民政治冷漠。同时，新媒体信息中充斥着各种八卦新闻，弥漫着各种利己主义、享乐主义思想，在这种环境影响下，公民的精神世界变得空虚，人与人之间的关系也逐渐疏远，如果公民对这类不良信息缺乏辨别能力，很难避免受其影响，阻碍公众参与的健康发展。

（2）公共参与立法困境。关于公共参与的专门立法，在我国现有法律体系中数量较少。从中央颁布的法律法规来看，主要是生态环境部。2015年7月颁布的《环境保护公众参与办法》的第十八条规定① 明确表明了政府态度，对于公众参与的扩大化产生了积极影响。从地方颁布的法规来看，约有23项。例如，甘肃省人大常委会2013年7月颁布的《甘肃省公众参与制定地方性法规办法》，该法规中第二条第二款② 规定了"公共参与"。这一定义突出了"公

---

① 《环境保护公众参与办法》的第十八条规定："环境保护主管部门可以通过项目资助、购买服务等方式，支持、引导社会组织参与环境保护活动。"

② 《甘肃省公众参与制定地方性法规办法》中第二条第二款规定："本办法所称公众参与，是指在制定地方性法规过程中，公众主动或者受邀参与表达立法意愿、提出意见和建议的活动。"

众参与"内容的一个方面，也是社会治理参与地方法治建设的体现。

公众参与在其他法律规范中的涉及，大多时候体现在实施主体和参与主体的组成上。例如，2016年11月7日通过的《中华人民共和国网络安全》中"国家支持企业、研究机构、高等学校网络相关行业组织参与网络安全国家标准、行业标准的制定"该条规定中，就可体现公众参与这一理念。

显而易见，对公众参与的立法，在现阶段还是相当薄弱，对公众参与内涵并未完整体现。而解决这一问题，不仅需要加强公众民主意识的自觉性，还需要健全公共参与体系，完善公共治理结构。

4. 危机管理立法

（1）危机管理概述。新媒体时代社会治理中的危机管理，就是指政府和社会为应对危机而采取的管理措施。由于公共危机具有紧急性、破坏性，所以它会严重影响人民群众的生命财产安全、社会公共秩序甚至是国家安全，因为公共危机的社会性也可称为突发公共事件。突发公共事件，即会导致巨大的人员伤亡、财产损失和社会影响的，涉及公共安全的紧急公共事件，其在短期内突然发生，对全国范围的安全稳定或者我国部分区域的社会安全稳定，以及社会制度、经济、政治发展和公共秩序、我国公民的生命、财产安全构成重大威胁和损害（这种威胁和损害的状态既可能是已经发生的、正在发生的，又可能是即将发生的）。① 其主要包括自然灾害、事故灾难、公共卫生事件、社会安全事件等。对突发公共事件，如果未进行及时有效的事前预防或者事后管控，必将颠覆一定区域内的社会常态，进而涟漪式影响更广的区域。

当前环境下，新媒体兴起并发挥着独特的作用。在社会治理中，新媒体与危机管理如何互动，主要体现在以下两个方面。

第一，新媒体促进了危机管理。在社会生活中，在危机管理中处于重要地位之一的就是新媒体，新媒体之所以会有这样的地位，是因为其特有的性质与优势。对危机进行预警。新媒体的信息传播通常是以互联网、手机App等方式扩散，手机短信及各类聊天软件也成为重要的信息传递工具，在各类突发事件、自然灾害的预警中，都得到广泛应用。监督危机管理参与主体的行为。不管是对政府、个人还是传统媒体，新媒体都发挥着其特有的监督与监管职能。新媒体的即时传播功能，对危机管理中的各类主体都进行了监督，增加了舆论压力。

第二，新媒体的自身特性增加了危机管理难度。新媒体具有互动性，充分

---

① 薛澜、钟开斌：《国家应急管理体制建设：挑战与重构》，《改革》2005年第3期。

的互动性提升了群体性事件爆发的危险性。[1] 在新媒体平台上，对事件的某一评论观点很容易得到大量群众的支持，一旦此舆论导向侵犯了其他主体的利益，加之有人组织号召，群众运动爆发的可能性就大大增加了。新媒体的传播广度增加了信息审查难度。新媒体时代，人人都是信息的接收者，人人也都能成为信息的发布者、传播者，整个传播环境变得尤为复杂，新媒体的范围之广、传播速度之快、影响之大，很难对传播的信息进行全面审查。

扬长避短，发挥新形势下的科技优势促进危机管理的现代化，是离不开政府和社会主体的协同合作的。社会力量中专家主体，可以对危机管理进行建议、监督，促进社会群体与政府部门的沟通协调。同时，在政府等行政部门引导下，鼓励社会团体自助型应对危机，不论是利用新媒体宣传危机意识还是培训自救能力，都应当着力体现各方优势。另外，政府、社会主体与媒体三者之间的关系，应当得到合理维系，在应对公共危机时，发挥媒体的积极作用，适当规制媒体的不当言论、拨正舆论导向十分必要。

（2）危机管理立法困境。从立法层面来看，危机管理主要体现在全国人大及其常委会、国务院、地方人大及其常委会和地方政府制定的各种"应急管理"法律法规等及各类红头文件。例如，2007年8月30日，全国人大常委会颁布的《中华人民共和国突发事件应对法》。2016年3月17日，交通运输部公布的《中国民用航空应急管理规定》。经过梳理，自1993年国务院颁布了《核电厂核事故应急管理条例》至2016年交通运输部公布的《中国民用航空应急管理规定》，共有约34部相关中央法律法规文件；自1997年广东省人大常委会颁布了《广东省民用核设施核事故预防和应急管理条例》全2016年江苏省泰州市人民政府公布的《市政府关于印发进一步加强应急管理工作意见的通知》，共有约993部相关地方法规规章文件。

对这些已经颁布的应急管理的法律法规规章制度，很明显，略显杂乱、缺乏统一性。因此，目前情况下，对危机管理应当尽快形成完善的法律法规规章体系，出台一部完整的、能够全面应对危机管理的法律规范。

《宪法》第六十七条规定全国人大常委会"决定全国或者个别省、自治区、直辖市进入紧急状态"；第八十条规定"中华人民共和国主席根据全国人民代表大会的决定和全国人民代表大会常务委员会的决定……宣布进入紧急状态，宣布战争状态，发布动员令"；第八十九条规定国务院"依照法律规定决定省、

---

[1] 郑风田、许竹青、余航：《政府态度、网络媒体与我国群体性事件的扩散效应——一个中观角度的实证研究》，《江苏社会科学》2012年第2期。

自治区、直辖市的范围内部分地区进入紧急状态"。由此可见，宪法对公共危机中最为严重的"紧急状况"级别，规定了它的决定主体，即全国人大常委会和国务院，而根据全国人大常委会的决定，宣布进入紧急状态的是国家主席。但是决定之后的具体措施并没有进行规定，危机管理主要还是落在具体法律法规和规章制度中。

宪法作为国家根本大法，具有顶层设计的地位，提高危机管理能力，就应当在宪法中对危机的"紧急状态"的标准进行确定，以及对"紧急状态"的除"决定、宣布"权限以外的行政或立法机关的危机管理权限进行明确规定。

5. 网络舆情立法

（1）网络舆情概述。"舆情"是指由于情感与思维的共鸣，导致公众在对待某件事物的看法，包括他们的意见、态度、情感、情绪等产生共鸣，最后所形成的共同意志和集体性情绪，即"民众的意愿"。而"网络舆情"是将信息网络作为载体，通过网络进行传播、汇集，并由网络赋予舆情强大的影响力量。社会治理并不仅是解决纠纷和化解矛盾的工作，它的目标还是追求"善治"。网络舆情是当前社会治理活动中一个突出问题。网络舆情既有利于社会和谐，提高解决问题的效率，又容易引发社会冲突，放大社会矛盾。

网络舆情的影响力表现在它的两面性。一方面，网络舆情有利于社会和谐，容易形成推动社会向前发展的正能量，充分发挥其借助网络所展现的强大动员力量。另一方面，网络舆情很容易形成偏激、冲动的思想言论，在事实不清、证据不足的情况下，很容易发生错误的舆论导向，使一些不实言论被迅速放大、迅速传播，进而诱发暴力性突发事件。

虽然构成网络舆情的话语是宪法所规定的自由言论的形式，而且要以宽容的眼光看待网络舆情，但任何权利都有其边界，在宽容的同时也要讲究规则，这既是社会治理的需要，又是建设社会主义法治国家的需要。因此，对网络舆情的规制体现在两方面。其一，"理性言论"应作为网络舆情的底线，参与者不应侵犯他人的合法权益；其二，网络舆情不可危害到国家安全。公共利益是我们每一位公民都应维护的，再宽容的政府也不能允许危及其权威的言论存在。

对于舆论的影响，究其根源在于社会的普世价值观。最为普通的理性人在获取等量信息详情的前提下对待某一事件的观点是如何的，舆论主力就将站在相同的一边，而余下的观点悉数归队于违背普世价值观的行列，或是囿于哗众取宠，或是偏激固执一词。在社会生活中，引导正确的舆论导向、利用好舆论功能，关键在于通过立法纠正那些偏离正轨的价值观和形成错误价值观的思维。

（2）网络舆情立法困境。在我国法律体系中，关于"网络舆情"的直接立法目前处于空白。从其他法规、规章文件中所寻得的相关内容也较少。在中央层面，与"舆论"相关的是以"意见""通知"形式为主的文件，主要有《国家安全监管总局关于加强安全生产社会监督和舆论监督的指导意见》《最高人民法院印发＜关于司法公开的六项规定＞和＜关于人民法院接受新闻媒体舆论监督的若干规定＞的通知》《广电总局印发关于切实加强和改进广播电视舆论监督工作的要求的通知》。在地方层面，与舆论相关的大都也是如此。自2014年4月至2015年3月共有9部有关"舆论"的地方文件，涉及地区是湖北省、云南省、安徽省、陕西省、上海市、浙江省。而与"网络舆论"或者"网络舆情"相关的法律法规与规章制度几乎没有。目前，最新的有关"网络"的立法是于2017年6月1日实施的《网络安全法》及正在修订中的《互联网信息服务管理办法》。

从上述情况来看，仅就立法途径无法对网络舆情进行全方位规制，以引导其正确发展。在新媒体蓬勃发展的当下，网络舆情借助互联网影响着社会治理。不论是国家政府还是社会治理主体，都可以借助舆情了解社会局势和新兴热点，以便应对新情况、新问题。在社会治理中，运用法治来正确引导处理网络舆情是当前依法治国方略下的首要途径。对此，首先，完善法律体系中的网络舆情预警机制；其次，应当健全网络舆论引导机制；最后，制定完备的快速应对舆情机制。

二、社会治理与法治生态的逻辑关联

（一）法治生态概念的产生、应用及含义

1. 生态

生态一词来源于古希腊，意指家（house）或者我们的生活环境。现今，生态学已经渗透到社会各个自然领域，其涉及的范畴也逐渐扩大，常常被用来定义许多美好的事物，如健康的、和谐的事物等均可冠以"生态"之名。

生态概念的提出，也带动着作为一种思想和思维方式的衍生和发展。生态思维不仅仅限定在人与自然的关系中，我国曾有学者提出，继农业社会、工业社会之后是一种生态社会。可见，生态概念和其中所包含的思想已经被广泛地运用到社会发展中。根据生态在自然科学意义上的概念，其是一种整体性思维，强调生态系统是一个有内在联系的有机整体。生态学是研究人类与自然环境之间关系的学科。根据现有的生态学研究成果，我们可以得知，自然生态系统形成了一套不以人主观意识为转移的自存、自主、自保及自治的理性法则，非人

为规定，但却非常值得人类社会学习和借鉴的理性法则，这些理性特征可以概括为以下几个方面。

第一，生态系统是一个密不可分的整体，有其自身的特点和性质。生态系统间的个体具有相互关联的特性，每个个体对整体环境又存在着严重的依赖性。生态系统中的各个元素并不是平等的关系，而是有大小高低不同的等级划分。在生态系统内部，各个元素的合力并不是简单的 1+1=2，而是 1+1>2，整体功能之和要远远大于单个因素的物理加减，从而产生"化学反应"。换而言之，生态系统内部各个要素牵一发而动全身，其相互影响、相互制约、相互联系又相对独立，自然生态系统中的事物存在于多维度、多层次的关联整合的网络系统之中。[①]

第二，自我修复能力较强，能始终保持动态平衡。自然环境中的生态系统会不时地受到外界力量的破坏，不免会造成诸如生物形态、生理活动及化学构造和基因的改变。毋庸讳言，生态系统时刻处在与自然环境的防御及修复过程中。生态系统之所以稳定，在于生态系统的各个构成要素和比例相对稳定，能量、物质输入和输出相对平衡，这样的生态系统能够处于平衡、稳定的状态。当受到外界力量的干扰时，生态系统就会动用自身的修复能力，通过反馈信息和自我调节，从而达到修复自身，维持相对平衡的状态。而这种稳定状态也会反哺各个构成要素的功能，使其通过时间进化而达到最佳生存样态。由此可见，生态系统内部结构越复杂，其自我调节或生存能力就越强；自我修复能力越强，越容易达到平衡状态。

第三，体现多样统一的和谐之美。不论是自然界还是人类社会，多样性是其常态。"多样"是各事物个性的表现，"统一"则体现了不同事物间的共性。"多样统一"的前提是和谐，只有在和谐的润滑剂下才能让人的生活井然有序。生态系统的理性虽然包括了多元的变化，但又不缺对称、均衡等多种和谐因素，尽管具有多元的变化，但却能和谐统一，共同构成一幅雄伟壮丽的生态画卷。

综上所述，生态概念所涵盖的精华在于其具有普适功能的生态理性，也正是具有这样天然智慧的理性法则，才成为其他学科争先学习和借鉴的对象。例如，社会学领域的"社会主义生态文明"，语言学领域的"语言生态"，经济学领域的"生态经济"等，都是各个学科希望以生态理性为基本研究思路来发展本学科基本理论的要求与体现，这种研究热度并非一时头脑发热的"赶时髦"，

---

① 胡庚申：《生态翻译学：生态理性特征及其对翻译研究的启示》，《中国外语》2011年第 6 期。

而是学科之间互相学习和借鉴的趋势。因此，作为人文社会科学重要构成部分的法学，当然应该时不我待，法治生态理念孕育而出。

2. 法治生态

如上所述，基于生态学对生态理性的总结和发展，生态理念也运用到了人文社会学科，学者比照自然生态理念提出了社会生态范畴。如果说自然生态指自然界诸要素互助互赢的共生状态，那么社会生态则是依据自然生态理性，整合和构筑社会因素（如法律制度、文化传统），使其形成相互作用达到共生共益的状态。① 社会系统是在尊重客观规律的基础上，积极发挥人的主观能动性，将社会存在与社会意识进行有机结合，用人的主观意识来指导客观的社会实践活动。如果充分发挥人的主观能动性，充分发挥人的聪明才智，社会系统就会呈现出良性循环的发展态势，在这一状态下，整个社会呈现出一片欣欣向荣的生存状态；反之，则会出现不利于发展的恶性循环，如系统要素之间相互抑制、相互破坏，会造成社会的进一步僵化，甚至带来极大的危险。"法治生态"是属于社会生态中的一个子系统，与经济生态、文化生态并列平行的制度构成样态，是指包括立法、执法及司法在内的整个法治系统的生态化。具体而言，是用生态文明的理念和生态学的原理方法构筑法治，将生态理性和生态文明观贯穿到我国法治社会的建设过程中。

由于法治概念涵盖范畴具有广泛性，法治生态涵盖的内容也可能具有广泛性，从实质法治理念出发，法治的理想就是创造和维系一套切实保障每个人的合法利益，防止个人利益遭受来自政府和社会等各方面的侵犯的原则、规则、程序和机构。② 因此，法治作为一种社会治理方式，是人类实现关怀自己命运和价值的方式，其本质要求在于组合法律的各项制度，以人的发展作为社会的本位，以人的权利保障作为法律的本位，构筑以人为本位的现代社会治理模式。而法治生态则是促成这种尊重人、体现人的权利保障的社会治理方式的实现。

法制生态的含义可以概括为法律法规在社会发展中占据绝对的规范作用，法规的确立也需要社会的支持，这样也有利于法制法规的良好运行。在法制的建设历程中有有法可依、执法必严、违法必究三个部分，一个国家高效运行的法制系统离不开这三者的有机协调。在这三者协调过程中但凡有一个方面或者多个方面的滞后都会影响到法制生态的平衡，进而影响法制建设进程与社会发展进程的脚步。

---

① 刘立明：《法治生态论纲》，《长春工业大学学报》2009 年第 2 期。

② 李燕萍、李秋萍：《法治理想的现实思考》，《北方论丛》2003 年第 5 期。

（二）社会治理与法治生态的关联与共生

法治起源于西方社会，它的出现是为了调节社会平衡发展，其目的在于保障人权并制约政府的权力，我国法制社会时间较短，人的思想深处还潜在诸多不符合法治制度的思想。目前，我国正处在法制创新阶段，其目的是改良我国社会基层潜在的不符合法治要求的精神状态并改善现有社会治理环境。法治社会的治理不是靠权力的强制和威慑，而是依据受到民众普遍拥护的法律制度。社会治理过程也并非依据官员的个人命令行事，而是通过民主协商，广泛发挥社会主体的智慧和自主能力来实现。

1. 强调整体关联性下的权利与权力智慧共生

权利与权力是人类历史发展长期以来的一对主要矛盾，两者之间的斗争与统一、矛盾与和谐成为人类制度发展的主要影响力量。国家权力的权威性、扩张性时刻都会对公民个人权利造成侵害，所以近代以来的宪政与法律制度的主题就是如何能够有效地控制国家权力的滥用。公民的权利给人的感觉形如空气，但实则不是，个人的权利迫切需要国家权力作为后台支撑。从某种程度公民把自己的权利转移至国家，其目的是使自己的权利得到更好的保护，国家在接受人民的权利后，将这种权力集中于国家公安机关，来保护公民的个人权利。世界上任何一个以民主、民权为最终目的建立的国家，都要处理好国家权力与公民权利之间的关系，使其和谐共处，因为极度地扩张国家权力会使人民权利受到压迫，最终两者会产生较量，引发社会动荡。因此，如何寻找两者最佳的相处方式就成为法律制度应当追求的目标。

就两者的本质而言，公民权利与国家权力之间的关系问题，就是个体利益与社会利益之间的关系问题。耶林认为，人做出某种行为是为了自身利益，即利己主义，其包括如下三方面。第一，生理方面，即为了个人生存而需要的利益；第二，经济方面，即以财产作为个人发展的手段；第三，法律方面，即希望对个人名誉、地位、生命、家庭、财产的保护。由于每个人都生活在社会群体之中，所以这些目的的实现要以社会整体目的为前提。没有人能仅仅为自己而生活，无论他是否意识到他的存在与别人密不可分。根据法治生态理性，个人目的价值取向首先要与社会整体相一致，通过社会群体之间的合作及国家和社会的保证来实现。所以，个人应当奉献于他人，这样才能建立社会文明。一切文明都建立在共同的社会目的基础之上，耶林将其称为社会利益，还指出"从最广义的角度来看，法律乃是国家通过外部强制手段而加以保护的社会生活条件的总和"。可见，法治社会以权利保障作为终极目标，但权利保障的方式和力量不能出现权力的缺场。换言之，个人利益应当自治于社会整体利益，个人权利的实现不能与社会整体利益出现较大的反差，法治生态强调整个社会共同体的关联性和整体性，权利和权力也应当在社会共同体中实现共存，这种共存并非你争我夺的共存，而是在社会井然有序状态下的共存，在统一整体中，权力实现是对权利的保障、权利行使体现权力的价值在于功能。①

2. 基于自我修复和平衡法则下的权利制衡权力

如上所言，权利与权力在统一整体中共存，决定了两者应当保持适度的平衡。具体而言，如果国家权力凌驾于公民权利之上，会导致公民权利被国家权力所吞噬；如果公民权利被过度强调，就会失去国家权力应有的调控利益、维护秩序的权威，社会秩序的安定价值则难以保障。正如曾经爆发的几次大规模经济危机，不仅是表面上供给需求的不平衡，背后更是折射出权利与权力的失衡。私有制持续膨胀权力者的野心，继而导致资本主义内部体系的动荡，而集权者的个人利益更是冲击了作为整个国家良好运营的全体国民的利益，个人利益与社会利益失衡，这恰恰是法治生态需要纠正和预防的。法治生态所具有的平衡法则，以权利为本位，权利处于核心地位，而义务以权利为归宿，承担义务则是为了更充分地享有权利。因为权利是最能把法律与现实生活相联系的范畴，权利是在一定社会条件下人们行为的可能性，是个体的自主性、独立性的体现，是人们行为的自由，是国家创制规范的客观界限，是国家创制规范时进行分配的客体。②第一，发挥社会自主治理能量，形成制衡国家权力的有效力量。从传统的市民社会理论来看，市民社会是社会成员按照契约性规则，以自愿为前提和以自治为基础进行经济活动、社会活动的私域，以及进行议政参政活动的非官方公域。③发挥社会自主能力的目的是建立一个自主性的社会，市场经济的内在要求是市民社会的相对独立性，扶植和发展社会自治能力就是依靠社会内部成员及社会组织的治理能力，依靠的是社会成员的主动奉献精神及对权利与权力的清醒认知。第二，实现社会的协商治理与自主治理。要实现国家在社会治理中权力的合理、合法使用，我们更要防止国家权力被滥用，倡廉反腐是这一背景下的号召，这样才能实现我们所追求的社会治理文明的目标。而且，成熟的社会自主治理也推动了法治社会的平衡修复能力，使其不容易因为权力滥用而造成社会不稳定的成本。

---

① 杨得兵：《论公证对不动产交易合同的形式强制》，《河南商业高等专科学校学报》2012年第4期。

② 赵丽莉：《网络虚拟物品之法律保护渊源探寻》，《新疆财经大学学报》2011年第4期。

③ 戚明钧：《杭州构建市民社会的思路与对策》，《杭州电子科技大学学报》2007年第2期。

3.追求权利保障与权力规范和谐共赢

权利保障与权力规范是不同时代的共同命题，法治的最终追求是人的权利保障和利益实现，在这一艰难过程中，法治生态所追求的是权力的有效规范和权利的切实保障，唯如此才能真正达到社会的共赢状态。

权利与权力的关系是现代国家在社会治理过程中遭遇的共同难题，学者在要求对权力进行制约和对权利进行保障的问题上基本达成了共识。但国家治理过程中基本上无法脱离行政主导的模式，而行政主导不可避免地会带来公权力的膨胀，在公权力与公民权利此消彼长的过程中，如何实现权力的科学运行和权利的有效保障是社会治理过程中的难题。目前，随着媒体与社会民众力量的逐步壮大，对权力的监督也越来越深入和广泛。简言之，权力监督应更具透明化与实在化。而构建法治生态的主要目的在于形成法治治理的闭合体系，在体系中对政府主导的领域和市民社会能够自治的领域进行一定的划分，打破政府大包大揽的格局，充分调动社会的主动性和创造性。

综上所述，社会治理中各个环节不是完全没有交集的，而是彼此融合再演变，相互理解与共进。我们要以大局为重，不能忽视每个细节，应量化为一个整体，实现多角度、多领域环环相扣，从而实现法治资源共享，利益更趋近于平衡，社会不断和谐稳定，最终达到治理共赢。

（三）社会治理的法治生态转型

从我国社会发展历程来看，从1949年到20世纪70年代末，我国一直处于计划经济时期，国家经济的发展与社会的发展处于高度集中控制状态，国家垄断了所有的社会资源，社会组织的发展被限制，这种状态不仅不利于国家的长久发展，还遏制了社会的积极性，使社会缺乏创造力和活力。改革开放的转型过程形成了对国家角色和职能再一次调整的需要，特别是全面实行市场经济以来，市场规律作用的不断成熟和发展，使国家权力在社会治理领域中不断缩减权利范围，增强了社会的自主性、灵活性，人们交往的方式丰富多彩。[①]民间的自觉与自主悄然萌发，社会的发展呈现出愈加开放的状态，特别是在新媒体的冲击下，我国经济高速发展的今天，多种形式的社会关系出现在我国的社会关系中，沿用数千年的主流思想被新的思想一次次冲击。传统的社会管理模式已经不适用于现今的社会环境，对于传统的管理模式，我们要取其精华去其糟粕，国家在具体环境中简政放权，政府对社会治理的干预越来越少，更多地

[①] 孙涛：《当代中国社会合作治理体系建构问题研究》，博士学位论文，山东大学法学系，2015。

由社会组织自行治理。在这种大环境下，社会组织力量得到了空前的发展，丰富的社会资源为社会组织的治理提供了更多的机会与空间。尽管我国仍处于国家力量强于社会力量的时期，但社会的发展依然依赖国家的支持，换言之，社会治理的发展对国家力量具有依赖性。

根据上述论证，我们认为，基于新媒体治理背景下的社会有效治理，必须建立社会合作治理体系，这一治理体系的建构基本上包括四大特征和三大层面。

1. 社会治理的法治生态特征

第一，单一主体无法实现社会治理的综合性目标，社会治理主体由政府的单中心转向社会主体的多中心合作治理，主体包括政府、企业、社会组织等。第二，社会合作治理体系建构的途径或方式在于将从前的刚性管制手段转变为柔性服务方式，今后所进行的社会治理体制改革要在肯定国家主导地位的基础上，规范引导和支持各种社会力量，以此促进国家与社会的协同发展，实现良性互动。第三，治理空间不再限制在党委政府领导自上而下的垂直线域上，而将重点放在建立不同主体之间的互动合作机制，形成由平面化向网络化的转变。第四，社会治理的最终目标在于社会本身，社会治理不应被当作一项完成某个政绩目标的工具，当将社会治理的目标归还给社会本身时，在治理过程中就会考虑到目标和手段之间的比例，考虑到治理方式的科学性，考虑到治理规范的大众认同性。

2. 社会治理的法治生态层面

第一，社会治理遵循法治逻辑，而当社会既有共同利益存在利益分歧时，协商立法成为法治的先锋，其要求不断拓宽公民有序参与立法的渠道，提高社会治理领域立法的公开透明度，建立由立法机关主导和各方有序参与的立法模式。

第二，法治的生命在于良法的运行，行政执法是将社会治理法制的基本理念、程序及机制转化为社会主体的行动规范，社会治理更多的是一个法治环境的建构，如果没有良性的执法，法治的生态环境和系统则无法构建。应当对社会治理的行政执法领域进行科学和精细的划分，处理好政府传统的执法领域与可以依靠社会力量进行自我管理与自我服务的领域。换言之，传统上为保证行政执法的良性运行，学理上一直强调依法行政，但是如果社会治理的方方面面都需要政府的亲力亲为，行政权力一直处于高速运转、高成本运转，势必会造成行政权力的无限扩大，在权力扩张的同时，法治规范及合理性要求的实现必然总是处于滞后状态。因为制度的规范总无法时时更新、事事更新。所以，在传统行政权力"大管理"时代，要求依法行政是比较困难的，因为社会生活之树常青，政府在行政执法过程中总会遇到新的情势，政府行政执法在"效率"和"法治"两价值中间总愿意取前者，而舍弃后者。因此，合理划分行政执法权力界限，框定政府的"行政执法域"和社会本身的"社会自治域"就成为较为适宜和明智的选择。法治国家要求一切从法律的角度出发，以此界定社会主体的权力（利）边界，进而实现调整社会、规范群体行为，达到控制权力和防止权力滥用的目的。

第三，加强以司法监督为主导的多种监督形式的权威。司法部门是化解矛盾纠纷、惩罚犯罪、维护社会秩序稳定等重要职能的承担者，是公共利益乃至国家的代表，也可以作为不同矛盾及冲突的协调员。社会治理的法治生态的最终保障在于司法公信力及司法权威，发挥司法作为"社会关系调节器"具有的教化引导和权利救济作用，维护社会的公平和公正。此外，在新媒体背景下，合作治理体系的建构需要重视和发挥已初具规模的各种媒体监督力量。目前，由于网络媒体及时性与便捷性的特征，使公民形成了通过网络了解社会治理过程中的各种信息和以多种方式参与社会的新形式，媒体监督成了社会监督的主要形式之一。构建以司法为主导的监督体系，能够集聚各方监督力量为一体，及时发现问题并进行纠偏。以司法为主导的社会治理监督主要是一种外部力量的监督，是专门性的监督，具有一定透明度与权威性，能够提高合作治理的成效。

（四）社会治理的法治生态愿景

1. 治理主体由单中心向多中心转变

法治生态要求社会治理形成稳定平衡的治理系统，从物理学的角度，但凡稳定和平衡都需要两点的支撑，在两点的支撑下形成层层治理环节和层面。因此，新媒体下的社会治理不再单纯依赖行政权力为中心，而是要形成党委领导下的政府引导支持中心和社会组织的操作中心——双中心的治理结构。

第一，坚持党委领导。"双中心"的治理结构的前提是党委领导和协调，社会治理主体，如政府组织、社会自治组织、社会组织和民众等各个方面的力量，从各自的定位和职能出发挥其应有作用。[①] 创新社会治理的前提是不能脱离党的领导，而且创新社会治理也丰富了党的领导内容。创新社会治理不能脱离党的领导，不能逾越社会主义道路的红线，要以人民的利益为根本。党的发展已经不仅仅局限于组织的建设，更多的是加强组织与人民的联系，以解决社会治理问题为主要目的，积极发挥党员的组织领导能力，利用我党庞大的基层组

---

① 　孙涛：《当代中国社会合作治理体系建构问题研究》，博士学位论文，山东大学法学系，2015。

织数量优势发挥优秀的带头作用，更好地推动创新社会治理的发展。

第二，政府负责。作为社会合作治理体系顶层设计，防范社会风险、保障社会安全和发挥各类社会主体的作用已经成为我国政府在新时期的战略选择。自中共十五大以来，我国社会治理经历了以政治为主导转向以经济建设为主导，继而进一步向以公共服务为主导不断前进，这两次转型是我国社会治理发展的重要举措，我们现在正处于第二阶段的建设中，第一次转型的目的在于抓紧经济建设，第二次转型的目的则是优化社会治理职能的建设。在社会治理法治生态体系中，政府基于其拥有的行政权力、主导的社会资源和提供的公共产品和公共服务，在整个社会治理体系中居于主导地位，政府通过各职能部门的有效联动，提供更多更好的公共服务，加快社会治理体系的早日完善。社会治理离不开政府的领导，在政府大方向的引导下，严格遵照党的指导执行，既要维护社会的和谐安定，又要保证社会各个方面的利益，促进社会的协调发展。

第三，社会组织的助力服务和助力管理。现代社会中，社会组织日益成为处理社会事务和平衡社会各方利益的中坚力量。在英、美、法等发达国家中，社会组织与政府的服务职能、市场的经济供求体制相互结合，一同构建现代社会治理体系。由于社会组织自身特质，使其在社会治理中有效处理与解决社会公共领域及私人领域的社会经济问题等。目前，各界对社会组织的概念有多重理解，对发挥公共治理的功能具有十分重要的意义。

社会组织在政府的正确引导下，依靠自身发展需求完善自己，提升社会治理能力，从而实现社会治理的现代化发展。政府并不适合包揽基层问题的解决与管理，同时由于我国地域辽阔，人口数量大，各地区社会问题存在差异，在面对公益性等方面的问题时会增加政府财政支出，且事倍功半，效果不佳，造成人力与资源的浪费。因此，社会组织的存在能更好地解决这些问题，通过深入群众之中，密切联系群众，了解各阶层人民群众的诉求，站在群众利益角度剖析事情本身，进而做到人民群众利益最大化。

第四，发挥公众在社会合作治理体系中的参与作用。随着现代政治文明与市场经济的发展，公民越来越多地参与到社会中，更加注重保障公民的参与和责任，保障公民自身权利得以实现，以及维护公民权益。公众参与是提升社会治理合法性和实效性的坚实基础。[①] 随着新媒体时代的到来，公民越来越多地参与到社会治理中，通过微信、微博等各种媒体方式参与到公共事务的讨论和评价中，并积极发表个人意见，而且参与的范围相较之前也更广、更深入。当

---

① 孙涛：《以扩大公众参与推进社会治理体制创新》，《理论导刊》2015 年第 11 期。

今社会，一个国家的民主文明程度的一个衡量标准就在于公众参与社会治理的程度。按照主权在民原则，公民有权利参与社会公共事务的管理和决策，并在公共事务的执行过程中享有监督权和知情权、话语权等各种权利。因此，公众参与社会治理不仅符合我国宪法关于社会主义民主的顶层设计，还成为媒体冲击下的社会治理必须回应的要求所在。公众参与社会治理也是公民思想日趋独立和成熟，以及个人对公平、正义、民主、权利、法治的追求日趋强烈的直接表现。综上所述，创新我国目前的社会治理体制，应转变行政权力"一统天下"的格局，更多运用群众路线的方式来化解社会矛盾并解决社会问题，公众参与社会治理也为政府提供了民意反馈的途径，通过决策过程中的协商程序保证社会利益分配的公平和公正。通过网络媒体平台，将政府行政目标和治理目的公之于众，提高信息公开的透明度，提高公众参与社会治理的信心与积极性，加强政府信息反馈能力。公众对社会治理问题可以通过网络、媒体等表达方式充分反映民意，在面对日益复杂的社会治理事务时，使行政机关不会因信息的缺乏而出现错误判断，也不会因决策的盲目和粗暴导致矛盾激化。从目前公众参与社会治理的实证来看，政府在社会治理过程中也存在着自利性，而通过社会公众的广泛参与可以有效地监督并制约政府，从而促进政府社会治理的良性运行。

第五，基层组织的团结和助力作用。居民委员会和村民委员会作为我国的基层群众性自治组织，设有人民调解、公共卫生等委员会，办理居住地区内的公共事务和公益事业，其与群众直接联系，调解民间纠纷，协助维护社会治安，可以直接获取群众真实诉求与建议，并向政府及时反映。实践表明，居委会在社区的各项公共服务、友好社区环境建设以及社区安全综合治理等方面发挥着基础性作用，是社会治理的重要领域。[①]

社区是社会组织最基层的服务单位，向上对接政府机关，向下对接人民群众，社区在中间起到了沟通人民政府与人民群众的桥梁作用，是民主政治的重要体现之一。市场经济的发展打破了传统的以企事业单位为构成部件的"单位"，更多的公民因为下岗、分流或跳槽，从先前"工作团体"中离开，这个过程产生了许多琐碎的社会问题，政府机关并不能高效地解决好这些琐事及人民在公共生活方面的需求，所以社区就承担起了解决公共服务事项、生活需求的责任。中共十八大报告提出要强化城乡社区服务职能，我国社会治理和公共服务重在

---

① 卢文捷：《论居民委员会与村民委员会干预家庭暴力的主要职责》，《中华女子学院学报》2018 年第 2 期。

基层。社区熟悉群众的生活动态、了解群众的利益诉求，是社会治理的基础。社区在社会治理中的功能主要表现在四个方面。首先，社区是居民主要的生活空间也是直接了解民情，收集民意，向政府反映群众意见、建议，不断完善社会治理，促进社会治理模式现代化、有序化的最佳选择之一。其次，社区是居民聚集的主要领域，为社会群众参与社会治理提供便捷、广泛的平台。居民在参与社区的社会治理活动中可以进一步获得"主人翁"的归属感，最终达到人人参与治理、人人共享治理成果的目标。再次，社区是居民权属争议，利益矛盾冲突的多发地，社区往往成为调和矛盾、调解权益争议的最前沿。最后，社区的存在对践行社会主义核心价值观起到了不可或缺的推动作用，不仅在空间上建立起我们的家园，在精神领域方面还建立了和谐安定的精神文明家园。社区与政府的关系就好比手与大脑，"大脑"的思想倘如不能落实，只能是"空想"，只有"手"去触摸才能真正实现，社区的存在符合我国国情的需要，是解决基层问题不可或缺的一部分。

综上所述，在社会治理创新中，党委、政府、社区及公民个体在治理过程中都应发挥相应的作用，单独某一个主体都不能承担社会治理的全部责任，社会治理的任务必须依靠各方主体协力共进，并形成彼此依赖关系，强化彼此间的合作与互动，发挥不同社会参与主体的治理优势，共同建立双中心、多主体的社会合作治理体系。

2. 治理手段由刚性管制向柔性服务转变

传统社会治理的主要程序和方式为治理需要在党和政府的领导下进行组织安排，制定完整的体系结构，党起领导带头作用，政府进行行政配合，事无巨细均需要政府的审核予以批准，将行政行为权力扩大到社会管理层面。而政府社会管理的主要手段和工具就是立足于公共权力之上的行政干预，从改革开放以来所取得的成就来看，这种管理方式适合我国当前的国情，与目前的社会发展相适应。[①] 同时，随着市场经济体制的建设和成熟，我国政府不断简政放权，更强调发挥市场自主经营的作用，增强公共服务比重。治理手段向柔性服务转变是市场经济的基本诉求，市场在资源配置中发挥着越来越重要的作用，政府的干预对资源配置的控制逐渐减弱，伴随着多种所有制经济的迅速发展，政府应从维护市场各主体间的合法利益为出发点，以此界定政府在发挥市场自主经营时所应该作用的领域，实现市场经营的有序进行，达到公平竞争的目的。随

---

① 孙涛：《从传统社会管理到现代社会治理转型——中国社会治理体制变迁的历史进程及演进路线》，《中共青岛市委党校·青岛行政学院学报》2015 年第 3 期。

着市场配置资源格局的逐步形成，社会治理要在着力于尊重市场规律的基础上，由政府提供外部行政支撑，而非强制性干涉，即通常我们所说的政府应是掌舵人而不是划桨人。因此，政府角色重新定位决定了治理手段的转变，当一种强威退去，把市场的自由还给社会，治理的手段就从刚性的管制转向了柔性的服务。社会管理和社会治理目标的不同决定了治理手段的差别，社会管理强调的是政府效能，而社会治理强调的是公共利益，作为社会各利益群体、公共部门和私人部门之间横向的协商、合作、管理，以及涉及公共利益的集体决定，其性质是一种社会契约，不是统治、控制、管控。因此，社会治理在多元主体的参与下，治理手段从一级权威的管制方式转变成了多元主体在尊重市场规律的前提下共同为营造良好的社会运行秩序在各自的领域提供服务和便利。这也契合了社会治理多元主体的规律，因为没有集权就不会有手段的强制性。

3. 治理空间由平面化向网络化转变

第一，现代社会是一个复杂的协同系统。德国学者哈肯认为，社会作为一种复杂网络由若干相互依赖、相互作用的智能性社会主体构成，并通过主体之间的相互作用来凸显社会系统的整体性结构特征。[1] 由此一个新的良性互动治理模式得以开启，复杂网络的存在也可打开新模式下治理结构的大门，使各因子协调发展。作为一种复杂网络结构系统，社会是由众多的"因子"组成，这些"因子"就是个人和社会组织。换言之，社会的复杂网络结构在各个独立个体相互合作下，自发形成一套符合新型社会的治理模式。第二，在新媒体背景下，社会还具有一个非常重要的特征，即"虚实二相"，也就是以政府主导，社会组织协同及真实社会治理为其中的"实相"，而以个体和群体关系为纽带的公众网络参与是社会治理的"虚相"。[2] "实相"与"虚相"也构成了社会复杂网络的要素，"实相"与"虚相"同时成为社会治理的双柄。例如，互联网目前成为社会群体交往互动的主要平台和形式，在新媒体时代背景下，公民个人与社会的交互联系是通过微信、微博及 SNS 等网络社交媒体进行的。互联网的交互行为，丰富了社会治理体系，将现实世界与虚拟世界结合起来，共同促进社会治理的良性和谐发展，区别于传统社会只存在平面交互关系的情形，从而对社会治理提出了更加立体的要求。

综上所述，面对现如今纷繁复杂的社会，现实社会的不断发展会促进网络

---

① 范如国：《复杂网络结构范型下的社会治理协同创新》，《中国社会科学》2014年第2期。

② 张宏伟：《治理现代化视域下社会治理模式创新研究》，博士学位论文，山东大学法学系，2015。

社会的进步，而网络社会的进步也必然使社会向着更高的方向不断发展，这使社会治理应当从传统的下达命令—执行命令这种简单平面关系升级为复杂网络关系，特别是伴随着社会的巨大转型，社会治理的复杂性加大，任何一个社会治理主体都无法具备解决上述复杂社会问题所需要的全部知识、工具、资源和能力。① 所以，为实现社会治理的有序发展，需要不断提高治理水平，优化组织结构，动员各个组织与群众，更加注重自媒体时代下网络的重要性，最终实现协同合作。

4. 治理目的由工具化向价值化转变

习近平在谈到社会治理时强调，党中央应坚持以民为本、以人为本，高度重视民生工作和社会治理工作，坚持改革发展成果惠及全体人民。② 社会治理的目标是实现共治，其终极价值是实现善治，因此社会治理亟须创新，社会治理程度亟须改善。

社会治理的价值目标是善治。将善治作为终极价值并不是空谈，需要实践中各行为主体之间相互配合，将政府在涉及社会问题上使用的行政权力分散到社会层面，协调国家、政府与社会之间的关系，使之在利益最大化的程度下协同配合，重塑政府与私人部门、第三方组织的协作系统，创新社会治理模式。人民与国家是一种良好的合作关系，政府在社会服务中起转折作用，应利用自身特殊位置联系群众，调动其参与社会治理的积极性，更好地实现密切联系群众，倾听民意、反映民意，以群众的诉求为政府开展行政工作的出发点和落脚点。当今时代下的社会治理应该注重政府与社会及个人之间的有效合作，以此实现共治。政府部门与非政府部门在公共产品的生产及公共服务的提供中，逐步形成彼此依赖关系，除了有些必须由政府亲自支持外，许多准公共产品与公共服务都可以联合各方势力共同协调，加强彼此交流与协作，实现资源的最优配置。同时，为了吸引民间资本进入公共服务领域投资，实现政、企、民之间的良性互动与协作，政府要采取有力的措施，运用合理可行的补贴政策同时发挥税收的激励作用，不断提升全社会公共服务的能力，形成公私合作供给的模式。

社会治理的价值追求从工具性转向了善治，善治是国家与社会协同合作的基石，在实施善治过程中，各项工作都要在法治的前提下合理进行。这需要国

---

① 范如国：《复杂网络结构范型下的社会治理协同创新》，《中国社会科学》2014年第2期。
② 张文彬、周自豪：《中国共产党对马克思主义社会发展动力思想的继承与发展》，《知与行》2018年第1期。

家在善治的实践下，将由政府管理的旧有模式不断向结合社会组织、集体及个人的共同社会治理模式演变，发挥各自优势与彼此的良性互动。政府不仅在治理过程中要实现职能转变，还要为其他参与主体创造发展空间，积极提供发展机会，制定适应目前社会发展需要的政策及良好的制度运行机制。为了构建和谐有序的社会，在冲突发生前，党和政府需要前瞻性地制定政策与措施；在缓解矛盾过程中，更要放权于社会集体力量，充分尊重各个利益主体的选择与权利；在化解纠纷后，政府还要提供后期保障作用，更好地服务于社会及人民。

综上所述，社会治理的法治生态表现是指在社会治理的主体、方式、目标、空间四个方面开展围绕生态理性法则所展现出来的特质。具体表现在三个方面。首先，主体多元符合法治生态系统多样性。多元主体在以政府为主导中心和社会为实践中心的双"中心"下，形成整体关联的社会治理体系。其次，治理手段从刚性管制转变为柔性服务。在主要以市场规律为资源配置规则下，从党委到政府再到社会组织共同为社会的良性发展和利益的协调形成机制，最终实现系统的自我修复和平衡。最后，社会治理不再被当作追求政府绩效的工具，而是为了实现民生，实现社会主体的利益保障为最终价值追求。在社会治理过程中，更应注意集体利益与个人利益的协调，以实现共赢。集体是由单个主体集结而成，不能忽视任何利益集体，要协调好各组织集体中的利益分配问题。在政策法规与公共利益冲突的情况下，可以多渠道、多角度联系非政府部门，做到科学决策与公平正义，才能在博弈治理中实现善治。

（五）社会治理法治生态的关键环节

在社会治理的法治生态体系构建过程中，以下三个方面成为治理创新体制的关键环节，法治包括立法、执法和司法三大层面。社会治理在摆脱了行政权力的强行性干预之后，遵循法治运行的基本规律，不断创新社会治理体制供给，以此实现共治和善治的目标。既要符合法治的规律，又要符合生态的基本理性法则，其终极目的就是要在制度细节的设计过程中，实现社会治理过程中的共治与善治，在新媒体时代实现社会治理法治的要求及前景。因此，课题组认为，社会治理的法治生态制度建设应该围绕着公众参与立法、执法乃至司法领域构建，保证法治发展与进步的生态化机制的构建。

1. 以人大为主导的协商立法培育社会治理创新

公众参与立法是指在人大立法体制中融合协商立法的基本制度和原则，构建以人大为主导的协商立法体制，推进社会治理创新。现代协商民主理论更具有互动性、包容性与合作性，突出了民主运行的动态化和民主途径的多样化。

相对于共和主义和自由主义两种民主来说，协商民主理论在主体参与的平等性和自主性、公共场域的能动性和开放性、民主共识的衡平性和可接受性，以及公民的兴趣、能力和个性发展等方面上都具备优越的价值。

（1）公众参与社会治理立法的理论支撑。协商民主理论研究的热点问题有四种较具代表性的理论。第一种，"双轨"协商民主和"单轨"协商民主。"双轨"协商民主理论的首创者当属当代协商民主大师哈贝马斯，著名美国学者博曼称该理论为"发现的背景"与"正当性的背景"，此后又提出二元民主理论。"双轨"指的是协商和决策的二元结构问题，"单轨"则表现为公共领域的单一的正式或非正式协商民主。第二种，单一公共理性协商民主和多元公共理性协商民主，其分类依据是协商程序的运作过程及其结果的最终达成是否存在统一的原则。单一公共理性协商民主理论主张在公共协商过程中且仅存在一个统一的公共理性，它决定着整个协商的程序和结果。多元公共理性协商民主主张基于复杂多元的现实社会，基于"价值不相容"及"理解不完整"的普遍现象。由此，协商民主只能发生在现实状态中。第三种，价值待定性协商民主和价值预设性协商民主。人们在协商开始前，有的存在既定的价值目标设定情形，有的在协商和决策中以规范实体与程序规则为主导。第四种，政治主体之间的协商民主和民众参与的协商民主。政治主体之间，通过协商、妥协来解决政治争议是人类政治生活中必然存在的政治现象，其中有民众参与的协商民主核心形态。

协商民主理论虽起源于西方，但在一定程度上对我国具有适用性。在中华人民共和国的建设历程中，协商民主最为鲜明的本土资源在于"群众路线"这一指导思想。从实践来看，社会主义民主政治的实现有两种重要方式，一种是选举民主，其具有"自上而下"和"公平投票"的性质。[1]另一种方式的协商民主，即在做出决策之前先对有关问题进行协商，尽量取得一致性意见进而形成共识。选举民主与协商民主相辅相成，共同成为社会主义民主政治的重要组成部分。我国宪法确认了政治协商会议这种协商民主制度，使协商民主在宪法中取得了重要地位，协商民主同时也是我国社会主义民主体系的重要组成部分。我国的立法过程有着广泛的协商民主程序，如全国人大常委会与地方各级人大常委会、中央国家机关之间、地方国家机关之间大都有着通过座谈会等形式相互征求意见的程序，有关的专家学者也会参与到其中，这时部门利益、精英观点能够得到较好的协商表达，形成理性的立法。

---

① 邹爱华：《加强民主监督视阈下的政协组织法制化建设研究》，《当代世界与社会主义》2012年第2期。

（2）公众参与社会治理立法的基本原则。第一，平等保护原则。平等缺失会使参与主体丧失参与公共事务决策的机会；平等的缺失会使参与决策的深度不足。从广度与深度两个层次来分析，民主参与的不足必将引起决策信息基础的薄弱和分配资源的偏颇，这无疑会导致公民所享有的平等权利受限。协商民主领域平等保护的基本要素包括协商主体的地位必须平等、协商主体协商过程中的参与机会必须平等、协商主体表达方式及协商表决效力必须平等。避免强势地位的不平等，也有利于应对诸如利益群体多元化、社会结构复杂化等带来的挑战。

第二，公共利益原则及程序化保障原则。该原则以保障个人利益为前提，同时实现社会公共利益。协商民主作为连接个人利益与公共利益的桥梁和纽带，两者在公共利益的基础上通过相互协商，提出各方均能接受的方案。协商民主的目标就是要在保障个人利益的同时实现公共利益，因而协商民主是公共利益与私人利益之间的协调机制。通过关注社会公共利益，彼此协商交流，提出双方都能接受的意见和想法，共同实现协商价值的最大化。协商过程发挥作用是合理的观点在获得最具说服力信息的基础上，对自己的建议进行修正并接受批判性审视的过程。公共协商是指在公共利益引导之下，参与协商的各方将利益冲突逐步实现利益一致的过程。但是，为了避免公共利益在实践中被泛化，必须用程序化加以督导：一是公共利益的代表需要经程序确认；二是公共利益的形成需要经程序公开；三是程序保证公共利益决策民主、平等协商；[①]四是事先公平补偿，事后有权救济。即个人利益在被国家剥夺时，公民有权要求国家给予以市场价值为标准的补偿，公民个人若不服，有权向政府寻求救济。

（3）社会治理协商立法的具体要求。对于社会治理创新目标下协商立法的具体操作来说，我们应从整个立法流程来加以贯彻。具体来说主要包括三个方面，即参与主体的平等保护、立法协商过程的程序正当及立法的意见反馈机制。主体地位、参与机会、表达方式和表决效力的平等是实现每一位社会成员所享权利的最基本的保障，让每一位社会成员平等地参与到社会管理之中，积极献言献策，使新媒体背景下的立法可以最大限度地兼顾各方利益诉求。其中，参与协商立法的主体主要包括全国人民代表大会代表、社会组织及公民个人三类。三者在协商过程中的地位应当平等，体现平等保护原则在实践中的应用。协商民主程序设计中，前提、参与者的身份和权限、展开的先后次序、过程进

---

① 符健敏：《中国集体土地流转的法律问题研究》，博士学位论文，武汉大学法学系，2011。

行的方式和步骤等必须通过法律加以明确的规范。程序设计的中立性要求所设计的程序价值取向中立，在程序设计中是至关重要的，也是程序设计的中立性要求，它能够反映社会发展的客观性规律，在最大限度上满足社会全体的共同需求，从结果来看，它实现了设计效果，使支持的效果最大化。[①] 对于当事人来说，程序的选择是当事人对结果的确定，是整个程序执行的全程体现、也是自治在公法中的具体体现。总之，正当程序的提供应该是满足和使所有的人参与其中，保障人民的参与权，使人民自由表达自己的意见。立法实践是一种集体性的理性活动，通过信息交流等方式，在有共同利益的社会成员间达成社会共识，回应型立法要求协商过程和立法结果实现对接。社会治理不仅聚焦协商立法过程，还应该聚焦协商结果的反馈。国家治理的合法性来自其立法的可接受性，社会治理中的协商民主是一种包含宣泄、表达、服从和说理反馈的妥协性机制，并通过增强公民的法律观念、信仰和社会认同感来维持社会的和谐稳定及可持续发展。

2. 以政府为主导的合作治理践行社会治理创新

执法是落实权利保障的必经途径，在媒体与社会互动、互助、互联日益紧密的背景下，为稳定社会、保障民生、规范执法，防御可能侵犯公民权利的行政权力，管理行政向服务行政的转变将不可阻挡，在服务行政的理念下，发挥市场机制的调节作用，调动公民自治的积极性，实现行政与居民良性的互动则是社会发展的必然趋势。

总之，社会治理不可以脱离政府的行政执法。正如前面所述，社会治理不能以创新的理由来倡导无政府主义，社会治理亦是国家治理现代化的基本构成要素。政府在社会治理过程中虽然角色在转变，但是不能否认政府的主导地位，更不能无视政府在社会治理过程中强大的导向能力，因此就社会的共治和善治目标的实现而言，政府、社会组织和个人应当就社会治理事项的性质和内容进行分工，形成政府主导的行政执法领域、社会协同分别治理领域，具体为政府主导的行政执法领域、社会组织协同的市场机制领域和公民自治组织参与的自治调节保障领域三大板块。

（1）政府主导的行政执法涵盖范围。第一是政府公共教育服务。根据社会发展的现状，结合地方政府的具体情况，依托地区的经济能力，通过财政拨款，在教育事业中实行补贴的举措，改变读书费用从家庭支出的情况。它是在

---

① 符健敏：《中国集体土地流转的法律问题研究》，博士学位论文，武汉大学法学系，2011。

政府对公共教育的投入下进行的，而且改变了以前的资源分配模式，从之前以计划为主的分配模式转变为以消费者的公共代表角色参与公共教育，由政府采购变为向国家和社会所需要的各类教育购买服务。[①] 第二是政府公共卫生服务。通过运用科学理论、技能来分析和研究环境、人群对健康状况与疾病关系，是公共卫生的主要包括内容。分析疾病的发生规律，并进行预防和治疗，进而实现促进健康的目标，对基本医疗和公共卫生领域进行投资是政府基本职能的体现。第三是政府社会保障服务。主要涉及养老、医疗、失业保险及最低生活保障等社会治理重点领域。

（2）社会组织参与社会治理领域。纵观历史，在不同的历史时期以及不同的国家，有一个名词到目前为止没有形成统一的权威定义，这就是社会组织。在我国，我们借鉴国外从公共领域和私人领域进行广义和狭义界定，并由此得出不同的概念。狭义的"社会组织"，如基金会、社会团体、非企业单位等由自然人、法人和其他组织组成，部分成员可自发形成这样的非营利性的群体。而广义上的社会组织为满足公民的集中要求，社会自发形成一些组织，其在社会中具有一定地位。

从理论层面来看，社会组织参与社会治理的相关理论有很多，如治理理论、失灵理论、资源依赖理论等，这些都是理论中的代表。首先，"治理理论"蕴含了政府与社会共治的思想，这表明政府不再是治理的唯一合法主体，面对日益增多的事务以及越来越多的公共服务要求，单凭政府的力量已经不能满足，我们要改变这种单一的治理模式，需要变革，而变革仅仅靠政府是不够的，需要政府与社会共同治理，充分发挥各社会参与主体的优势，共同形成多元化社会主体共治和提供公共服务的新模式。现代社会的治理需要市场竞争机制、政府强制机制和社会志愿机制三大运行机制共同构筑的治理框架，为了实现社会治理的稳定，需要对市场竞争、政府强制、社会志愿进行充分有效的分工与合作。"资源依赖理论"从中间层次即组织理论层面解释了非营利组织与政府关系的发生模式与机制，表明政府与非营利组织均掌握着彼此需要的"关键性资源"，在对资源与权力的利用上，两者相辅相成，这种彼此依赖关系证明了两者分工合作的必要性。不论是"治理理论"还是"资源依赖理论"，都提出了社会公共事务治理的"共治"路径，都为社会组织参与服务型政府建设提供了理论上的有力支持。

---

① 　王飈：《治理视野下的地方政府主导性研究——以苏州为个案》，博士学位论文，苏州大学法学系，2006。

提高社会组织价值，不断发展和完善，是发展环境的具体体现。当今时代，组织服务已经渗透到了社会的各个方面，充分发挥着自己的职能作用。在各种重大事件和重大活动中，组织也发挥了不可估量的作用。比如，我国举办奥运会、世博会等一些大型活动时，就有很多社会组织参与其中，也包括一些社会志愿者，在活动中他们发挥了很大的作用。2008 年，汶川发生大地震时，政府迅速展开抢救，广大社会志愿者积极参加抗震救灾，通过各种方式为灾区的救援提供帮助。通过这些我们不难看出，社会组织不再仅参与社会公益活动，也从其他方面来监督和保证政府的决策正确和公平，使政府的政策在执行过程中得到监督和保障。[①] 例如，《中华人民共和国残疾人保障法》就是政府通过公开征求意见之后，利用志愿者和民间组织通过大量的调查，充分了解了残疾人的真正需求，并有针对性地提出了解决方案，得到了广大残疾人的认可。

双中心、多主体的最终结果是使社会组织参与到社会治理中，社会组织参与社会治理是避免政府行为失范的不二选择，是治理复杂社会网络的协同力量，更是调动民间资源、发挥民间智慧、调动民间力量最直接、最有力的组织系统。新媒体时代下的社会治理是治理主体的自我管理，也是人民群众的自我要求和奉献国家的爱国热情，从某种意义而言，社会自治对国家的安定和长治久安都是非常重要的。在现代社会，我国政治逐渐趋于政治民主化、社会法制化的改革和变新中，我们在创新社会治理的同时，也不能忽视社会自治的作用，这些都是相辅相成的。

（3）公民自主自治领域。公民是指拥有一个国家国籍的自然人，其身份是"个人同国家间的关系，这种关系是个人应对国家保持忠诚，并享有受国家保护的权利"。公民身份与"私民"身份不同。公民身份意味着伴随有责任的自由身份。[②] 公众是公民集合体形成，关于公众参与社会治理这一理念，最早出现于马克思的历史唯物主义论，从最初就确定了普通民众对社会历史发展的重要作用。到目前为止，公众参与社会治理的承载样态主要有以下几种。

第一，基层群众自治。在社会治理过程中，完善基层群众自治制度是实现人民当家做主最有效、最直接的方式。我国是一个人口大国，人民群众拥有管理国家的权利，而群众自治制度是让人民群众当家做主的最有效的办法，也能

① 张宏伟：《治理现代化视域下社会治理模式创新研究》，博士学位论文，山东大学法学系，2015。

② 金德楠：《论当代我国公民身份认同建构的价值与方法》，《山西师大学报（社会科学版）》2018 年第 3 期。

够直接反映广大群众的基本利益诉求。人民群众在自己的居住地范围内，直接参与对基层公共事务和公益事业的管理决策，这不仅体现了人民的权利，在一定程度上还调动了群众的主人翁意识，培养了人民的公共意识。

第二，公民自治组织参与民主自治自理的基本原则。社区居委会是实现群众自治自理的基础组织，在社区居委会的基础上，成立群众自发组织，这是自发性和非正式的。①

第三，人民调解和第三方调解。人民调解制度作为"第一道防线"，是为了调解纠纷、稳定社会秩序而设置的。调解委员会作为第三方调解机制与人民调解的性质相同，虽然在执行中目的是相同的，但还是有差距的，人民调解是以人民群众为基础，第三方调解委员会是具有独立性的，依靠行政部门来组建，工作人员也不是人民群众选举产生的。目前，这类调解机制被广泛运用在医疗纠纷领域，除此之外，随着各行业专业化程度的提升，纠纷冲突的不断产生，第三方调解机制还扩展到劳动、环境、交通、食品安全、药品管理、城市征地、施工作业等行业。这些专业的调解机构需要选聘具有丰富经验的专业人才和法律专业人员，只有这样才能确保在调研行业纠纷时，工作人员能处理得公平、公正和权威，防止出现更大的纠纷问题。

第四，公民网络的开放性参与。公众参与不仅可以解决纠纷、实现自我管理的目的，还可以对人民群众形成公共观点、培养公共精神。民众为了更好地参与公共事务，网络媒体所独有的"低门槛"和"易开放"使公民参与公共事物的渠道更便利。自2002年始，随着作为自媒体在中国发展第一步的"中国博客网"的出现，自媒体便在我国得到了广泛的发展。微信、微博、百度贴吧、博客、BBS、MSN等自媒体用户呈指数式增长，而且博客的出现为广大网民争取了更多的话语权，而这个也标志着自媒体时代的到来。2004年，土豆网作为中国第一个播客网站的出现对传统媒体又是一大挑战，改变了其对影像、音频和视频的垄断，受到了公众的关注及喜爱。随着无线网络技术的发展，手机因其便携性成为自媒体的新型传播介质。而后，伴随着信息技术的进一步发展，2006年出现了微博，其与手机的完美融合又促进了自媒体的快速发展，越来越多的公民通过注册拥有了自己的账号，微博用户人数呈几何式增长，微博平台的数量也不断上升，腾讯等各大网站也陆续推广独立的网站，这种新型传播渠道的扩充式增长，为公民在网络沟通上带来极大便利。如上所述，网络自媒体

---

① 牛晓东：《社会组织参与城市治理机制研究》，博士学位论文，天津大学公共管理系，2015。

的发展壮大，使 2002 年的博客，到 2004 年的播客，再到 2006 年的微博，其信息技术、数字技术等手段与业务呈上升式的增长，并在不断改变和融合的过程中，产生新的自己独有的特色与功能。

第五，志愿者服务领域。例如，2008 年北京奥运会创造了志愿者服务的历史新高，对志愿者的素质要求更为严格。通过志愿服务，新增加了 3 000 多个工作岗位，不仅解决了就业问题，在奥运现场，我们还看到了很多默默奉献的志愿者，如在北京市志愿者服务站的近 40 万位志愿服务者，他们将为来到北京的外宾或群众提供各种志愿服务，如介绍奥运会及北京、提供翻译服务，一些基础的信息咨询，或紧急救助。而很多并未纳入志愿体系中的群众也在各行业、社区街道无私奉献自己的爱心。在 2010 年的上海世博会中，进入世博会场的志愿者约有 7 万人，场外志愿者约为 13 万人，志愿活动不仅围绕世博会进行，还为整个上海市的志愿服务添砖加瓦，打响了上海乃至中国在全球的知名度，同时提升了国民素质，吸引了更多群众参与到志愿活动中来，提高了整个社会的文明程度。到 2012 年末，我国有近 3 万个固定志愿服务点，如一些社会捐助站等。

综上所述，社会治理创新在行政执法领域可以尝试将复杂多变的社会治理任务分域、分工、分责任，政府当好掌舵人的角色，社会组织充分发挥团结中介和协调堡垒的作用，保护好公民参与社会治理的积极性。只有公民个人从社会的"消极公民"转变为"积极公民"，社会治理的群众路线才能真正发挥其应有功能。

3. 以司法监督为核心促进社会治理

为达到治理结构严谨化、治理结果满意化，监督机制不可或缺。就社会治理的主体而言，监督制度主要功能在于保障治理主体在治理过程中合法、有效、科学地运用权限。监督要做到一视同仁，对不同主体均应在治理过程中透明、公正监督。社会治理离不开政府的引导，因此要明确政府的领导地位，而在监督方面，政府的监督或对政府的监督也尤为重要。体制的存在为后续合作工作的展开提供重要内容。社会合作治理体系中，包括内部监督和外部监督等多种形式。所谓内部监督，一方面，要依靠政府机构的力量，通过运用法律法规及政策等方式对合作治理网络的总体行动进行管理和监督；另一方面，要依靠社会参与主体的力量，他们在参与合作治理时互相监督与制约。各参与主体在具体的合作行动过程中相互监督与制约可以更好地实现预期的社会效果，减少甚至避免社会各方的合法权益遭到侵害。外部监督是一种以司法监督作为主导的监督制度，包括司法的、媒体的及人民大众的监督。内部监督通常在事前和事中进行监督，外部监督更多的是事后监督。监督体制的设立不仅可以确保社会治理中的多元主体合理、合法地参与到社会事务的共治中，还可以最大限度地提高社会治理过程中相关信息的公开性及透明度。采取内部监督与外部监督相结合的方式可以督促参与社会治理的主体尽可能履行各自职责，提高合作治理的效率。

（1）内部监督。构建对政府履职的问责制度，对不履行职责的行政官员，要形成具有实施的具体惩治办法和对工作人员的警示效果。而完整的责任制度应该从两个方面来说明，第一，在开始之前需要对责任进行明示和规定；第二，当有人员触犯规定时，要对违规人员进行问责，工作人员行使权力之前，要考虑是否违背规定，假如行政权力不受约束，社会将失去公平正义，从而损害公共利益。只有让权力人员明白权力从何而来，知道违反所带来的责任，才能更好地行使自己的权力，为人民服务。当今时代，我们应该充分发挥人民群众、新媒体、社会公众、司法多方结合和共同作用，建立有效的权力监督机制，加强人民代表大会在行政问责中的作用及影响，明确我们需要问责的对象，采用多种问责的形式，在实施的过程中坚持政治和法律相结合的原则。[1]

（2）外部监督。首先，应当关注代议机关的监督。我国的最高权力机构是人民代表大会，人民群众通过选举产生常务委员会来管理和监督，保证国家的日常运行和工作，是人民赋予和为人民服务的。[2] 第一，人民代表大会设立各种机构单位，这些机关应向人民代表大会进行汇报。掌握和决定国家制定法律法规的修改和废止，这些都是需要监督的。在构建治理外部监督机制时，我们应该充分实行机关部门的监督责任，并建立健全相关机构的问责制度，形成以行政问责、代议问责、司法问责三方协同和结合的制度方式，先对政府官员的行为进行有效的公正的监督，对违反的人员，进行行政问责，待确定其情况后，由行政问责追究其所承担的责任，人大监督主要是对政府人员在法律法规、人大决议、不按时完成预算、不严格执行、不接受调查等方面进行监督和执行。第二，要不断完善和更改一般的问责方式和方法，采用多种问责方式和方法相结合，多通道、多门路、软硬兼施、刚柔并济的方法，通过编制法律法规、根据实际情况编制文件，对不合理、不恰当的决定和命令要严格控制，从开始就

① 程李华：《现代国家治理体系视阈下的政府职能转变》，博士学位论文，中共中央党校法学系，2014。

② 邹奕：《徘徊于我国宪法的两个文本之间——对宪法文本正当性和实用性的检视》，《四川大学学报（哲学社会科学版）》2014 年第 3 期。

严格监督，让责任部门成立更改小组，及时更换和撤销，对相关责任人进行撤职和问责，避免损失。

其次，根据《宪法》第七十一条及《各级人民代表大会常务委员会监督法》第三十九至四十五条之规定，如果在社会治理的执法和司法过程中出现特别严重的侵犯公民权利的现象——这种现象可能由国家机关的作为引发，也可能由国家机关的不作为引发——从而导致了特别严重的后果或激发了严重的社会矛盾，在全国人大及其常委会（以及地方各级人大常委会）认为必要的时候，应组织特定问题调查委员会，通过有关专家的协助，对相关责任人进行全面的了解和调查，通过深入的调查，确定和证实结果，做出对事件的报告，官方做出公告，成立相关的委员会，保证事情得以解决。组织问题调查委员会虽然并非民生保障人大监督的常态形式，但是在出现突发事态或者矛盾累积到激化程度的情况下，不失为一种有效的监督方式。

再次，发挥网络媒体强大的监督覆盖力。媒体一向被誉为"第四种权力"，在新媒体时代，媒体在公共舆论的形成上发挥着决定性作用，以及对国家机关在权力行使、政策决策上产生的影响力达到了前所未有的高度。毫无疑问，媒体充分行使新闻自由权利是媒体监督能够发挥实效的有力保障。构建以社交媒体为主要渠道的公民与政府互动的网络监督，如博客、微博等社交媒体的出现为公民与政府实现互动提供了更为直接和有效的途径，普通公民可以借助这些平台就公共事务发表看法，并且这一意见有可能被相关机关直接接收到。这在传统媒介下是难以想象的，而政府也针对这一新的变化就国家治理做出了相应的调整，如开通政务微博。这种便捷、高效的沟通渠道的构建为公民对民生保障进行有效的监督提供了可能性。

最后，通过行使言论自由而实现的网民监督。网民可以通过在网络上对社会治理创新中存在的问题，如国家机关的违法、失职、懈怠等行为，自己或他人社会权受到侵犯的事实等以发表文字和图片等形式进行陈述、评价，以及对他人的相关帖子进行转发、评价，就民生保障发表观点，从而促使某一问题的公共舆论的形成，最终达到向社会创新的法治监督。

第三章　社会治理的法律主体维度研究

一、社会治理的政府维度

（一）合作治理进程中的新媒体

受新媒体发展、变革及其对传统媒介的冲击和社会全方位渗透的影响，人们的生产生活和交往方式亦随之跟进和改变，使媒体政治和社会主义民主制度的融洽性问题逐渐成为中国政治生态环境中的新议题。而如何理性认识和准确把脉媒体政治的生态发展，更好地发挥政府在国家治理现代化进程中的主导作用，合理引导和驾驭新媒体，提高政府的媒体治理能力，应对和突破媒体政治的舆论束缚刻不容缓。

1. 新媒体时代合作治理的现实困境

新媒体时代，通过数字技术正在塑造一种新型话语交流平台，其政治意义体现在将公民政治和媒体政治完美融合，并将其推入一种新的政治生态，只是在这种新型政治生态作用下，这种新媒体政治在民主参与过程中并非一帆风顺，会遭遇一系列现实困境和观念冲突，对新媒体背景下的政府治理现代化也提出了更高要求。以大数据、移动互联网的深度耦合为基础逐渐演变为新媒体时代社会治理的新"座架"。

首先，城乡二元化的政治生态客观存在。基于新媒体技术便捷性的驱动，公民个人政治参与热情空前高涨，但城乡二元化结构难以消除。毋庸置疑，要实现国家治理现代化，离不开民主参与，当代政治属民主政治、参与式民主范畴。得益于新媒体技术的进步和发展，移动自助终端更是随处可见，虚拟空间和现实社会之间的距离越来越近，人们随时、随地、随意地穿梭于虚实之间，这种便捷性和匿名性给人们带来的穿越感前所未有。无论身份与职业，更不论贫贱与富贵，皆可于虚实之间参与各种社会政治活动，展现民主与活力、个性与诉求。新媒体的现实意义已不能局限于工具性内涵，其带来的是一场政治性变革，即媒体政治开始走进人们的现实生活，这一创新性政治活动平台快速激发着公民的民主参与热情，多元民主、参与式民主和媒体政治就此相互融合和渗透。除此之外，由"信息化不对等"带来的民主参与落差现象，不再停留于著作和学说之中，现实生活很快得以验证，尤其是广大农村和偏远山区。基于广大农村和偏远山区特殊的域情民情考量，与城市较为成熟的社区自治相比，农村社区化进程相对缓慢，基层自治差距会越来越小，但城乡二元化的政治生态现象恐怕一时难以改变。

其次，与当代政治的开放性和大众化相比，公民之间朋圈化和个性化愈加明显。新媒体的时代性体现在它的开放性，其根本性特征是互联互通，新媒体时代，即开放性、社会性互联互通时代。然而，现实状况是在新媒体给人们带来开放性、社会性互联互通的便捷性的同时，也在人和人之间衍生了一些新型生活、沟通和交流方式，刺激了人性的另一面。新媒体缩小了现实社会，加速了社会转型，也重塑了人和人之间的朋圈关系。人的社会性这一根本属性没有变，但基于地缘关系而建立的传统人际关系被打破，源于价值观和利益驱动所重新集结的社群成为社会形式的主要组成部分，形成朋圈化和个性化愈加明显的利趣群体，虚实社会之间的"朋友圈"一定程度上改变和弱化了人们在现实生活中互联互通。① 随着新媒体技术的进步和公民民主意识的增强，针对社会热点事件、政府民生政策及国家改革发展的评议逐渐成为舆论主流，新媒体尤其是自媒体终端的便捷性和个体性，为媒体政治的发展提供了技术和载体支撑。同时，鉴于价值观、审美观和利益追逐的差异性，各种"网络共同体"随之诞生，相互间分歧日益明确。无论是互联网早期的精英文化，还是虚拟社会的大众政治，政治和民生都是它们始终关注的主题。近乎零成本的自媒体表达，"志同道合者"的虚拟化聚合，随着分分合合态势的转变，逐渐形成一个个自我认同、

---

① 席琳、许玉镇：《新媒体下网络政治发展及其政府治理》，《东北师大学报（哲学社会科学版）》2016年第1期。

自我支持和自我表达的虚拟共同体，"朋友圈"模态愈发明显，而操控这个共同体趋向的是能量巨大的媒体舆论领袖，这个由新媒体技术支撑的虚拟共同体群落，即为舆论领袖及其"圈友"的聚合地和广播站，随时随地表达着共同体的声音和诉求。另外，新媒体的便捷性也促进无数充满政治色彩正式或非正式的虚拟群落的生成和创建，相对实际生活中的社会组织和社会团体，其运行成本更加低廉，而这些虚拟群落更是拥有着在社会动员层面上难以比拟的优势和便捷性。不可否认，网络舆情相当程度上反映了现实民意，新媒体生态更是现实社会百态的折射和微型化呈现，虚实之间互相表达。虚拟社会的多元化和现实政治生态的多元化彼此结合，互为支撑，同时在价值观层面上也为人类社会群体利益和个体利益多态表达、个群转换提供动力，为国家和政府在新媒体背景下创新社会治理方式和方法，拓宽民意表达渠道，回应民意诉求，增强国家和社会认同，减少全面深化改革过程中的民意障碍和利益冲突的解决，带来新的挑战和工作方向。

最后，公民民主意识已经觉醒，政治认同明显增强，社会认同逐步提升，民主参与多元化趋势加强。鉴于新媒体空间区域运行的个体性、随时性和自由性特征明显加强，其大众化、融合化和媒介化趋势亦日渐增强。总体而言，随着政府运用新媒体技术和能力的增强，各级政府官网平台及其他主流媒体影响力逐渐扩大，民众愈发予以认同和支持，其公信力亦逐渐得到观众认可。但不可回避的是，客观上这些新媒体技术的开发和运行都面临着一些现实问题和挑战。由于我国尚未形成完整、系统的社会治理的理论和实践体系[1]，如在政府信息公开途径方面，各级政府网站基本上都存在栏目设置不能符合民众的信息需求、栏目设置形式化、信息更新不及时、针对舆论诉求回应滞后，以及网站维护技术欠缺的现实问题，这一系列现实困境必定影响和限制民众公共参与和民主实践的积极性，影响民主政治的科学发展和与时俱进，阻碍社会治理多元化和治理能力的现代化。如何科学、有效、合理地运用新媒体的便捷性，促进媒体政治沿着科学、民主道路发展和建设，通过新技术、新平台随时、随地、主动回应社会关切，积极落实贯彻党和政府的各项方针政策，引导民众积极参与国计民生政策的生成、制定、实施和监督过程，激励中国特色社会主义民主政治理性发展是新媒体背景下政府国家治理能力现代化的关键所在。

2. 国内新媒体社会的生成及外围影响

随着新媒体的全方位渗透，社会政治生态受其影响日渐现实。例如，互联网、

---

① 赵连游：《我国政府社会治理存在的问题及对策》，《河南社会科学》2014年第9期。

"两微一端"（即微信、微博和客户端）、门户网站等新媒体途径已成为人们搜索和查看新闻信息的主渠道之一。在民意诉求、对话和表达方面，新媒体更是全面解放了个性化诉求和社会政治表达的工具和心理束缚。新媒体时代，每个人手中都有一把诉求麦克风和民意摄像头，很大程度上为激发公民的社会政治热情提供了便利，促成新媒体背景下自媒体政治的生成和发展。在政府方面，"两微一端"也已被中央和地方各级政府广泛用于采纳民意、回应关切等政务活动、政务公开之中，成为政府日常工作不可或缺的交谈平台和民意收集载体，电子政务、数字化政务随之产生。在公民个人方面，新媒体的快速发展早已冲破时间、区域和文化习惯等因素制约，每个人都可以成为信息的生产者和传播者，且拥有自媒体的话语权，成为独立的自媒体终端。数字化客户端在全方位渗透社会各领域、各阶层、各时间段的同时，还赋予每一个自媒体终端以拇指话语权，而占我国人口近二分之一的自媒体终端和"媒体政治家"早已成为一个新兴社会政治集团，并以各种形式、凭借各种载体表达着自己的利益诉求和社会热点政见，使新媒体空间成为一种客观存在的虚拟社会群体。

由此，新媒体的社会政治影响必然受到政府的高度重视，并予以充分引导和回应。不难理解，新媒体的功能不仅表现为媒介功能，还是意识形态的载体和意识形态的催化剂，属意识形态范畴，并逐渐演化为思想观念、文化习惯、热点信息的中转站和舆论、民意的放大镜。借助新媒体的公开性、匿名性和活跃性，促使每一个自媒体终端思想动态的多元性、差异性和可选择性明显增强。作为一种新兴文化态势，新媒体文化逐步进入"媒体政治"时代，形成新媒体时代的"百花齐放、百家争鸣"，传统、主流意识形态面临前所未有的冲击。除此之外，新媒体的外在表现不仅是一种技术载体，还表征为政党、政府执政的民意资源收集地和政务公开集散点。对于政府而言，之前信息资源呈"倒金字塔"，政府掌握着海量信息资源，信息资源由上及下逐级传递、逐级分享。而在新媒体背景下，民众不再被政府左右，信息资源则"倒行逆驶"，民众手里掌握着大量信息资源，政府在信息资源的掌控方面成为需求者，传统执政方式和政务形态的滞后性遭遇多重冲击。新媒体时代，每个人都是一名记者，都是一名编辑，都是一名热点评论家，只要手中有手机、电脑等媒介工具，每个人都可以做自设"电台"，每台"电台"都自设发音筒、麦克风，借以表达个人诉求，或对其他的"电台"节目发表个人观点，尤其是拥有众多粉丝"舆论大V"，其社会影响力更是赶超《人民日报》和CCTV。政府的任何一项民生政策、方案和公共产品、服务，都会通过新媒体扩散至自媒体终端，并接受监督和评价。尽管网上的舆论不能代表所有公民的真实民意，网络诉情也不代表所有公民的真实诉求，但却没有哪个地方政府敢不予理睬。如今，新媒体对每个国家、每个政府而言都是不可或缺的执政平台，西方国家更是将新媒体的影响力发挥到极致。比如，每一届的美国总统选举，背后都隐藏着一个媒体政治家的利益共同体，其追求的是通过新媒体向每一个选民重塑利己攸关的政治人物，并予以认同支持，如此形成定式，选民的政治认同、认知不仅得以巩固，还可以在民主意见表达上坚定信念。由新媒体引发和推动的社会事件多次证明，事件中的失当言行和负面影响都会引发连锁否定性评价。驾驭媒体的能力，尤其是新媒体，成为考验政府执政能力的重要参数，媒体政治已成为政府常规性工作内容。掌握新媒体技术成为每个政府工作者的必备能力，而驾驭新媒体将成为政府日常工作的新常态。

3. 新媒体时代政府治理能力的跟进

中国的社会治理模式以自上而下的权力运行为基本特征。[1]国家治理体系和治理能力现代化是政府治理能力的现代化，国家治理的核心是政府治理。新媒体时代媒体政治的兴起为国家治理能力的现代化带来了一系列现实问题和挑战。

（1）提升统筹规划，缩小"信息鸿沟"。提升政府统筹规划能力，拓宽社会治理多元投入范围，加快电子政务、信息服务等数字化信息建设，全力缩小城乡间信息不对称、不平衡的"信息鸿沟""信息代差"问题。

新媒体时代，信息化社会的发展，迫使各级地方政府愈发重视新媒体的信息功能。由于政务公开、信息输送及便民服务等工作的需要，政府在电子政务方面的投入越来越多，较过去有了长足发展。但相对而言，电子政务的发展和建设仍存在着多重滞后和不平衡。首先，中央和地方间信息化政务的发展和建设不平衡，体现在中央及市级以上政府的信息化政务投入较多，政务开放力度较大，电子政务发展较快，而县级以下政府新媒体利用率较低，信息化建设发展滞后，电子政务发展迟缓。其次，区域间电子政务建设和发展不平衡，体现在东西部地区新媒体利用程度和范围上存在较大差距，东部发达地区信息化程度较高，政府对新媒体的利用率也较大，范围较为广泛，而西部发达地区则相对滞后。最后，城乡信息化发展差距较大，体现在城市居民知识层次相对较高，时代和信息化意识较强，因此城市基层政府和社区组织的信息化程度相对完善，而农村基层自治组织的政务活动仍多采用传统沟通和服务手段，新媒体利用程

---

① 薛泉：《"自上而下"社会治理模式的生成机理及其运行逻辑——一种历史维度的考察》，《广东社会科学》2015年第4期。

度偏低。鉴于此，政府亟须完善顶层设计，重视新媒体的社会治理功能，加强政策机制的核心引导、多元监督和人员、技术、资金的投入，从政府高度重视、建设和推动系统化、科学化、长效化的媒体政治，从危机应对到长效治理，完善电子化政务、数据化政务、信息化政务的基础设施、人员配备和联通性、系统性的资金技术供给机制，合力解决包括信息化政务在内的新媒体在中央到地方、东西部之间和城乡之间作用发挥不对称、不平衡的问题，促使新信息化政务模式延伸媒体政治的"最后一公里"，将新媒体的全方位性、便捷性、联通性和媒体政治特征充分发挥出来，实现新媒体全覆盖。除此之外，在搭建科学、便捷、长效的信息化平台的同时，重视建设、维护和技术、管理的平衡性问题，不可偏颇侧重。合力解决信息化政务和新媒体政治的规范化、便捷化和长效化建设问题，重视和加强信息安全监督机制，完善从规划布局、资金和技术投入、人员配备到信息安全、信息共享机制的政策支撑，为信息化政务的全区域、全群体、全部门的全面开展奠定基础。

福克斯和米勒认为，政府自然拥有干预社会治理的本职倾向，只是政府应学会"倾听"，没有倾听，干预无从谈起。[①]当前，随着移动自媒体终端的普及化，个人参与社会治理自媒体化，媒体政治的便捷性、即时性成为信息化社会的显著特征，但政府对移动政务重视程度不容乐观，各级地方政府尤其是县级以下政府"两微一端"平台的搭建亟须快速推进和完成。通过信息化政务形态的创新，引导政府充分利用和探索新媒体的开放性、便捷性、即时性的特征和价值，将更多政务信息和资源投向移动政务平台，提升政府驾驭新媒体和信息化政务能力，畅通政府部门之间、政府民众之间信息公开、交流、服务渠道，促使服务型政府的现代转型，搭建新媒体时代民众与政府间政务信息交流的"高速公路"，鼓励民主参与，引导媒体政治沿着民主、科学、高效的"高速公路"快速成长，为政府社会治理能力的现代化奠定群众基础和信息化环境。

（2）提升政府媒体导向能力，消除"群落化"的负面效应。建立健全政务舆情收集、会商、研判、回应、评估机制，提升政府媒体政治治理和导向能力，掌握舆论场话语权，宣传正能量，增强公民民主政治认同意识，消除"群落化"的负面效应。

培养政府媒体政治治理和导向意识，完善新媒体与政府政务公开互动、协调，加强网络舆论和自媒体舆情的梳理和导向，建立健全舆情回应机制，掌握

---

① 查尔斯·丁·福克斯、休·T·米勒：《后现代公共行政——话语指向》，中国人民大学出版社，2002，第151页。

舆论场话语权，弘扬正能量，提升政府公信力。增强政府执政自信，畅通政府与民众交流互通渠道，政务公开，主动接受民众监督，让权力在阳光下运行，正面引导、合理规范、依法行政，健全法治政府运行机制。首先，落实公文办理程序。行政机关拟制公文时，要明确主动公开、依申请公开、不予公开等属性，随公文一并报批，拟不公开的，要依法依规说明理由；其次，落实到会议办理程序，建立健全主动公开目录；再次，推进主动公开目录体系建设，明确各领域公开主体、内容、时限、方式等，中央部门在梳理各级政府应公开内容的基础上，制定公开基本目录；最后，对公开内容进行动态扩展和定期审查，推进基层政务公开标准化、规范化。

（3）创新媒体政务形态，推进媒体政治法治化。转变政府治理模式，创新媒体政务形态，优化服务型政府模式，提升政府社会治理能力，鼓励、引导民主参与，推进媒体政治的民主化、科学化、规范化和法治化。

新媒体时代，掌握了互联网技术，尤其是新媒体技术阵地，也就掌握了更为广阔的执政资源和执政平台。在信息化社会，作为社会治理主体的政府，需要革新的不仅是执政问政技术，执政理念和方式更需要与时俱进。在民意诉求、对话和表达方面，新媒体全面解放了个性化诉求和政见表达的束缚，每个人手中都有一把诉求麦克风和民意摄像头，很大程度上激发了媒体政治的生成和发展。通过信息化政务形态的创新，激励政府充分利用和探索新媒体的开放性、便捷性、即时性的特征和价值，将更多政务信息和资源投向移向政务平台，提升政府驾驭新媒体和信息化政务的能力，畅通政府部门之间、政府民众之间信息公开、交流、服务渠道，促使服务型政府的现代转型，搭建新媒体时代民众与政府间政务信息交流的"高速公路"。当前，各级地方政府网站正趋于完善，县级以上地方政府的政务网站已成为各级政府政务公开和信息化政务的首要载体。加快政府官网和"两微一端"平台的搭建，完善与民互动、与民互通、为民富民、解民所惑、还政于民执政机制。与时俱进，将政府官网和"两微一端"打造成官民互动、信息交流和便民服务一体化平台，创新线上线下、统筹协调政务服务的方式方法，革新理念。除此之外，还要进一步建立健全信息公开的法律支撑机制，明确责任主体，详化责任清单，及时公开和发布各项民生政策、民需信息，第一时间掌握和回应网民诉求，确保政府媒体和民众自助终端无缝对接，畅通官民信息交流渠道。网络和新媒体强大的组织、动员能力是毋庸置疑的，尤其在短时间内即可迅速组织和动员各区域、各行业、各年龄阶层自媒体终端主体，这种强大的组织和动员能力需要中央和地方政府时刻关注、引导和借鉴。重视新媒体的动员和组织功能，团结和引导群众，与民互通，提升信息化政务能力和政府公信力建设，巩固党和政府的群众基础，加快推进政府新媒体治理能力建设，切实提升政府尤其是领导干部了解、把控、引导和运用新媒体能力，提高解读和研判媒体舆情的政治敏锐性和鉴别力，提前思考、预备、统筹突发事件应对预案，及时制定和发布社会突发事件应对措施，是科学规范、合理引导、依法治理媒体政治、提升国家治理现代化的前提和基础。在搭建科学、便捷、长效的信息化平台的同时，重视建设、维护和技术、管理的平衡性问题，不可有失偏颇。合力解决信息化政务和新媒体政治的规范化、便捷化和长效化建设问题，重视和加强信息安全监督机制，完善从规划布局、资金和技术投入、人员配备，到信息安全、信息共享机制的政策支撑，打造一支技术过硬、心系民众的人才队伍，担负起新媒体平台的日常维护、安全应急和技术处理，为新媒体时代政府社会治理现代化提供必要的技术和人才储备。

（二）新媒体时代政府主导的合作治理

相对于电视、广播、报刊等传统意义上的媒体，新媒体在技术、内容和传播方式等方面更具有互动性、开放性和便捷性的特征，被形象地称为"第五媒体"，为国家治理现代化提供了技术支撑，成为治国理政的重要工具。进入"互联网＋"时代，新媒体技术的迅猛发展不断创新和变革着人类社会的生活方式和经济发展模式。在新媒体发展趋势的冲击下，基层民众有了更广阔的发声平台，公众参与各项政治事务的能力和机会进一步增强，政府对社情民意有了进一步了解。与此同时，我国在社会转型过程中出现的矛盾和问题，即便是细小的民众诉求，如果在互联网上经过酝酿发酵，而政府未能进行及时有效的疏导，那么也极有可能迅速演化成危机事件，在社会上成为影响重大的舆情热点问题，造成难以估计的破坏性后果。如何顺应新媒体背景下社会发展的新趋势和新特点，完善强化以政府为主导的合作治理，从而提升国家治理能力现代化水平是摆在我们面前一个迫切需要解决的现实课题。

1. 合作治理概述

社会管理是以政府为主导、社会组织为中介、社区为基础、公众广泛参与的互动过程[①]，而社会治理是政府、各类公共组织和社会公众运用国家权力对经济社会资源进行管理的一种方式，目的在于促进国家权力向社会回归，实现公共利益最大化，达到政府主导、公民合作为特点的"善治"，绝非"全能主

---

① 李军鹏：《论强化政府社会管理职能的基本思路与具体措施》，载中国行政管理学会，《2004 年年会暨"政府社会管理与公共服务"论文集》，2004，第 117-122 页。

义社会"。①实践证明，在社会事务复杂性日益凸显和风险性日益加大的今天，靠单一主体解决所有问题根本无法办到，而且成本高、效率低，社会治理必然要走向政府主导的合作治理结构，建立政府治理的协同机制，通过利益的协商，发挥每个治理主体的功能。合作治理是政府和社会公众力量共同参与公共事务治理的一种模式，核心是多元主体的合作治理。治理的主体涵盖政府、社会组织和个人，意味着政府要认可社会组织和公众参与公共事务的能力和地位。合作治理的主要表现形式是平等协商，即公共政策通过公民之间自由平等的讨论、对话和争辩，最终形成体现公民意志、符合公众意愿的公共利益。由于目前一些政府部门职能依然存在越位、缺位、错位的现象，且社会组织的力量尚未发展壮大，确立与多元共存的社会相适应的政府与社会的新型互动关系，可以使治理主体不必凭借权力对治理对象产生直接影响，政府的行政权力将会更加紧密地与公众需求相结合。政府和社会组织等利益主体，经过协商形成有利于公共生活发展的"合力"，将更能迎合社会转型过程中问题的复杂性和多样性要求。

2. 新媒体给政府主导合作治理带来了机遇

（1）搭建了不同治理主体间平等交流的桥梁。由于技术原因，传统媒体是信息的单向式传播，受众是被动的接受者，现实中，一些政府部门仅把相关职能文件和活动新闻在网站和微博上公布，而与公众利益密切相关的信息和政策公开力度不够，导致公众无法获取真实有效的信息，社会和公众提出的意见和建议也不能被政府及时采纳。政府与公众之间信息交流不畅，影响了两者的协商对话和有效沟通，可以说，在推动公共领域向尽可能多的人开放这一方面，传统媒体的表现不尽人意。新媒体打破了传统媒体的局限性，为公众表达意见提供了一个交流沟通、平等开放的空间，社会不同阶层和不同利益主体均有机会和能力在新媒体这个平台上表达话语权。新媒体背景下的公众参与具有人人平等的内在属性。这种属性使社会治理的主体——领导决策者和普通民众，都能以平等的身份参与政治活动，在政治沟通过程中减少信息的遗漏和损失，保证信息的完整性和真实性，实现信息资源的共享，影响政策的制定和执行。因此，新媒体背景下，政府、社会和个人以平等的身份参与国家和社会活动，各

---

① "全能主义"社会是指政治权力可以侵入社会的各个领域和个人生活的诸多方面，在原则上它不受法律、思想、道德（包括宗教）的限制。"全能主义"社会的最大特点是高度的渗透性，即一个高度组织化的政党国家，以全能主义意识形态为引导，全方位地渗透到社会的全部细胞、全部组织、全部单位，并有效地控制社会生活的各个层面。邹谠：《二十世纪中国政治》，牛津大学出版社，1994，第223页。

自表达利益需求，政府决策者可以根据新媒体获取多方信息，并进行梳理整合，保证决策的科学性，实现合作共治。[①]

（2）拓宽了对政府权力监督制约的渠道。国家的一切权力属于人民，政府权力理应受到公众的监督。应该说，从制度上看，党和政府做了大量工作来完善对公权力的监督和制约。但在现实生活中，有些制度的发挥并不尽如人意，传统治理模式下，上级对下级形成有效的监督，而下级对上级则监督不力，出现了比较严重的权利滥用和腐败现象。与韦伯的官僚制理论相比，中国传统的治理模式是基于政府垄断和相对封闭性为特点的一种治理体系。[②] 伴随着新媒体技术而来的信息发布传播渠道，不但便利，而且廉价，人们只要在法律允许的范围内，就可以运用互联网、手机等新媒体设备发布和传播信息，第一时间将所看到的、所听到的和自己的观点意见发布到网上，为揭露腐败案件提供线索。由于新媒体具有开放性特点，民意诉求和观点意见可以在短时间内通过新媒体传播到社会的各个角落，避免了由于利益保护引起的封锁信息现象。加之每个人在互联网上都可以匿名表达自己的见解和意见，打消了人们的各种顾虑，从而使各个方面的见解和意见可能与政治、经济及社会的重大议题关联起来，集聚社会共识，新媒体成为民意诉求的集散地，快速形成放大效应，这种自由流通的信息传播方式为权力的双向监督提供了便利。

（3）提高了政府合作治理科学化、民主化水平。通过科学、民主、法治的决策，及时将潜在、分散、合理的群众利益诉求进行梳理，进而制定出有针对性的公共政策，是我们长期追求的目标，也是合作治理的首要任务。社会转型期，我国的社会矛盾复杂多变，有关决策科学化、民主化的问题依然突出，政府管理者面临着前所未有的压力。不同社会阶层和利益主体通过新媒体特别是网络表达对现实生活中热点和焦点问题的观点与立场，新媒体已经成为公众发布消息、表达诉求、建言献策的重要路径。新媒体虽然传播速度快，但具有放大舆论的特性，往往会对一些事件进行片面的报道，甚至夸大其词，湮没了事实真相，造成政府被动不堪的应对局面。但是政府运用新媒体能够了解社情民意，解决民众诉求，在这个层面上，新媒体又充当了社会的缓冲剂和政府的"减压阀"，成为政府汇聚民智、推动工作的有效支撑。简而言之，实现政府主导

---

① 仰义方：《新媒体时代的国家治理：机遇、挑战与应对》，《中共天津市委党校学报》2014 年第 5 期。

② 薛泉：《"自上而下"社会治理模式的生成机理及其运行逻辑——一种历史维度的考察》，《广东社会科学》2015 年第 4 期。

的合作治理必须充分发挥新媒体互动性、参与性强的独特优势，积极开展民意调查，真正做到问政于民、问计于民、问需于民，不断提高政府合作治理的科学化、民主化水平，这对释放政府治理压力、维护社会稳定、推动社会主义民主政治进程具有重要意义。

3. 新媒体给政府主导合作治理带来的挑战

（1）部分领导干部的治理理念滞后。随着政府治理环境的变革，政府的治理方式也发生了变化。多元化、复杂性成为新时代的重要特征。传统计划经济体制下，我国政府采取的治理方式是统治型的集权主义管理，政府是万能的政府，是社会的中心，处于支配地位，对国家政治"经济"社会生活进行统一管理。尽管我国一直在不断推进政府职能改革，创新管理方式，以适应互联网对政府管理模式的影响，但是传统的"官本位"治理观念根深蒂固，部分领导干部对新媒体敏锐性不强，不愿深入了解，存在抵触心理。比如，领导干部作为国家治理现代化的重要推动者，应当跟上时代发展的步伐，主动熟悉掌握大数据、云计算等信息领域的知识。现实是，部分领导干部知识结构老化，对新媒体的特征不够了解，对新媒体参与合作治理的理论和实践认识不够深刻，难以适应新媒体的发展，在新媒体面前产生了焦虑感和危机感。值得一提的是，在合作治理过程中，政府和各种组织间处在同一水平线上，新媒体打破了政府话语权的垄断地位，技术发生的变革推动了治理手段的创新。对于政府来说，如果领导干部不能及时顺应这一趋势，充分发挥新媒体的作用，那么政府的权威将会受到损害，就无法成为推动治理创新的坚强力量。

（2）政府对舆情事件的调控能力亟待提升。现阶段，随着我国社会阶层的分化，各种利益关系的相互交织，导致社会问题纷繁复杂，社会摩擦和冲突极易发生。在一些事关百姓切身利益的问题上，部分政府部门对国家政策执行不力、监管不到位、操作过程不透明，使公众对政府的行政行为产生了不满情绪，形成了突发性的网络舆情事件，加之境外媒体和机构对舆情事件的介入不断加快、加深，影响力也在扩展，给政府对舆情事件的调控能力带来了很大的压力，引发了政府的信任危机。政府主导的合作治理同样离不开政府公信力的影响。近年来，随着中央反腐力度的加大，以习近平同志为核心的党中央从严治党，坚持"老虎""苍蝇"一块打，一定程度上遏制了腐败蔓延的势头，有效提升了政府公信力。但是，由于长期的惯性思维、缺乏经验等原因，政府应对网络舆情事件往往显得比较仓促。一部分人利用新媒体的快捷性和匿名性特征进行盲目非理性的表达，这一表达方式极易被他人操控，成为偏激性话题，激化网民情绪，引发新一轮的社会冲突和群情激愤，威胁社会秩序的稳定。

（3）政府信息公开和创新治理仍显不足。事实上，依托新媒体进行的社会治理，仅仅靠政府单方实施是难以完成的，需要的是政府公开信息，政府与企业、非政府组织合作，公众全面参与协调工程，缺一不可。但就目前而言，上述现状还存在许多不足。一是政府信息公开力度不够，存在信息公开数量有限，公开质量不高，信息更新缓慢等问题，致使谁掌握的信息越充分，谁就会争取更多的话语权。长期以来，政府凭借自身的优势地位，比企业、社会组织更容易掌握信息资源，公众无法获取政府的完全信息，"话语权的不平等最终导致'民主鸿沟'"，这成为依托新媒体进行社会治理的一个重要障碍。二是政府治理创新不足。政府在行使自身职能的过程中，及时有效地公开信息，与公众共享信息是政府履行义务的表现。政府在信息公开的前提下，让不同阶层的利益主体依托新媒体实现合作共治，才是真正解决社会公共问题的途径和方法。但是，由于信息公开力度不够，不同地区、年龄、职业和学历的人群在使用新媒体方面又存在较大差异，致使政府与企业、政府与公众之间的合作程度有限，不同治理主体平等利用新媒体难以进行利益表达，新媒体反应的民意无法精确代表整体民意，社会创新治理难以取得实质性进展。

4. 新媒体时代政府主导合作治理的应对策略

在新媒体背景下，面对新情况、新问题，我们应把握好合作治理的着力点，用新的策略引领和带动经济社会的创新发展。

（1）提高领导干部的新媒体素养及媒体应对能力。在当前社会舆论多元化态势下，提高政府部门特别是领导干部的新媒体素养及媒体应对能力，已成为关乎政府形象和公信力的一项迫切工作。政府主导的合作治理有赖于新媒体技术的发展与进步。领导干部要深刻认识新媒体在执政过程中的重要作用，不断加强新媒体业务的学习，克服网络时代的"本领恐慌"，主动与网民进行交流，倾听网民的心声，实现从被动应对向积极常态运用管理新媒体转变，不断提高在新媒体背景下的执政能力和水平。

（2）增强政府掌握社会舆论主动权的能力。媒体不仅肩负着传达政府公共政策、正确引导社会舆论的使命，还是公众了解政府工作的重要途径。运用新媒体服务于合作治理，体现了治理观念和治理技术的统一。政府在履行职责的过程中既要做出成效，又要将所作所为及时宣传，让公众知道、理解政府创新社会治理的政策和措施，提高政府的权威。对已经发生的舆情事件，面对公众的质疑，政府可以采取"加强监控，疏导为主"的柔性管理方法，找准社会舆论与民意诉求的契合点，用更加接地气的方式，讲清楚"是什么""为什么""怎么办"，让公众听得懂、信得过，消解突发舆情事件对社会产生的不利影响，增强公众对党和政府的信任，稳定社会预期。

（3）依法规范政府信息公开。信息公开是我国民主发展的一个载体。新媒体的运用推动了整个社会进入"人人都有话语权的时代"，每个人都有可能成为信息源。随着公民民主意识的增强，单向度的信息发布已不适用，亟须通过双向的信息交流确保政务畅通。[①]政府要适应新媒体发展，不仅要利用新媒体的开放性搜索信息、掌握舆情、回应民意，还要利用新媒体公开信息，特别是对关乎公共利益和社会稳定的信息应通过政府门户网站、微信、微博等平台，以及举办新闻发布会、听证会、媒体通报会等方式，及时、有效、全面地公开，增进公众对政府工作的了解和理解，依法形成主流舆论。当然，信息公开还涉及信息安全问题，政府部门掌握着大量信息，如果全部公开，政府可能无法马上适应。因此，信息公开的范围要依法规范，除了明确规定保密的信息以外，其他信息应一律公开。这不仅是尊重公众知情权、表达权、参与权和监督权的要求，还是提升合作治理应对能力的必要条件。

（三）政府主导的社会治理涵盖范围和基本原则

1. 政府主导的行政执法域涵盖范围

我国的行政执法主体较多，包括行政机关及法律明确规定的事业单位和其他组织，但是我国的国家性质和基本国情决定了我国的行政执法必须坚持政府主导。政府主导的行政执法的范围较广，其中公共教育服务、公共卫生服务、社会保障服务是切实联系广大人民群众，关系广大人民群众切身利益的公共服务。因此，政府应该积极做好公共教育服务、公共卫生服务、社会保障服务三方面的主导作用。

（1）政府公共教育服务。在新时期社会背景下，公共教育是政府的基本公共服务之一，政府的公共教育服务已经成为当前社会的热点。教育强则国强，作为我国公共服务重要的组成部分，必须做好我国的公共教育服务。2010年，国务院颁布了《国家中长期教育改革和发展规划纲要（2010—2020年）》，明确指出教育在我国社会主义建设中的巨大作用。强国必先强教，我国必须要发展好教育，紧抓教育，培养一批又一批卓越人才，为我国的社会主义建设作出巨大贡献。

①公共教育服务的性质——政府主导。每一项事物都有其存在的意义和价值，也有其特有的性质。我国的公共教育服务也不例外，如果要研究公共教育

---

① 苟正金：《我国突发环境公共事件信息公开制度之检讨与完善——以兰州"4.11"自来水苯超标事件为中心》，《法商研究》2017年第1期。

服务的性质，应该明确教育的性质。教育是大家的，一个人享受教育的同时不可能阻止其他人使用。因此，教育具有非排他性。我们作为一个个体，有义务接受教育，但是在我们享受教育的同时不能阻止别人和我们同样享受教育的过程。另外，教育还具有非竞争性。竞争性是指一个人适用某种物品将减少其他人对该物品的使用。而教育的性质正好相反，教育不是只有一个人使用的物品，而是可以同时有一人以上的人消费或使用的物品，因此教育具有非竞争性。非排他性和非竞争性是公共物品的属性，而具有非排他性和非竞争性的公共教育也应该是一种公共物品。我国的公共教育是公益性的事业，举办公共教育的目的不是为了谋求利益，教育的存在是为了国家的发展、社会的进步，为了为人类做出贡献。因此，具有公共物品性质的公共教育服务必须由我国政府主导。

②政府公共教育服务的作用。第一，政府主导下的公共教育服务促进了我国教育事业的发展，为公共教育服务全面推进、快速进步提供了根本保障。从我国近几年的教育发展来看，从实施义务教育、免收学杂费，一直到现在为贫困学生发放补贴等措施，使更多的学生顺利进入校园，完成自己的学业，学生有学上，在学校能吃上营养的饭菜，才能使他们更加认真地学习。大量的孩子进入校园学习，极大地减少了社会的不稳定因素，也有利于构建和谐社会。

第二，政府主导下的公共教育服务有利于促进教育的公平。近几年，为了促进教育的公平化，政府实施了一系列的措施以尽量促进教育的均等化、公平化。比如，为缩小城乡和区域间的教育差距，中共中央财政拨付上千亿元资金用于我国中小学校的安全工程。另外，国家还实施了改造中西部农村校舍等工程，这些措施在一定程度上有利于教育的公平化。为了提高和改善贫困地区孩子的生活水平，国家实施了农村学生的营养改善计划，使农村学生的营养和生活水平得到改善。为了使随迁子女的教育得到保障，政府提出要以流入地政府办学为主，把随迁子女教育纳入财政保障范围等，政府主导下的一系列公共教育服务措施不仅保证了学生受教育的质量，还从生活和营养方面提升了教育阶段学生的水平，一系列的措施表明我国的教育正一步步走向均等化和平等化。

③新时期政府公共教育服务的重新定位。

在我国的公共教育服务中，政府一直充当着"大政府""掌门人"的角色，特别是在改革开放以前，我国的公共教育服务大多是由政府举办的。但在20世纪70年代后，随着发达国家的经济转入了严重的"滞涨"阶段，人们开始反思"大政府"的能力与限度。新自由主义代表人物弗里德曼认为，公立学校办学质量低下的主要症结在于政府的集权与垄断，主张将市场竞争机制引入教育领域。在新的背景下，为了紧跟世界步伐，促进教育的创新发展，我国也开始实行政府购买公共教育服务的政策。政府购买公共教育服务是指，公共教育服务的职能不再由政府完全掌握，政府把公共教育服务的一部分职能交由社会组织去完成，政府向社会组织提供资金支持。政府购买公共教育服务具有很重要的社会意义。

第一，政府购买公共教育服务有利于转变政府职能，打造服务型政府。关于我国公共教育服务，政府由原来的大包大揽、全权负责，到现在把教育方面的一部分职能交由市场，由具备条件的社会组织和经济组织承担政府的一部分教育职能，不仅政府有更多的时间去关心和解决国家的其他重大事项，还有利于政府简政放权、转变政府职能、优化教育的治理结构。

第二，政府购买公共教育服务有利于提高我国公共教育服务的水平和效率。公共教育是一种公共物品，主要由政府主导和实施，但是随着社会的进步与发展，在市场经济条件下，政府的作用在一定程度上有所减弱。而市场作为看不见的手，在经济发展中的调节作用逐渐增大。社会组织和经济组织是私人的团体，也属于利益组织，在利益的驱使下，他们会追求效率和结果，竞争性的作用也使他们不断进步与发展。如果政府把一部分教育职能交给他们，我国的教育水平会不断提升和进步。

第三，政府购买公共教育服务有利于实现教育服务的公平。教育权是法律规定公民享有的基本权利，我国政府有责任也有义务提高和促进我国教育的发展。我国现阶段的贫富差距比较明显，这种不均衡的发展也影响着我国的教育事业。如果市场行使政府关于公共教育服务的一部分职能，可以转变政府管理公共教育服务的条块分割，市场中的社会组织可以引进高新教育技术，真正促进本区域的教育素质的提高。

（2）政府公共卫生服务。公共卫生服务是指以公共健康为目标，探究和发现影响健康和造成疾病的原因，找出解决措施和维护公众健康的服务方式。与公共教育服务的性质相似，我国的公共卫生服务也是一种公共物品，必须由政府主导。

①政府在公共卫生服务中的缺位。第一，政府在公共卫生服务中职能定位不足。在我国，尤其是一些农村地区，受经济利益的驱动，一些决策者会更加重视经济收益好、获利周期短的项目，因而削弱了政府对公共卫生的重视程度和行政干预力度。另外，政府缺乏对公共卫生服务明确的分工和职责规划范围，因此导致公共卫生服务的政策不能很好地贯彻与执行。

第二，政府在公共卫生服务中资金投入和规划的缺陷。我国公共卫生服务的资金主要来源于中央政府、省级政府和地方政府。中央政府每年都会将定额的资金用于公共卫生服务项目的预算，但是下发到地方政府后，地方政府在资金的分配与安排上发生了变化，在基层的公共卫生服务中没有投入足够的资金和精力，而是把更多的资金用以促进当地经济的发展和 GDP 的增长。资金的不足与缺乏使公共卫生服务不能很好地运行与完善。

第三，政府公共卫生服务缺乏有效的制约和监督机构。政府公共卫生服务是关乎我国民生问题的重大项目，涉及的人群较广、资金较多，政策实施的过程也较为复杂，因此政府公共卫生服务总会遇到一些资金不到位，甚至是贪污腐败的事情。为了更好地实施政府的公共卫生服务职能，造福于人类，加强政府公共卫生服务的监督管理是有必要的。

②政府购买公共卫生服务。在自媒体时代背景下，我国一直强调加强政府购买公共服务的政策，而公共卫生服务作为公共服务的一部分，政府购买公共卫生服务是理应实施的策略。政府公共卫生服务在运行的过程中，除了会产生诸如政府职能定位、规划等方面的缺陷外，还存在卫生服务的公共物品的短缺、质量不高等。因此，推进政府购买公共卫生服务是政府部门今后的一个重点工作。政府在购买公共卫生服务的过程中，不仅应该追求公共服务效率，还应兼顾公共服务质量，避免权力寻租。[①]

政府购买公共卫生服务，只是政府通过购买的方式为群众提供公共卫生服务方面的产品与服务，仅仅是改变了公共卫生服务的提供方式，在手段和模式方面进行了创新。政府购买公共卫生服务的主体不仅包括购买服务的一方——政府，还包括具有一定数量的，具备相应服务能力提供公共卫生服务的一方——社会组织或企事业单位。

（3）政府社会保障服务。①我国政府社会保障服务现状。我国的社会保障服务主要包括社会救助、社会保险、社会福利、慈善事业等方式。社会保障的公共物品的属性也决定了社会保障服务的政府主导作用。在新时期背景下，由政府主导的社会保障服务取得了很大进步，人们的生活水平也得到很大提高。但是，随着社会的不断发展，政府社会保障服务的弊端也日益凸显。第一，社会保障服务的主体单一。长期以来，我国的社会保障服务都是在政府的主导下进行的，政府不仅是社会保障服务的提供者，还是社会保障服务相关法规政策的制定者，社会保障服务成为一个依赖政府、政府唱"独角戏"的服务体系。政府成为社会保障服务的唯一主体，导致政府的服务意识薄弱。社会保障服务

---

① 张有亮、贾晟坤、贾军：《政府购买公共服务的法治化问题》，《兰州大学学报（社会科学版）》2016 年第 3 期。

过多地依赖政府也使政府的财政负担加重，再加上国家对社会保障服务的投入资金不足或相对较少的情况，社会保障服务的相关人力、物力都会受到很大影响，也会使社会保障服务水平下降，服务意识下降。第二，政府社会保障服务资金投入不足易导致不公平。我国每年都会收取相当数量的养老、医疗、失业等方面的保险，但是国家每年在社会保障服务的预算和投入上却和收取的保险金相差甚大。另外，我国社会保障服务的财政投入比例也明显低于发达国家，在财政投入的比例上，国家把更多的资金投入到城市及发达地区的民生项目上，而对农村及欠发达地区的投入相对较少，因此政府社会保障资金投入的不均衡性使社会保障服务有失公平。

②我国政府社会保障服务改革理念。在新时期下，为了更好地为人民群众提供社会保障服务，政府应转变自己的服务理念。第一，政府应该坚持"以人为本"的理念。政府的宗旨是全心全意为人民服务，而社会保障服务的对象是广大人民群众，政府作为社会保障服务的主体，必须树立服务意识和责任意识。第二，坚持服务型政府理念。在新时期下，国家一直在推广和强调转变政府职能，建立服务型政府。在社会保障服务中依然如此，社会保障服务是社会服务中的一个组成部分，政府在提供社会保障服务时，要时刻记得自己是服务的主体，要以作为人民公仆的角色服务人民，而不是始终抱着对普通民众的管制心态，只有全面做好服务的职能，才能更好地落实社会保障制度。第三，坚持公共服务均等化原则。前面提到，现阶段我国的社会保障服务资金投入不均衡，城市和农村地区差异尤其明显，但是我国需要提供社会保障服务的人群基本生活在农村。因此，政府必须转变理念，尽可能地让城乡居民、不同工作性质的职工都能享受最基本的的社会保障服务。

③改革社会保障服务措施。政府社会保障服务在发展中遇到的一些问题也促使我们开始进行政府社会保障服务的改革。第一，服务保障与经济保障并重。我国的社会保障服务经过多年的发展，已经形成较为完整的服务体系。但是，我国的政府社会保障服务在提供保障服务方式上还是一直注重经济保障，对民众真正关心的社会保障服务的提供，只是侧重于对需要社会保障的人员提供金钱补助，但是金钱形式的社会保障服务不能满足广大人民群众的心理需求。因此，政府在提供社会保障服务时，不仅要注重经济保障，还要做到服务保障。在服务保障的理念下，政府可以在相关的社会保障部门设立心理或情况说明室，并聘用一些具备一定心理学和社会学知识的工作人员。民众在相关部门办理社会保障或领取社会保障救济金时，如果有其他社会保障方面的需求或不满，可以向说明室反映情况，相关工作人员不仅能够给予社会保障人员心理开导，还

能提供一些其他方面的社会保障服务。第二，政府主导与社会多元化协同。从20世纪80年代以来，世界上一些发达国家开始转变政府在社会保障服务的角色定位，社会保障服务的主体不再是单一的主体，政府开始向社会、向市场推送自己社会保障服务的相关职能。比如，美国总统里根执政时开始改变政府关于提供社会福利的职能，开始发挥美国的非政府组织、非营利机构、志愿者组织、互利组织等在社会福利提供方面的作用。非政府组织在社会保障服务中能够发挥更大的作用，他们参与社会保障服务可以避免政府社会保障服务效率低下、资金不足等方面的劣势。因此，我国的社会保障服务在今后的发展过程中，要积极发挥非政府组织的作用。比如，企业可以以工资的形式为职工提供超过其基本生活所需的经济收入，这样职工可以有多余的资金提高自己对社会保障服务的购买和消费，在一定程度上也缓解了政府对社会保障服务的投入。①因此，企业一定要做好对职工保险的提供和上交，政府也应做好监督管理工作。关于其他的非政府组织，政府可以购买他们提供的保障服务产品。社会保障服务产品可以是实物性的服务设施和活动，也可以是无形的制度设计及安排，非政府没有政府体制内的科层制的强制约束，他们的思想更加自由，可以高效率地提供更好的社会保障服务。

2. 政府主导的行政执法的基本原则

政府主导的行政执法的基本原则是指政府在行政执法的过程中必须遵守的准则和原则。基本原则通常以一种观念、一种法理思想存在于各国立法者和国民的法律意识中，然后由本国的学者、法官加以概括、归纳，在其学术著作或法律裁判文书中予以表达和阐释。②政府主导的行政执法的基本原则是一种"基础性规范"，它是一种普遍性的规范，指导、调整整个行政执法行为。如果违反了行政执法的基本原则，那么需要承担一定的法律责任。

（1）行政合法性原则。行政合法性原则是指政府在行政执法的过程中应当遵循法律的规定，依法律而为，受法律之拘束，不能与法律规定相违背。政府在行政执法的过程中必须坚持行政合法性原则，具体应做到以下几点。

第一，行政机关应该依"法"行事。此处的"法"是广义的法，包括宪法、法律、行政法规及部门规章。上述各类"法"的效力不同，位阶有高低之分，其中宪法作为我国的根本大法，在我国现行法律体系中位阶最高；其次是全国

---

① 白维军、童星：《论我国社会保障服务的理念更新与体系构建》，《中州学刊》2014年第 5 期。

② 姜明安：《行政法与行政诉讼法》，北京大学出版社，2015，第 64 页。

人民代表大会通过的法律，然后是国务院的行政法规，部门规章在这些法中位阶是最低的，它低于我国的宪法、法律、行政法规。当政府在行政执法过程中，上位法与下位法在其原则和内容方面发生冲突时，应该适用上位法。我国政府在行政执法的过程中，应该依宪执政、依法行政，行政法规和部门规章只有符合宪法、法律的规定时，才能作为依法执政的依据。

第二，行政主体合法是行政合法性原则的具体要求之一。合法的行政执法主体必须是依据法律规定组成的、享有行政管理权的行政机关，该主体应当在其法定职权内实施各种行政行为，不得越权行事。[①] 原则上，我国行政执法的主体是政府，但是在某些特殊情况下，经法律直接授权或有法律明确规定时，一些事业单位也可以成为行政执法的主体。比如，根据《中华人民共和国食品卫生法》的规定，食品卫生监督工作应由当地县级以上的卫生防疫站负责管辖。县级以上的卫生防疫站是事业单位而非行政机关，但是由于法律的授权，事业单位拥有了政府的行政执法权。另外，除了被法律明确授权的单位可依法享有行政执法权外，一些行政机关在法律法规的许可下，可以用自己的权力把行政执法权授予其他的单位或组织。比如，各县总工会和物价部门联合组织的职工物价监督站，可以根据物价部门的授权在相应范围内没收非法收入并予以罚款。

第三，行政权力合法行使是行政合法性原则的另一要求。行政执法的权力行使合法应做到以下几点。首先，行政执法的内容要合法、适当。行政执法行为是行政机关针对行政相对人的违法行为的纠正与处罚的体现，行政执法行为对行政相对人的权利保障影响巨大，如果公权力行使不当，会影响到权利人的切身利益。因此，行政机关在行政执法的过程中要严格依照法律规定的内容办事，不能超出法律规定范围的限制。其次，行政执法行为中必须是行政机关的真实意思表示。行政执法过程中涉及行政机关和行政相对人两个主体，任何一方意思表示不真实都会影响行政执法行为的最终效果。比如，行政机关在行政执法的过程中，执法人员由于某种原因（如醉酒）而处于精神不佳的状态下所实施的行政执法行为，不是行政执法人员在正常情况下真实的意思表示，因此不能实现预期的执法效果。再次，行政执法人员对法律规定的行政执法的内容理解出现偏差时，或者行政执法人员做出使行政相对人产生误解的行为时，行政执法行为必然达不到预期效果。最后，在行政执法的过程中，行政相对人一方的欺诈行为，或者行政相对人一方对执法者的胁迫行为，都可能会导致行政执法行为的意思表示不真实。总而言之，行政权力的行使必须建立在行政执法

---

① 何峻：《行政执法基本原则释义》，《郑州工业大学学报（社会科学版）》2000年第3期。

的内容合法、意思表示真实的基础上。

第四，"把权力关进制度的牢笼"是行政合法性原则的本质要求。近年来，随着行政权的过度扩张，极易引发各种权钱交易及权力寻租现象，人们越来越认识到行政权的天性膨胀与扩张。为了防止行政权力的滥用，更好地保障公民的合法权利，应当"把权力关进制度的牢笼"。一个行之有效的方法就是加大行政权的行使监督力度。在行政执法的过程中，行政机关应当严格接受有权机关和社会舆论的监督，要做到合法行政、执法有据，完善行之有效的长效监督机制十分必要。行政执法活动的监督机制主要包括权力机关的监督、司法机关的监督、执政党、政协和民主党派社会团体的监督、人民群众的监督、社会舆论的监督、行政执法机关内部的监督。其中，行政机关上下级之间及行政机关内部的监督是最直接、最经常、最有效的，抓好各级人民政府及其各部门的行政执法责任制是该监督机制的关键。

（2）行政合理性原则。就政府主导的行政执法活动而言，行政合理性是指政府行政执法的过程应做到客观公正且符合情理。如前所述，根据行政合法性原则，行政机关在行政执法活动中应严格做到依法办事，但行政执法活动的多样性和复杂性特征几乎不可能使法律对所有的行政执法事务进行全面、周到与细致的规定，因此法律有必要赋予行政执法机关一定的选择权，以便其在执法过程中对某种行为的方式、范围、种类、幅度等灵活界定。进一步讲，行政机关在行政执法的过程中，应做到以下几点。

第一，行政执法行为的正当性。行政主体做出行政执法行为时，必须有正当的主观动机、正当的客观目的。行政执法行为必须在符合立法宗旨与立法目的的前提下实施，严禁不良动机。比如，法律规定行政处罚的目的在于纠正违法行为，教育违法者今后不再违法，警示其他人引以为戒。但是，现实中，有些行政执法单位中的某些工作人员在执法活动中可能存在着故意打击报复的不良意图，或为处罚而处罚的盲目性，这就和行政执法的正当性原则背道而驰。

第二，行政执法行为的平衡性。行政主体应实施合乎情理的行政执法行为，必须符合客观规律。行政合理性原则是比行政合法性原则更高的要求，行政执法的合理性原则要求，行政执法行为应被行政相对人认可接受。比如，近几年的热点问题——城管执法，新闻上报道的更多是城管暴力执法，城管打伤商贩的情况比比皆是，这样的执法方式不能有效促进行政执法效果的实现，更不能使行政执法做到真正的合理。相反，在四川省泸州市古蔺县下桥桥头处，一位身穿制服的女城管站在一位九旬老太旁边，吆喝着帮其卖菜。当事人表示，她所做的是每一个有良心的普通人都会做的事情，当时帮忙吆喝，只是想老人家可以卖完菜早点回家。此举得到广大网友的点赞。城市中小商贩的存在有很大的社会原因，我国不可能在短期内解决这种情况。所以，城管在执法的过程中，不要总是通过暴力的方式去解决问题，这样只会使情况变得更加糟糕。而通过温和的方式执法，不仅要讲求法律，还要顾及情理，也使人们更易接受，使行政执法效果更加深入人心。

（3）行政公开性原则。行政公开性原则发展和推广于20世纪中叶，是行政法的又一基本原则，它是指行政行为中除依法应保密的部分以外，都应公开进行，这是公民知情权得以实现的重要保障和前提条件。[1]关于行政公开性原则，应做到以下几点。

第一，行政立法和行政政策公开。在德意志联邦共和国立法的过程中，立法草案和有关的指令、论据都要求按照规定提交给立法机关。为了保证行政执法机关严格依法行政，维护行政相对人知情权及其他合法权益，行政机关的立法和行政政策必须符合行政公开性原则的要求。

第二，行政执政行为公开。行政执法行为公开包括行政执法行为标准公开和行政执法行为条件公开。其一，行政相对人申请行政许可时，行政机关应当事先把行政许可的内容、所需要的费用及申请许可的相关条件依法公开，可以把相关条件上传到网站或者贴到相关办公地点以备行政许可申请人查阅。其二，行政执法行为应做到程序公开。与行政许可的内容、所需要的费用及申请许可的相关条件一样，行政执法机关应该把行政执法的相关程序和手续公开张贴或发到网络上，接受广大网友的监督。其三，行政执法机关在办理重大、疑难复杂或者社会关注度较高的行政案件时，可以事先举行听证会，听取一般公众的声音和意见。另外，为了行政执法的公开和透明，行政机关在执法的过程中可准许新闻媒体等社会舆论机构的参与。

第三，行政信息的公开。在新媒体时代背景下，网络在我们的日常生活中占据重要的位置，舆论所发挥的作用也越来越大。不论是城管执法还是全国人大的立法，都关系到广大人民群众的利益，因此必须接受人民的监督，而行政信息公开正是普通民众行使监督权的前提之一。无论是行政机关制定的相关法律法规，还是行政机关发布的决定、命令、行政复议、行政裁决等，除了法律规定的予以保密的以外都要向社会进行公开。此外，对行政执法人员在执法过程中的执法、守法、廉洁、勤政情况，网络媒体也应该做好监督的角色，把执法人员在执法过程中的情况在网络上进行公开报道。许多国外的经验和我国的

---

[1]　姜明安：《行政法与行政诉讼法》，北京大学出版社，2015，第76页。

实践表明，新闻舆论和网络监督对保障政府的行政执法及其工作人员依法执政、依法行政、防止滥用权力和腐败是非常有效的武器。因此，政府在行政执法的过程中，为了更好地依法执政，保护广大人民群众的利益，应确保政府的行政信息公开。

（四）政府主导的社会治理的发展趋势

1. 新媒体时代政府主导的行政执法域的新演变

在传统的理念当中，政府主导的行政执法域能够达到协调统一的动态运行。其中，包含了涉及如何去规范行政行为、市场行为及社会行为等一整套成熟的体系。在如今高速发展的工业化时代，公众的生活发生了日新月异的变化，人们的社会活动秩序也发生了相应的变化，政治和社会生活的固有形态被打破。如今，政府与公众的关系有了新的定位，政府主导的行政执法域强调演化出一种更为开放和公平的现代化国家的治理体系。在这样的前提下，国家治理的核心不再以单一的政府为主体。具体来说，政府主导的行政执法域需要行政权力所涵盖的一切涉及公共权力的内容都要达到公开化、规范化及制度化。在政府主导的行政执法域中如何进行制度设计是能否达到良好国家治理的关键。如今，在政府主导的行政执法域中形成了一种制度性的体系，在此体系中涵盖了经济、行政及社会三个领域的体制内容。在政府主导的行政执法域中，最主要的也是最为贴近公众生活的内容在于如何在实践的过程中促进政治文明健康的发展，市场经济迅速腾飞、社会稳步前进发展、文化事业的逐步繁荣及生态文明和谐发展等一系列内容，也构成了如何实现政府主导的行政执法域最主要的切入点。政府主导的行政执法域实现现代化的转变也是社会主义现代化发展的必然经历，其自身也具有一定的代表性。作为一个有机的整体，如何推进政府主导的行政执法域的发展，如何提高其治理的能力是一个不断探索与研究的过程。

政府主导的行政执法域涵盖的核心内容指向如何切实地解决问题，如何达到人民生活的幸福，如何正确地化解社会中的矛盾。从宏观的角度着手，转变固有的意识形态，才能达到有效的行政执法。实现管理的层面不仅仅局限于公安机关及城管执法，而是政府的各个部门都应发挥其职能所在。在目前复杂而多变的社会格局中，政治生活也日益呈现多元化的发展趋势，这是对传统理念的挑战，也是对政治生活格局的调整。如何定位政府主导的行政执法域转型的方向，如何实现政府主导的行政执法域转型都是实现国家治理的重要内容。实现政府主导的行政执法域转型就要确立正确的前进方向。首先，政府主导的行政执法域要以促进社会活力为己任，要持有鼓励社会活力的态度面对社会范围内出现的问题，一味地持有限制社会活力的态度反而会适得其反。其次，在社会范围内，在合情合法的前提下要允许有不同社会价值观念的存在，倡导不同的个体拥有不同的行为方式及表达内心诉求的途径。最后，要倾听来自不同社会团体或个人的声音，了解公民内心的诉求。政府主导的行政执法域的发展同样需要进行深层次、多角度的考虑，从宏观角度兼顾社会各方的利益。兼顾并不意味着不会对任何利益造成损失，也不意味着不能运用任何一种强制性的手段。宏观的兼顾需要紧跟时代发展的步伐，在兼顾各方利益诉求的前提下，提出更为合理且合法的解决方式。只有准确掌握定位才能做好政府主导的行政执法域转型的实际工作。只有实现最广大人民群众的利益才能将政府主导的行政执法域转型成功，才能实现社会的稳定与和谐，才能使百姓安居乐业。在当前，政府主导的行政执法域提倡协调多主体之间的参加与协商，通过权力下放与分散的方式赋予政府主导的行政执法域更多的灵活性，由此来促进政府职能的转变。在此基础上，更能促使政府行政执法域的界限愈加明晰。当前，如何在政府主导的行政执法域的前提条件下构建一套行之有效的合作机制迫在眉睫。合作机制中涉及政府、社会及公众三者在机制中究竟扮演怎样的角色，如何定位角色及如何处理好属于自身的角色，以及在角色设定的同时如何设定更为精准的政策法规和相关的规章制度来满足不同主体治理的切实需求。

目前，政府主导的行政执法域未来发展的观念及方向逐步发生了转移。也有学者突破以往的思维方式，提出了一种合作治理的理念。正是由于新媒体时代背景的先觉优势，才能为多主体之间的交流与合作提供畅通的沟通机制及运行机制。由此，目前我国政府主导的行政执法域在传统意义上又增加了涉及网络治理的内容。在合作治理的思维方式引导下，对网络环境的要求逐步提高。具体来说，新媒体时代的环境中，政府主导的行政执法域更加强调通过网络环境来促进社会及公众更加健康活跃地发展。通过网络空间发挥来自社会的力量，从而构建出我国一直倡导的"小政府、大社会"模式的政府主导的行政执法域。由此可见，新媒体时代的平台为政府主导的行政执法域提供了广阔的平台和良好的契机，也为提高社会管理水平提供了行之有效的选择。

2. 新媒体时代政府主导的行政执法域的新要求

随着时间的推移，不同的历史条件决定了不同历史时期的国家治理方式，也决定了领导方式的不断变革。新媒体时代背景下，政府主导的行政执法域的基本原则和功能具有新的内容。

（1）实现治理主体多元化。在当前政府主导的行政执法域中，政府的角色逐渐定位于实现国家治理的主体，突出实现治理主体多元化的特征。但是，主体的角色并不是单一的，其涵盖了涉及公共事务的所有参与者。参与者之间构成了一种既相互合作又相互竞争的互动关系。就此而言，欲实现国家治理的理念，必须发挥所有参与主体的共同力量，体现所有参与主体的共同责任。社会公众的呼声和力量日益壮大的同时，势必会导致政府力量的削弱。在日益开放和公平的环境中，社会公众的需求日益得到重视。为了实现国家的长治久安，实现公众的合法诉求，政府主导的行政执法域发生了转变。如今的主体范围已经延伸至公民自治组织、社会中的私营企业及各类非政府部门。在多元化主体的发展过程中，不断实现了政府主导的行政执法域与社会自治之间构成的有机融合，推动了政府与公众、国家与社会之间的良性互动，加快了实现国家治理理念的速度。在实现治理主体多元化的过程中，政府的角色并不单一定位为国家治理的主体，同时它也成了被观察和被治理的对象。由此可见，此时的社会与公众也不仅仅是单纯意义上被治理的对象，它们也构成了政府主导的行政执法域中的主体之一。

（2）推动治理客体社会化。政府主导的行政执法域中的客体主要涉及公共领域，包括政治、经济和社会范围内的公共事务。如若进行具体划分，主要涉及政治军事、社会、经济、文化、生态这五大领域。由于这五大领域涵盖了公共生活的大部分内容，也构成了公众生活息息相关的，引发公众思考的主要领域。因此，政府主导的行政执法域中需要推动治理客体社会化发展。例如，政府在实现治理的过程中可以通过形成合约的方式引入市场机制。也就是说，政府可以通过购买的方式形成与第三部门合作。通过合作的方式，解决政府主导的行政执法域中出现的由于能力不足导致的无法做到精细化管理的问题。除了通过购买的方式，政府还可以授权农村村民自治组织与城市社区自治组织建立各种公共事业。通过政府对公民自治组织的鼓励与支持，改进公众生活的基本服务，从源头防控黑恶势力的滋生。目前，我们要明晰政府主导的行政执法域中公共生活的要素是来源于社会的，涵盖一切公民组织及社会公众共同利益的公共事务，具体表现为人民日益增长的物质文化需求和精神需求。推动治理客体社会化发展，就需要社会公众和非政府机构有良好的渠道参与国家政策的制定与执行，建立起政府与公众共同实现国家治理格局，促使新媒体时代背景下政府主导的行政执法域具有新的内容。

（3）促进治理机制制度化。简而言之，我们可以将治理机制理解成一种调节行为、解决问题的方法。通过规范性的制度提出解决国家和社会问题的原则、范围、规则、程序等一系列内容。然而，促进治理机制制度化的发展就需要考虑其在政府主导的行政执法域中的核心地位，它不仅是所有的治理主体必须遵循的规范，其制度化的发展还会降低国家治理的成本。治理机制制度化的发展亦会影响未来社会的发展方向和发展前景。促进治理机制制度化的发展从一定意义上能够使政府与公众的政治生活逐步实现规范化。具体而言，在新媒体时代背景下，政府主导的行政执法域中促进治理机制制度化要从党群之间、政府与民众之间入手。构建自治组织、政府、公众三者之间的治理机制制度化发展，形成一种实现多元参与国家治理的合理制度。例如，推动政府信息公开制度、社会听证制度、举报人保护制度等一系列的治理机制制度化发展。

（4）促成治理结构网络化。新媒体时代背景下，政府主导的行政执法域需要促成治理结构网络化发展。在社会快速发展的过程中，政府主导的行政执法域需要依赖网络治理的模式。也就是说，不同的国家治理的主体需要利用网络的广阔平台构建起相互合作与制约的沟通方式。在现实的政治生活中，很多问题涉及的主体并不是单一的个体，很有可能出现跨行政辖区政府之间的情形。例如，我们日常所见的网络环境综合治理问题，就需要与其相关的多方个体都参与其中，运用联合行动的方式促成治理工程的顺利完成。此时，政府、社会、市场及公众的关系就被紧密地联系在一起，这就对新媒体时代背景下政府主导的行政执法域的内容提出了更高的要求。通过发挥新媒体的优势，促进国家治理格局向多元化发展的同时，监督多元主体参与国家治理的过程，运用群众路线的方式，尽可能调节和保护各方主体的利益，维护社会的公平与正义。①

3. 新媒体时代政府主导的行政执法的新举措

在信息完全公开化的今天，政府的行政也加入以立法规范政府信息公开制度的行列。如何利用新媒体时代的大环境通过网络环境的开放性拓宽民意表达的路径，构建更为简捷高效的沟通平台不仅是对当前政府主导的行政执法能力的考量，还是对其执政理念的检验。新媒体时代背景下，网络大范围普遍化的应用成为能够实现信息有效传达的有利途径，通过信息资源的共享使公民更加方便快捷的参与社会活动。政府应该正确认识如何在新媒体时代运用新媒体的途径实现政府主导的行政执法方式的不断创新。

（1）加强宣传与培训。在新媒体时代背景下，政府的行政人员要意识到网络平台的优势，注重了解网络环境，运用网络途径掌握网络发展动向，并改变以往的固有观念，以一种更为积极的心态看待新媒体带来的巨大冲击及其伴随的理念变革，在网络环境中自觉提升自身的工作能力。在日益开放的网络环境中，面对来自社会各方的舆论压力时，行政人员不仅要有承受力，还要提高

---

① 　金荣：《政府在国家治理体系中角色定位与改革趋势》，《人民论坛》2014 年第 5 期。

自身的业务水平。在保证信息公开透明化的同时，更要在纷繁复杂的舆论环境中明晰问题实质所在。由此而言，可以展开一系列具有针对性的课程，通过宣传与培训的方式，对如何在新媒体时代创新政府执法方式提供更为有效的参考。通过专门的培训设计及课程设置，有针对性地提高政府行政人员在面对网络舆论压力时的应对能力。其中包含如何更好地形成良性的沟通渠道，如何运用网络与媒体构建良好的互动关系，如何面对网络不当言行时能在第一时间予以回应等内容。通过以上方式，在第一时间保证网络不当言论的发展不会如洪水一般一发不可收拾。简而言之，在新媒体时代背景下，网络环境的运用不仅能够缩小人与人之间的差距，还能够拉近公众与政府之间的距离。公众可以通过网络更加高效地表达内心的诉求，政府也能真正了解民之所盼、民之所想。当出现过激或恶意诽谤等不当言论时，就需要政府具有严谨的工作态度及准确的判断思维，始终树立将社会大众的利益置于首位的意识。如何将实情公正公开地展现在公众面前是政府的所想，亦是政府主导的行政执法方式不断创新的所求。在此观念下，面对网络不正当言行时，政府要树立正确的应对理念，做到既不畏惧听到质疑的声音，亦不害怕不当言论者发出的挑战，还要思考如何将新媒体时代的广阔平台构建成公众表达民意的舞台，充分利用新媒体的背景优势挖掘政府主导的行政执法域中的盲点与弱点，发现政府执法方式创新的突破点。

（2）发挥主流媒体的作用。就现实国情而言，现实生活中存在的相对传统的主流媒体都来自党和政府的宣传机构，这些机构都有长久的历史及很高的权威。在新媒体背景下，我们不仅要保持主流媒体的权威性，还要将其延伸至网络环境中。政府主导的行政执法域中，地方政府行政人员及公众需要不断关注主流媒体网站的更新与发展，使其在拥有高关注度的同时更好地发挥其自身的吸引力及影响力，真正达到传统媒体权威性在新媒体时代的延伸。当网络中发生不正当言行时，公众要相信政府的公信力，使主流媒体的发声拥有其权威性和可信度。发挥传统媒体和网络媒体的力量，通过正面引导的方式传播正能量，避免不正当言行使公众认知出现倾向性的倒戈，将实情公之于众，为公众提供准确的信息、公平的获取信息渠道及理性的思维平台。

新媒体时代背景下，政府主导的行政执法域中发挥主流媒体的作用不仅仅局限于面对网络不正当言行的情形，也可为国家政策的传播提供简捷高效的途径。如今，运用新媒体可以充分地体现信息传播的速度，使公众参与的广度及公众与政府之间的互动效果最大化。同时，政府通过新媒体可以拥有更广阔的平台吸引公民有序参与国家治理。由于新媒体自身的优势，政府在其行政执法域中能够获取来自社会不同阶层民众的心声，能够倾听来自不同社会团体和个人的民情。在了解了民之所想、情之所系的前提下，政府应促使新媒体成为传达国家政策变革的快速通道，使新媒体与传统媒体共同构成传播国家治理理念的路径。新媒体的发展有助于改变历史中出现的不良沟通现象，形成健康的良性沟通途径，实现客观的新闻传播环境，构成畅通的信息传达路径，从而实现政府主导的行政执法域的创新。

（3）构建问政新体系。随着新媒体时代背景下国家治理理念的变革与发展，人们对实现政府主导的行政执法方式的要求也日益严苛。就此，在以优化政府主导的行政执法方式为目标的前提下，构建新型的问政方式也成为大势所趋。由于新媒体的网络平台能够体现公众的诉求，充分利用这样的平台必然会成为党和政府了解民生的最佳路径。政府行政工作人员应妥善处理在新媒体中收获的来自公众的留言信息，构建公众与政府直接对话的平台，从而更好地掌握翔实的信息，听取公众的建议。通过广开言路的方式避免与公众脱离，避免由于闭门造车导致出现决策性的失误；通过新媒体途径的新型问政方式，促使政府决策出台之前有更为广阔的考量范畴，从而使决策更加民主与科学。开展新媒体途径的新型问政方式的重心在于充分表达公民的意志。然而，意志的表达并不意味着结束，只有公民意志的表达得到反馈、社会问题予以解决、公众意见予以合理采纳，才能真正意义上构建新型的问政体系。

新媒体时代背景下的新型问政方式需要达成规范而有序的持续发展状态，这就需要构建一种长效机制。在此过程中，需要落实到具体的工作责任、翔实的发展规划及具体的反馈机制，促使新媒体成为构建公众与政府沟通的有效途径。新型问政方式中，政府行政人员构成了问政的主体。就此，其必须在运用网络技术的前提下，树立一切为人民服务的理念，提升自身的工作能力和思想觉悟。在新型问政方式中，通过论坛、邮箱、微博等公众熟知的网络平台与网民交流，将社会公众的意志转化为良性的执政思维与行动，让更多的公众认识到新媒体对新型问政的作用，从而在不断实践的过程中完善新型的问政体系，使新媒体最大限度地发挥优势，成为国家治理方式不断创新的有效途径。

二、社会治理的社会组织维度

我国目前的经济增速平稳，总体上仍处于大有作为的战略机遇期。与此同时，信息技术与网络技术的发展对行政执法领域产生了重大的冲击，传统的行政管理制度已经无法适应日益多元化的社会问题。增强和创新社会治理方式，大力拓宽治理主体多元化参与途径，实现治理权力的分散，不仅是社会主义发展的客观现实需求，也是人民安居乐业、社会安定有序、国家长治久安的重要保证。

社会组织是组织化的社会力量，随着社会的发展，它已逐步成为社会治理的重要力量。加快推进社会组织在社会治理中的重要作用，必须正视政府与社会组织的关系，大力推进双方领域内的"去行政化"改革，确保社会组织在社会管理中处于独立地位。社会组织参与社会治理的过程不仅能为政府分担治理压力，还能充分调动民众的参与积极性，实现人的需求和社会进步的双重发展。

（一）社会组织的概念界定

中华人民共和国成立以来，"社会组织"这一概念经历了漫长的历史演变过程，由最初的"社会团体""民间组织""自治组织""中介组织"到最后统一为"社会组织"，其背后蕴藏着党和政府在不同时期对社会组织这一概念理解层面的本质差别。

20世纪80年代，我国改革开放的政策促使社会中涌现出大量的社会团体，这些团体的专业性较强，内部多由知识分子、退休的党政干部组成，外在则以研究会、学会、协会、基金会等形式出现。团体的初期发展都依存于各级党政部门，有时甚至会出现与各级党政部门混为一体的局面。20世纪90年代，党的十四大提出建立社会主义市场经济的总目标，经济领域的改革全面进行，民间组织在这一时期更多地体现出其内在的独立性与社会性，进一步凸显出市场经济大环境下的非营利性特征。而社会团体、行业组织、社会中介等机构在社会治理中提供服务、反映诉求、规范行为的作用可以有效实现这一目的，这也为接下来"社会组织"这一概念的提出奠定了理论基础，使"社会组织"这一概念作为一个重要的范畴得以确立。全会围绕构建社会主义和谐社会展开，提出要发展各类社会组织的积极作用，完善依法管理和扶持培育的相关政策，鼓励社会组织深入科技、教育、文化、卫生、社会福利等不同领域，强调社会组织要不断加强自身建设以提高自律性与诚信度。由此，"社会组织"上升为一个正式的、官方的概念，并逐步成为党和政府表达此类主体的官方术语，而学界对"社会组织"这一称谓也达成了普遍共识。

学界对社会组织的界定主要从广义与狭义的角度进行，通常来讲，社会组织又称"民间组织""非政府组织"。狭义的"社会组织"专指与政府企业相对应的其他各类组织，由自然人、法人和其他组织为满足社会需要或部分社会成员需要而设立的非营利性组织。由此，学界对社会组织进行界定时，主要从社会组织的权能性质角度出发，考虑到组织的社会性及其与政府的对立统一关系，进而对社会组织的概念进行清晰的归纳。

通过对学界和官方的概念研究界定，本书所采用的社会组织的定义是狭义层面的社会组织，是指根据现行法规在各级民政部门登记注册的基金会、社会团体和民办非企业单位。

（二）社会组织参与社会治理的理论基础

近年来，社会组织发展迅猛，不仅在数量上实现了快速增长，还在质量上得到了显著提高。社会组织参与社会治理的理论不但来自现实的迫切需求，更是基于社会组织对外在资源的依赖及为构建以政府和社会组织为核心的双中心治理模式的理论指引。

1. 协同治理理论

协同最早是由德国学者哈肯在《协同学导论》中提出的，至20世纪80年代末，随着经济全球化的不断发展，这一治理理念被多数学者扩展至社会管理及政府与社会组织关系探究领域。协同治理理论以效率为优先原则，重点在于多要素的相互协调。以"协同""合作"作为最基本的两个要素，强调通过权力的优化配置实现资源的有效整合，这也体现出目前状态下选择协同治理的几点合理性原因。

我国公有制为主体的社会主义市场经济制度决定了市场在整个资源配置中具有决定性的作用，但并不意味着市场涵盖我们生活的各个方面，它也存在调节不了或不能调节的领域。市场经济带来灵活性的同时，也不可避免地存在自发性、盲目性、滞后性、功利性等弊端，为了解决市场经济中所出现的各类问题，必须扩大市场参与的主体，创新参与方式。而通过协同治理方式调节政府与社会组织的关系就显得尤为必要，它既可以弥补市场的漏洞，又可以维护市场的稳定。

信息技术与网络技术的飞速发展在给人们的日常生活带来便利的同时，也潜移默化地影响着人们的日常行为，进而扩大了人类的生活空间。人们可以在一个虚拟的平台里实现对现实生活的构建，使生活方式呈现出多元性的特征，这也进一步加大了各级主体单独治理社会的难度。网络空间的出现既建立在现实的实体生活空间之上，又与之相区别。实体空间中权利与义务具有对等性，其实际结果都对应一个现实存在的人。因此，现实生活中很少有人不履行自己的义务而过度使用自己的权利。而网络空间则因为虚拟注册使权利和义务具有不对等性，其后果都指向虚拟的注册账号。一些人鉴于网络环境下的隐匿状态而变得肆无忌惮。在一个缺少法律法规的世界，人们往往会展现兽性的一面。因此，在网络空间中，往往因为利益驱动与素质低下等原因而充斥着大量色情与暴力文化，这严重毒害了青少年的思想，侵犯了公民的隐私权与名誉权。目前，我国对网络空间的规制措施有待完善，整体上仍然处于起步阶段。网络空间层出不穷的侵权案件与网络空间的规制的复杂性进一步为协同治理理论提供了基础。

随着我国国民素质的普遍提高，普通民众的主体意识显著增强。公民的个人意愿、自我管理意识已经到了政府组织无法忽视与回避的地步。在某些方面，人民是自己利益的最好判断者，他们通过行使结社权而组成社会各类团体组织，通过管理好自我内在的事务实现与政府组织之间的良性互补。

协同理论的出现可以有效解决政府能力"超载"的问题，在单一的社会传统管理模式中，行政的垄断既不能应对市场经济存在的各种弊端，又不能随着生活空间的扩大而实现多元化治理，更不能调动人民群众参与社会管理、分享社会进步成果的积极性，从而限制了我国公民的基本权利及人身发展，进一步阻碍了公共利益的增长。依据合作主义理论分析，在公众与政府之间必须引入一个合作性因素，搭建起政府与公众之间的桥梁。[①] 而社会组织可以充当此类角色，政府与社会组织之间形成既相互制约又相互合作的协同关系。通过协同关系，双方可以抑制自身的不足。同时，依据治理理论分析，政府并不是国家唯一的权利中心，它从现实社会中主体的复杂多元性出发，强调管理事务的主体也应具备多元性。因此，多元主体下的协同治理优势更为突出，各个主体之间的相互协调与优势互补完全可以弥补单一结构的缺陷。但同时必须明确区分协同治理中关系职责的分属，具体来说有两点要求。一是不能打着协同的幌子对社会组织进行实体管制，这样会使社会组织如同"鸡肋"一般，难以形成自身的独立地位；二是协同治理反对全方面、各角度、无条件的协同。协同治理也应该兼顾一定的效率，在一些公共服务质量需求较低的领域，可以不强调必然的协同。如若协同治理涉及方方面面，缺少实际执行的可行性，则必然牵扯到两个部门之间的沟通合作、资源整合、人员配置等问题。这样既不利于实际工作的开展，又不利于建设环境友好型社会的实现。

2. 政府失灵理论

政府失灵理论要对建立在国家政权基础上的政府合法性根据进行探究。对这一问题的回答可以很好地区分政府失灵理论产生的内外在因素，即政府失灵

---

① 刘金荣：《社会管理优化：政府与社会组织协同治理》，《中外企业家》2014 年第 31 期。

的源头到底是政体的必然还是执行过程中的外在因素。对政府的产生，很多学者都进行了深刻的探讨，目前学界主要存在以下两种代表性观点：

第一政府通过契约的形式而成立。契约的达成建立在每个人对自身部分权利的让与，从而成立一个组织保障大家共同的利益。这一理论被西方国家普遍接受。洛克在《政府论》中提到，在国家政府产生之前存在着一种自然状态，该自然状态是一个完备无缺的自由状态和平等状态。自然状态下的自由是一种除受到自然法的理性之外的完全自由，人们可以按照自己的方式处理自己的财产、决定自己的行动而不受他人意志的依赖与许可。自然状态下的平等则建立在人们能力平等的前提下，每个人都不受制于任何人的权利。最终之所以放弃权利而成立政府是为了对个人利益进行充分保护，由此构建了多数西方国家所认为的政府合法性来源。这样的说法存在很多问题，更多的时候是理想状态下的主观臆测。少量民众成立一个政府可以通过契约方式实现对自身利益的保护，但幅员辽阔、人数较多的时候又怎么保证契约签订之初每个人的意思表示呢？

第二，马克思认为政府是阶级分化的产物。社会的发展及生产力的提高产生了一定的阶级分化，各阶级之间因矛盾利益冲突而变得不可调和，而政府正是最终获胜一方的利益代表。阶级矛盾的不可调和性在西方国家表现突出，机器化生产与雇佣关系使商人进一步追求剩余价值，生产资料逐步集中到一小部分人手中，贫富差距被进一步拉大，最终生产资料多寡决定了利益分配的不同。

我国是人民民主专政的社会主义国家，阶级矛盾在我国历史的长河中长期存在，政府在一定程度上代表了一定的阶级利益。目前，学术界对政府这一概念的理解有广义与狭义之分，广义的政府包括立法机关、行政机关、司法机关、军事机关，狭义的政府仅指行政机关。本书将从狭义的角度理解我国政府的性质。在我国，政府是国家权力机关的执行机关，政府总理由全国人大表决所产生，政府的宗旨与原则决定了政府在开展工作时必须情系人民，始终将人民的福祉作为工作的出发点与落脚点。这一点也是马克思政府理论与洛克的契约精神政府理论的最大区别，洛克的政府理论建立在自然状态下"不便之处"的基础上，其具有更多的理性化色彩。自然状态下的平等并不等同于能力的平等，其最后所形成的契约一定包含着强势一方对弱势一方的压制，从契约的开始已经不具有平等性，因为它的产生不是人民合意的体现，弱势一方并没有参与政府规则的制定。而马克思政府理论从始至终人民本位的观念很好地解决了此类问题。

因此，我国政府成立之初就建立在理性的人民利益之上，其初衷是美好的。但在社会进步的驱力助推下产生了一系列问题，这一点在传统的政府管理中表现为政府管控领域的失灵。

美国经济学家伯顿·韦斯布罗德最先提出政府失灵理论，他指出政府在市场调节与公共服务的供给过程中存在众多问题，其核心在于政府并不能有效地贴补市场供应中的不足与缺位，公民需求的现实性差异要求公共服务的对象必须是占多数的中层阶级纳税人，而这也导致了少部分人的公共服务供给缺失。同时，伯顿提到政府官僚体系的垄断使公共物品缺乏市场的竞争机制，而一些宏观性的政策又缺少微观的考量，部分人的利益得不到满足势必会成为社会暗含的不稳定因素，甚至会脱离群众而一意孤行，主要表现在以下方面。

第一，政治领域的失灵行为。我国目前社会上"官民矛盾"日益突出，为人民服务的政府组织受到越来越多的普通民众怀疑、敌视。比如，政府机构庞杂混乱、人员臃肿、职责混乱、决策拖沓，部分领导干部不作为，公款吃喝等，同时问责制度的不完善使有些官员轻而易举地做出决策而未曾考虑过资金分配及实际可能收获的经济效益。社会上普遍存在"小官巨贪"的腐败现象，同时在执法过程中，政府工作人员未树立服务意识，执法过程中盛气凌人、欺压百姓，一些基层行政执法机关中，执法人员素质较差，执法手段不当，如近些年媒体报道的"城管打人事件""强征强拆事件"等，很大程度上动摇了公民对政府的认同感。因此，服务型政府的建设已经迫在眉睫。

第二，经济领域的失灵行为。经济领域的失灵行为主要体现在市场层面，市场失灵理论最先由美国法律经济学家亨利·汉斯曼提出。他指出，市场调节范围较广但并不能涵盖现实生活的方方面面，因此市场从诞生之初就不能满足多元化的社会需求。同时，市场经济存在自发性、盲目性、滞后性三大固有弊端。市场经济的自发性使市场参与的主体单纯以经济利益的增长作为目标，而现存的法规政策缺少对市场的规制与引导，由此在市场交易中滋生了一些不正当竞争行为；同时，市场经济的盲目性与滞后性弊端使市场活动的各主体之间孤立存在，信息闭塞而无法实现共享，进而陷入一个无限的恶性循环之中。

我国目前的市场经济还有待完善，市场的弊端需要政府公权力的渗入，但有时政府会以指令性计划左右市场经济的发展，同时在金融监督管理中的失灵放任了金融市场违法乱纪的行为产生。以 GDP 作为评价官员绩效指标会使政府官员片面追求经济利益的增长，通过强制力手段对企业进行任意支配。同时，在各类招商引标、项目投资中，政府与商人相互结合为自己谋取不正当利益的行为，既违背了市场经济的基本规律，又破坏了公平竞争的贸易规则，大大损坏了政府的形象。

第三，文化领域的失范行为。荀子在论及人的本性时提出"性恶论"这一思想，而西方社会中"性恶论"最初产生于古罗马时期基督教内部，随后奥古斯丁、路德、加尔文发展了该观点，并将人的欲望看作人的本性。他们认为人本质为恶性，之所以最终体现了为善的表征，主要是受到社会环境的制约，如道德理性的牵制与法律行为的规范。这一点在文化领域较为突出。手机网络的快速发展很大程度上改变了人们的生活方式，新出现的网络平台缺少相关政策的管控，人们可以自由发挥而不承担不利的后果，因此被压抑于内心的丑陋本质就会完全释放。目前，网络直播现象充斥着互联网平台，有的网络主播为了获得经济利益而哗众取宠，用污秽的语言、宣传错误三观等手段来吸引观众，进而诱骗观众刷"小礼物"以获取平台的经济利益。网络平台的虚拟性加大了政府在治理中的难度，网络带来的负面影响严重侵蚀着优秀文化的传播。在一些网络信息领域，政府的管控因无法到达或不能到达而近似"真空"，这严重阻碍了社会的发展进步。

3. 资源交换理论

资源交换理论是组织理论的重要流派，主要揭示了组织与环境的重要关系。对资源的依赖是资源交换理论的核心，其中资源为前提条件，资源不足与需求之间的矛盾逼迫社会组织进行交换，而资源互补是交换展开的动力，其最终目的是以交换这一途径来实现组织的生存。交换实现了组织之间的资源互补，无论其实质与预期结果，皆能实现各组织目标的任何资源性活动。"自愿性"既成为组织间合作的基础，也奠定了双方主体的平等地位，而基于自愿性要求双方自愿承担不利后果。政府在与社会组织的合作中要始终秉持自愿合作原则，即政府作为一个独立的组织体而存在，它与社会组织的活动以自愿为前提，这有利于政府治理过程中治理理念的转变。资源互换理论为政府与非政府组织协作关系建立的必要性提供了直接的理论基础。

资源交换理论最终的目标是组织的生存，组织对资源的需求是各个组织各尽其能、相互协调的基础，组织对环境的依赖提高了组织之间的工作效率，实现了组织间的优胜劣汰，也影响着组织内部的权力分配。政府作为公权力的国家机关，其本质仍是一种特殊的组织结构。它或许不存在为生存考量的必然忧虑，但政府必须是一个高效的政府。在当前多元化的时代背景下，社会组织的类型多种多样，社会的资源并不单纯地集中于政府手中，政府必须利用社会组织的积极功能，与社会组织分工合作，这能有效应对各种复杂多变的社会问题。由此，资源依赖理论视角下的社会治理不能仅局限于政府的一元化，而是应该调动各方社会资源，让更多的社会组织参与其中。

资源交换理论强调政府与社会组织积极合作的必要性，但合作关系的建立必须以"自愿性"为前提。自愿条件的产生必然是主体地位的平等。政府与社会组织之间是相互依赖关系。政府不再是强势的一方，它也需要社会组织的资源支撑。社会组织也不是简单的"跟班"于政府，其最终目标是通过资源交换实现优势互补。

社会组织参与社会治理的三大理论基础紧密联系、相辅相成。政府失灵表现出我国社会治理中存在的一系列漏洞与问题，资源交换理论则指出了协同治理的必然趋势，而协同治理理论可以为有效解决这一问题提供方法论的指引，促使更多的社会组织参与社会治理，这一过程不仅可以实现治理主体的多元化，还可满足社会组织的生存需求。

（三）政府购买中的政府与社会组织协同

近些年，政府购买公共服务逐步成为学者研究的热点，它能有效地解决目前状况下政府与社会组织关系处理的难题，从而提升政府的工作绩效与民众的幸福感。这体现了政府在处理与社会组织的协调关系中，其核心在于委托授权和公共利益，政府将原本由自身所提供的社会公共服务交由社会组织去承担，从而在两者之间建立起一种基于信任与责任的合作关系。

1. 政府购买公共服务现状

政府在购买公共服务中产生了众多问题，其中既包括购买观念层面，又包括购买体系层面。这些问题的产生原因众多，包括社会组织发育不完善、公信力不足、权责不明确等问题。

（1）购买理念层面。政府在购买服务中要克服的是理念与观念的问题，在购买公共服务的过程中两者之间所秉持的理念并不完全一致。两者虽然都注重效率，却具有本质差别。政府在工作过程中往往围绕着绩效及国家的整体利益展开，即政府从来都不是以利益获取作为工作目标的组织。相反，政府一般充当的是经济支配者的角色。在政府绩效评定中，经济的投入度通常作为一个显性的评判标准，因此政府在购买公共服务中出于绩效的考量和年终任务的完结而盲目求快，缺少对服务质量的深层次评估而草率做出购买决定。而社会组织同样注重效率，但其主要是通过效率的提高而实现经济利益的最大化。经济利益的驱动既可能提升产品的服务质量，又可能衍生出产品服务质量的缺失。观念上，主要强调两者在实际购买过程中地位的不对等。政府购买公共服务作为合作模式的一种创新机制，理想状态中，政府与社会组织是一种平等的契约关系；但实践中，这种平等的契约精神存在很大的阻力。总体来讲，社会组织发展尚处于起步阶段，总体数量较少、规模偏小，目前我国每万人拥有社会组织的数量仅为 3.2 个，远远低于发达国家水平。[①]多数社会组织的专业素质较低，既不能吸引优秀人才，又不能提供优质服务，且社会民众对社会组织的认可程度较低。同时，社会组织与政府工作人员往往有着千丝万缕的联系，会出现"内部购买"的现象。这一系列的问题都使社会在购买公共服务中竞争力不足。

（2）购买体系层面。任何组织之间的合作必须加以一定的程序规范，程序的有效开展是保障政府购买公共服务正常运行的前提条件。目前，我国政府购买公共服务体系存在很多问题，主要表现在信息不畅通和监管不完善两方面。

第一，政府购买公共服务的信息不够透明。我国政府长期致力于打造"阳光政府"的品牌形象，在公共服务领域亦如此。但政府对所购买的公共服务进行选择决策时，更多的是基于自身设想，往往缺少对民众实际需求的考量，很少征求广泛群众的意见，导致政府购买公共服务中缺少广大的人民基础；对所购买公共服务的项目、内容、承接主体等方面的要求未做透露，并且对绩效评价标准等一些重要的信息不能够充分公开。这必然导致在公共服务购买领域，各类社会组织无法获取服务项目工程所需要的具体信息，媒体也无法发挥自己舆论监督的导向作用，催生社会不公平现象的产生。同时，各个地方对购买公共服务信息公开程度要求不一致，导致购买公共服务的区域不平衡，政府未形成统一而稳定的信息公开标准。

第二，政府购买公共服务的评价与监管制度不完善。目前，国家对政府购买公共服务并没有明确的法律依据。国务院办公厅发布的《关于政府向社会力量购买公共服务的指导意见》（国办发〔2013〕96 号）仅属于指导性意见，强制约束能力有限。《中华人民共和国政府采购法》与地方指导性意见政策将监督职能赋予政府购买方的职能部门。但这种规范可操作性较低，并未对职能进行明确的规定，实际执行过程中产生了"如何管""谁先管"等难题。而对专业程度强、独立程度高的社会组织，监管权力的分散又难以形成实际监管的合力，弱化了监管的实际效果。监管内容方面，通常仅仅局限于监管所能达到的实际效果，而忽视了购买过程中基于熟人关系的非制度化购买，该现象导致购买公共服务中公平的缺失。

2. 政府购买公共服务的原则

针对上述存在的一系列问题，我国政府在购买公共服务的实践过程中，必须树立原则意识，秉持一定的原则才能有效规避现实中所出现的一些问题。

---

① 王世国：《广东社会组织发展问题的思考》，《社团管理研究》2011 年第 3 期。

（1）公共合作原则。公共合作原则以市民理论为基础。黑格尔认为，市民社会是一个对私权充分保护的社会，个人的财产与权力应该得到保障，个人的主体性与特殊性应该予以承认。马克思在此基础上进一步发展了该理论，强调通过单个利益与共同利益的协调而最终实现多数人的共同利益。

这一原则在东西方政府购买公共服务中有所差异，西方学者对政府购买公共服务进行研究时主要强调市场经济的突出特征——竞争。奥斯本与盖布勒认为，竞争能够通过为供应商提供生存与发展的机会而使其表现出良好的行为，因此竞争与高效的合同履行有直接的关系。从中看出，西方国家购买公共服务的目的更多的是应对财政危机、缓和社会矛盾、减少财政赤字、提高服务效率等。而社会组织的购买界限宽广模糊造就了政府对提供服务的社会组织企业过度依赖的事实，有时甚至出现了社会组织捆绑政府或凌驾于政府之上的现象，为此西方政府出现了回购公共服务的现象。与西方学者不同的是，中国学者在研究时更多地站在人民群众的角度。王春婷在论述政府购买公共服务定义时认为，打破政府在公共服务领域的垄断地位，将竞争机制和市场管理方法、手段、技术引入公共服务的购买之中，把公共服务的生产与供给区分开来，政府通过购买的方式将市场和非营利组织生产的公共服务间接提供给公众。公共服务与人的生活众息息相关，政府购买公共服务的最终目的是满足人民群众日益增长的物质文化需求，社会的发展使人民群众更加追求高质量的生活，因此政府购买公共服务的时候首先要考虑民众所需，履行政府为民服务的职能，这体现了我国社会主义国家的国家性质。同时，政府购买公共服务最重要的是转变政府职能，构建以政府为监督导向、社会组织为参与主体的双中心协同体制。政府必须加快转变传统的治理理念，与社会组织不再是领导与被领导的关系，而是协同治理、共同合作。

党的十八届三中全会提出了"创新社会治理体制"，"社会治理"正式替代"社会管理"成为官方术语。这一转变体现了政府在处理与社会组织关系态度上的前后差异。社会管理强调单一主体下的全面管控，重在自上而下的行政性。而社会治理则以双中心、多主体的协作参与为核心，体现了主体的平行性。西方社会"治理"强调国家和市民社会之间的良好互动与合作，只有广大市民参与社会治理才能实现利益的均沾，进而建立彼此之间的信任。目前，我国政府大力提倡善治理论，其本质在于政府与社会组织的协同治理，社会组织的积极参与可以调动民众的治理意识。至此，政府、社会组织与民众普遍形成的主体意识可以有效保证彼此的合作。

公共合作原则是处理政府与社会组织的首要原则，只有在这一原则的指引下，政府才能实现与社会组织的对等，始终将人民的利益与需求作为购买公共服务的出发点。

（2）权力制约原则。政府购买公共服务的过程中，其与社会组织的权利必须受到制约。该制约主要源于政府的委托授权和社会组织的购买范围。一个市长、一个警察局长、一个规划局局长、一个采购局长和几个合同监督员，就可以治理整个城市。这种西方式政府全面购买公共服务在我国显然是行不通的。①政府购买公共服务的首要前提是不能与国家公权相抵触，即公共服务的权力不能超越国家公权力的规定，也就是说政府购买的公共服务必须在宪法与法律的框架下进行。目前，我国法制建设趋于完善，但对"哪些由政府提供""哪些由社会组织提供"的问题并无明确的规定。因此，对职权范围的考察就显得尤为重要。

第一，国家利益角度。该角度应该考虑宪法与法律的规定及国家的整体利益。而效率并不是所要考虑的核心要素。在我国，出于对国家安全的考虑，安全局、监狱、外交、重要资源等方面必须由政府提供，这一领域不会涉及政府与社会组织的协同治理。因此，对这一领域的权利制约只能通过法律规范与行政司法机关。同时，对该领域权利的范围必须通过多种途径予以明示，尤其是重要资源领域，必须建立统一的判断标准，避免产生"权力寻租"现象。

第二，技术质量角度。政府提供公共服务要保证服务的质量，而质量的管控与技术的难度息息相关。对技术要求低、便于掌控、流程简单的公共服务应当通过政府购买的形式落实，这样有利于社会组织参与到社会治理这一过程中来。但对一些高精尖行业，技术是挡在政府与社会组织协同治理面前的最大"拦路虎"，提供公共服务的社会组织必须要拥有精湛的技术才能够满足服务的质量要求。因此，政府在选择公共服务的提供者时，必须建立一整套评价与监督体系，在对利弊及各项指标进行分析衡量之后选择方案。也就是说，用市场进行成果的检验。当社会组织提供的社会服务能够有效满足市场的需求时，就应该更多地发挥社会组织的治理作用。当社会组织因技术原因而无法达到公共服务的质量标准且政府又无法提供实质性帮助的时候，政府就应该更多地参与社会组织的治理。对政府和社会组织的范围鉴定正是权力制约原则的体现，它制定的政府购买公共服务的底线范围，为社会组织同政府协调治理的有效展开提供了实质性帮助。

---

① 王丛虎、曾利：《浅析政府购买公共服务合同的签订》，《中国政府采购》2014年10期。

3.政府购买公共服务中的创新

政府与社会组织协同合作的创新机制研究重在要求政府与社会组织充分发挥自身优势，以达到共同治理社会的目的，其最终的落脚点是社会的和谐稳定与民众的幸福。协同治理的创新之处在于政府与社会组织对自身角色及作用的合理定位。

（1）政府在社会治理中的创新体现。第一，精简放权，理性领导。西方国家通常是社会发展在前，政府发展在后，即所谓的"小政府，大社会"，社会组织与政府是平等的合作关系。而我国历史传统恰恰相反，政府在社会治理中处于核心地位。但随着社会的发展与公民自主意识的增强，政府在公共服务中并不担任唯一的权威角色，越来越多的群众希望拥有自主权去管理自身事务，并以此成立了众多的社会组织。这就要求政府精简放权，推进政企分开，加快政府职能与治理理念的转变。政府应推进社会组织全程参与，避免这一过程中所出现的垄断化与行政化，同时要引入竞争体制，实现社会组织的良性竞争，以此来降低服务成本、提高服务效率。主体方面，政府与社会组织在提供社会服务的过程中既是委托代理的关系，又是责任与利益的关系，其地位与观念必须平等，地位的平等才能有效实现两者的协作，而观念的平等又能克服政府体制中的官僚作风。

政府与社会组织地位的平等并不意味着政府无权利对社会组织进行管理与引导。社会治理中，政府必须总揽全局，做好顶层设计，对社会组织发展的大方向加以把控。具体来说，主要包含三方面的内容。一是政府应制定统一的政策法律、规章制度及标准体系等。二是社会治理的服务体系。政府应加大对社会组织的帮扶力度，为社会组织的发展提供必要的资金、技术、环境等方面的支持，提升社会组织参与社会治理的整体水平，构建平等协作的伙伴关系。三是加强政府对社会组织的监督和引导作用，加快建立配套的管理制度与科学评估机制，对社会组织参与社会治理中所出现的问题要加强引导，制定与社会组织管理相关的条例，引入第三方对社会组织的绩效进行年末评估，动员广大群众进行社会监督。

第二，五大理念的协同发展。政府与社会组织的协同创新体现了协调、绿色、创新、开放、共享这五大发展理念。社会治理的最终目标是提升人民的幸福指数，这种幸福感是建立在民众普遍认同的和谐社会之上，因此这五大发展理念对政府与社会组织的协同发展具有重大意义。政府与社会组织协同关系的形成之初就体现了一种治理模式的创新，政府与社会组织良性友好关系的建立，必须通过利益的协调。政府将一部分权利利益舍弃而转由社会组织享有，在此过程中始终保持开放的心态。这一过程实际上就是一个资源共享、绿色环保的过程。通过各理念之间的相互配合，可以有效促进社会主义和谐社会的形成，充分发挥每个人的聪明才智，使他们积极投身于社会治理中，这样可以有效缓和公民与政府之间的矛盾，促进社会的稳定。

（2）社会组织在社会治理中的创新体现。第一，填补政府失位与缺位。全能型政府治理模式中，政府包揽社会所有的繁杂事务，它的职能是无限的，这样必然会导致政府治理过程中的缺陷增多。而在有限政府中，政府将一部分职能交由社会组织处理，有利于其从繁杂的具体事务中解放出来而从事宏观指引，有利于弥补"政府失灵"与"市场失灵"。经济、政治、文化领域的失灵源于政府治理难度的增加，而市场以利益作为主要的价值取向，对利益的追逐过程中必然会导致供给的不足与不公。一般来讲，政府往往通过行政手段干预市场，随着社会的进一步发展，社会组织也可以参与到这一领域中来。社会组织具有自身独特的优势，可以克服政府治理过程中的呆板而细致入微到每一个有可能遗漏的角落。同时，社会组织积极参与到社会治理中来，有利于节约社会成本，促进政府职能的转变。

在我国，每一个公民都具有平等的政治参与权利，国家的利益本质上等同于人民的根本利益，因此每一个人都有权利和义务参与到社会治理中来。并且，社会主义市场经济制度下必然会形成多元的利益主体，每个主体都具有不同的利益诉求，因此有必要建立公平的利益博弈制度。在社会治理的利益权衡中，社会组织可以搭建人民利益与政府利益沟通的桥梁。社会组织一般是根据社会或民众的需求而成立的，它通常由若干个小的社会团体组成，这些小的社会团体始终秉承为自身利益服务的宗旨，它们在满足自身利益的同时也实现民众的多方面需求。同时，社会组织深深扎根于人民群众之中，它可以对居民与政府之间和居民与居民之间的沟通进行传达，起到上传下达的作用。对社会中出现新的问题，社会组织也能较快发现，通过沟通与协商，起到化解矛盾的作用，并且社会组织解决矛盾的手段也多种多样。

第二，加强组织自身能力建设。社会组织参与社会治理必须树立自我责任意识，不能以组织的利益增长作为提供服务的前提与目标；要加强内部自主性建设，完善内部管理制度，减少来自外部势力的干预，同时要提升社会组织的专业化能力，提高服务质量水平；要树立"活到老学到老"的终身学习观念，参加来自政府、学界、民间的各方面培训，汲取新的理念与技术；要积极与政府进行沟通，建立信息沟通的平台。此外，社会组织应拓宽资金来源渠道，不能将政府的拨款作为资金的唯一来源，要通过优质项目吸引投资方，提升自筹能力。

社会组织要始终秉持责任意识，提升服务质量，自觉主动地接受来自政府和社会民众的监督，广开渠道，加大信息公开力度，鼓励新型媒体的监督，建立全方位的监管体制。

政府与社会组织的协同机制，必须构建双中心治理体制，实现两者的优势互补。这种协同不仅体现在政府与社会组织之间，还体现在社会组织与社会组织之间。[①] 这一过程重在共同治理与理性协商，构建全方位的交流合作平台。

三、社会治理的公民参与维度

新媒体时代，创新社会管理的法治生态格局，需要依靠公众参与驱动，发挥主体多元化的力量。近年来，随着现代信息技术的高速发展和社交媒体的加速融合，互联网、物联网、云计算等网络技术不断更新。如今，微博、微信、网络直播、论坛等新媒体工具的使用愈加普及，人类社会开始全面进入新媒体时代，公民也逐渐意识到新媒体作为社会管理和利益表达的工具应该发挥越来越重要的作用。在新媒体时代背景下，公民自治组织参与国家治理特别是网络参与已经成为我国当前民主政治发展中的基石。

（一）公民参与社会治理的范围

我国公民自治组织的具体内容主要由两个主体构成，即农村基层自治和城市居民自治组织，这两种组织在我国社会生活中的作用不可或缺。其中，村民自治是农民在自己生活的劳动土地上进行的最具代表性的自治。随着历史前行的脚步，我国农村的发展飞快。新农村建设给农民带来经济改善的同时也带来了民主意识的觉醒。村民自治作为这一行之有效的参与途径，成为促进表达民意与改善民情的最佳选择。

1. 村民自治

不论从历史经验的角度还是从现实层面来讲，农民的力量自始至终都贯穿着中国历史的变迁，都是改变中国命运的主体力量。村民自治这一基层政治建设的新型制度，既是中国农民的伟大创举，也成为实现中国农村基层自治的重要开端。村民自治是保证我国基层政治建设实现的一种全新的方式，而正是这种新型制度的存在引发了公民关于如何切身实现自身民主表达的思考，构成了我国当前实现农村现代城乡基层自治的重要开端。村民自治作为一种能够保证

---

① 康忠诚、周永康：《论社会管理中社会协同机制的构建》，《西南农业大学学报（社会科学版）》2012年第2期。

实现基层公民自治的方法，具有其自身特质。比如，它采用了一种更为直接民主的方式，这种直接民主的方式得到了民众的拥护。这里所指的直接民主并不是简单地从字面意思所了解的每个人都作为一个独立的个体从事具体事物的管理和操作。同样，即使村民拥有这样特殊的权利，也不意味着他们可以凭借一己之力直接干涉和影响村内公务的实施。由此可以看出，即使拥有直接民主权，村民也需要通过形成组织的方式来保证权利不会落空。

具体来说，目前我国村民自治的内容主要指村民可以根据国家的法律、政策和地方法律法规、村民自治章程、村规民约等路径对村内的社会事务和村民个人行为进行管理，并在管理的过程中使村民的参与权、知情权和表达权得到保障，其本质指向村民能够凭借民主选举这样一种良好的契机广泛参与民主管理。

如果将村民自治的概念仔细解读的话，不难发现其最核心的要义在于形成一种合法的途径。当公民能够通过直接选举的方式选取自己心中觉得最理想、最可靠的村委会成员和村民代表时，这种表达意愿的途径才是畅通、健康的。同时，村民自治的内涵并不止步于此，是否有民主决策行为也是能否构成村民自治的主要参考因素。村民通过本村的会议或选取代表参会的方式加入关系到自己切身利益的村中内部事宜的商定。村民能够参与制定并修改自治章程、村规民约等途径也是实现村民自治的方式。村民自治还涉及有关民主管理的环节，这一环节的要求是在相关规章制度存在的前提下，村民需要在合理合法的条件下参与村级事务的管理。村民自治中还有一个不可小觑的部分，即民主监督的部分。这一部分起到了不可估量的作用，村民不仅能够通过形成监督小组的方式对村务进行监督，还对村中的村委会成员和其他村干部起到监督和威慑的作用。

随着村民的自我管理能力和农村的自治程度的提高，这种民主自治的方式不断扩大，实效日益显著。在急速变革的新历史阶段，我国农村的村民自治制度实行情况可以用"日日新，又日新"来形容。面对日新月异的变化，我们当前尤为看重的是，在政府指引和民间支持这两种力量的集中作用下，经历了近几年实践的洗礼，现在的农村社会组织发展愈发繁多昌盛。依照总括计算，眼下我国村民自治组织的数目已经高达200万，既囊括经济领域也涉及公益等范畴。不置可否，如今村民自治组织已经构成了社会主义新农村建设的重要力量。

作为整个民主治理中的政治延伸末梢领域和实现社会管理创新中的基础内容，村民自治有属于自己的特殊结构体系。它所呈现的基本结构形式是由上而下的，这样一种垂直型的结构方式有其独特的特质，这种独特的结构方式形成了既独立又统一的独特视角。所谓的独立性，体现在此种结构方式下出现了平行的分工合作与监督的关系，统一性则表现在一村之中具有决策性和权力性这两种最高权力组织的是村民会议。村民会议的地位和作用体现在它始终拥有村民自治体系中的最高权威。这里所指的至高权威体现在只有在村民会议允许的前提条件下，村中的村民代表会议才能讨论所有决议的有关内容。也就是说，村民代表会议的本质是一种替代性的存在，它所代表的是村民会议的特殊形式，这种特殊性的存在主要体现在拥有决策性和权力性的职权。但是，它所拥有的职权不是空穴来风，也不可就此利用职权肆意妄为。只有在征得村民会议的认同和许可的前提下，它的职权行使才具有效应。简而言之，这两者可以用委托人与被委托人的关系来形容，村民会议担任着委托人的角色，村民代表会议则充当了被委托人的角色。在委托与被委托关系的前提下，一方面，我们要肯定被委托人对委托人而言有重要的作用，也就是说，在实践过程中，村民代表会议要运用一切可行并且高效的方法完善自身内部机制的构建。例如，在保证程序合法性的前提下能够结合现实，使之更具有实践性。另一方面，要防止出现角色的倒置，防止出现被委托人在实践过程中取代委托人的倾向，也就是说不能本末倒置。村民代表会议的定位的观念要贯穿始终，它只是作为一种替代形式而存在。从任何维度来思量村民代表会议都不具有能够完全取代村民会议的条件。具体来说，从扩大民主要求的角度来考虑，村民代表会议这种方式所体现出来的局限性更为明显，村民会议的方式更加契合公民自治提出的公民广泛参与的要求。面对培养村民民主能力的要求，村民会议的方式能够为提高村民的民主意识提供思想交流和经验总结的沟通平台。如果不去深思这两者之间的差异，很容易产生一种错误的取代思想。然而，面对这种取代思想，如若细思便会发现，一旦实行起来会导致我国多年以来构建的民主自治的格局出现历史性的倒退。

村民自治内容中还有一个不可遗漏的环节，即村民小组会议。它和以上提出的两种会议方式相同，也属于参与决策的自治组织。它与前两者构成了法律层面的监督关系、工作层面的指导关系。村委会是村民自治过程中的工作机构，它需要服从前三者的指挥。如果没有前三者的先决条件，村委会也不复存在，更不可能实现真正意义上的村民自治。村委会下设的组织机构也非常细致，管理非常严格，其隶属的村民委员会作为其中一员必须在其安排、指引下才能够进行相关工作。同时，在行使职能的过程中，村民委员会自身并没有独立行使的权利。村务监督机构也是目前实现村民自治的主要途径，这种形式来源于村民会议及村民代表会议推选，推选出来的人必须要对选举人负责，这就形成了一种监督与被监督的关系。

由此，我们也可以得出一种观点，村民自治的参与途径是多样化的，这期间涉及的方式、程度都是相互影响的。在参与过程中如果获取了积极的反馈就会激发人们的参与热情和创新意识，提高其参与的意愿。它为在农村地区生活的公民提供了一个能够表达自己内心政治诉求、展现自身政治素养的广阔空间。面对如此健全的自治机制，在实践的过程中也会体现出组织内部的局限性；面对如今经历着"过山车式"剧烈变革的时代形势，难免会有跟不上农村发展进程的状况出现。村民自治的部分环节可能一时之间难以满足日益多元化和专业化的需求，此时村民更需要树立创新村务管理意识，运用新媒体提高自我管理、自我发展能力。

2. 城市居民自治

城市社区作为市民生活中最贴近自己、与自己的生活息息相关的自治组织，亦拥有属于自己的特性。具体体现在它不仅和政府机关有着较大差别，还与企业组织之间有天壤之别。它在发声的时候代表的是社会中最基层的普通老百姓的利益。同时，它衡量行为准则的标准也在于能否为最基层的公民提供切实的服务与关切。

城市社区是公民自治组织中不可忽视的一个部分。如果用金字塔的形象来形容组成城市发展所需要的各类因素，那么社区就是其中最小、最基础的单元。它构成了基层政权在现实的市民生活中能够体现民之所想的基本连接点。随着国情的发展，加上大量生活在社会基层的一部分居民慢慢汇聚到城市社区中，社区已经逐步演变成各种社会群体的聚集点。在这种不可逆的趋势下，越来越多的公共事务要依靠社区的力量。在这样的大环境中，公民生活对城市社区提出的要求也越来越严格，社区作为公民组织在基层发挥的作用也日益关键和凸显。目前，社区发展的完善程度及便民程度也成为衡量现代城市中公民自治实现程度的参考依据。如何丰富社区的内容，如何让社区在城市生活的微观层面挑起大梁，成为我们需要思索的问题。

通过对多年以来社区建设发展的实践经验剖析，我们对其有了初步了解。简而言之，城市中的社区居民自治组织是一种权力机构，机构中有不同的权利与义务的区分。和上文中所涉及的有关村民自治内容的共通点在于，城市的居民社区组织也运用了一种垂直型的构建方式。这样的构建方式中有三个必不可少的环节，包括社区居民（代表）会议、社区居民代表大会及社区协商议事委员会。具体来说，在社区自治组织中，最高权力集中体现在社区居民会议。参与社区居民会议的成员就是生活在社区中最直接、普通的社区居民，或者是由居民选择的代表。这种最高的权利体现在一旦有涉及社区范围之内的居民切身利益问题的时候，所有的决议不能由居民委员会擅自决定，提出的建议必须由居民会议经过商议之后才能决定通过与否。与此同时，所有的其他组织都必须服从居民会议的决定。最高的权利还集中体现于一点，也就是居民会议拥有的权利能够影响居委会中出现的人员变动。仅从这两点中我们就能够看出，社区会议的性质决定了它在公民自治组织体系中的地位。如果将这种在社区中的最高权力落实到个人的话，只要是年满18岁的成年人都有资格参加居民会议。同时，社区居民通过民主选举、民主决策、民主管理和民主监督的方式参与社区事务的直接管理。由以上的一些特点我们不难看出，运用这种最简单且直接的方式，能够为居民提供畅通的社情民意的反映渠道，能够体现居民最真实的意愿。城市居民自治中不仅需要最高权力机构，还需要权利的执行机构，也就是被称为居民委员会的自治组织。它存在自身的独立性，具体体现为既脱离了政府又与经济组织有着天壤之别。居委会的存在更加注重实效性。它作为一个执行者，不仅需要处理在实践中遇到的大事小情，还要协助政府及派出所的工作。就此而言，居委会自身的连接性体现得更为清晰。社区的工作按其实情划分，又涉及许多具体的细节。比如，还有许多在其下属的一些小组或者是工作站，这些小组和工作站只能在其授权之下，以及接受政府有关部门的指导之下才能开展业务。

城市居民自治组织中不容忽视的问题是如何形成良好的沟通机制。通过沟通的方式才能提供关于未来社区的构建畅想、展示社区中公民最真切的诉求表达的空间。构成自治有一个非常重要的先决条件，就是能够获取准确的信息资源。如果在封闭无知的条件下进行自治，必然会重蹈蒙昧抉择的覆辙。只有在掌握了清晰的具体信息的前提下，相关人员才能基于此条件做出理性的选择与判断。由此可见，信息的公开化和沟通的作用不可忽视。换个角度来讲，在人与人相处的过程中，沟通也是必不可少的一种技能，在与他人沟通产生障碍的时候，要持有一种理解他人的心态才能化解矛盾。在城市居民自治的过程中，同样离不开"理解"二字。在面对群众工作的时候，难免会产生不同主体之间的思想碰撞，尤其是在产生矛盾的时候，需要选择一种更为理性的解决方式。基于相互理解的态度，尊重个体之间的差异，重视不同主体的处事原则，才能够对异质的观点达成普遍的共识。沟通机制的建立会形成一种良性的社会交往，保持城市居民自治的沟通渠道不仅可以增强自身的主人翁意识，还能够在实践中激发自治主体踊跃参与的信心和乐趣。在当下城市居民自治的沟通语境下，更为普遍且被大众熟知的方式是将居务公开和开通论坛两种方式进行结合。居务公开的方式能够使沟通机制有效运行，其主要着眼于涉及居民切身利益的事物。例如，必须要公开当前国家相关的政策，传达中央的精神；在城市居民自治组织内部运行的一些管理条例也必须公开化、透明化；组织内部的财政运转情况，每一笔资金的来源和去向也必须公开，这样才能每一笔资金可追溯。除以上一些内容之外，还包括流动人口的管理等一系列内容都需要公开。通过这样的方式，能够形成公开透明的沟通路径，也有助于减少因为信息传达不精准而造成不必要的误解。在对政务公开的运行过程中，还要采取制度化的管理模式。对何时公开、如何公开、公开方式等一系列内容都要有具体的明文规定，这样才能保证公开工作有序且高效展开。在良好的沟通环境下，不仅能够使城市居民自治组织自身的权益得到维护，还可为良好社区的构建及美好家园的建设画上浓墨重彩的一笔。在城市居民自治组织中，还有一种良好的沟通途径，就是论坛。如果说上一种沟通方式的运行过程中单方面因素所占比重较大，论坛形式的成立则能够提供一种更为有效的互动途径。组织内部有信息对外公布时，居民可以运用这种互动的模式针对相关内容阐发自身的观点。例如，传统社区中会存在黑板报、阅报栏等公共空间，这样的公共领域也为居民表达自身诉求留有板块。现代社区在网络空间也成立了交流板块，能够吸引更多的年轻人参与到城市居民自治组织的活动中。以上两种方式构成了良好的沟通机制，也为城市自治组织的权利行使提供了更为方便与高效的环境。

（二）公民参与社会治理的基本原则

1. 坚持党性原则

坚持党性原则就必须要加强在公民自治组织中的党建工作。在构建新型社区的同时必须坚定党的领导是最核心的原则，只有在党的领导下才能够保证自治的过程不会误入歧途，也只有在党的领导下才能够保证自治的发展。依据现存的国情，想要实现在全国范围内所有的社会组织中都建立党组织是不可行的。此时，唯有采取将其他社会组织中的优秀党员吸收到公民自治组织中的方式。通过这样的途径，能够在一定范围内实现党性宣传的全面覆盖。在坚持党性原则的同时，不仅要学习党的方针、政策，更重要的是学有所用、学有所成。坚持党性原则并不意味着忽视群众的声音，即使在坚持党性原则的前提下，也不能忽视群众的力量和作用。通过公民自治组织搭建起来的促进政府与群众沟通的桥梁，更要体现为人民服务的宗旨。

例如，坚持党性原则的同时，在现实的社会生活中采取党群议事会的方式，可以促进公民自治组织参与民主治理。具体而言，党群议事会的成员主要来自党组织代表和群众代表两大主体，在会议期间还可以邀请居民群众加入。在会议召开的过程中，要获取群众表达诉求的核心内容，然后在征求群众意见的前提下针对相关内容展开讨论。商讨的过程中需要鼓励群众多发言、多商讨，针对不同的观点展开充分的讨论。针对提出的问题，以少数服从多数的原则形成最后的决议。会议结束后，将会议内容传达给各个居民。在坚持党性的原则下，民主而广泛的监督构成了良好的治理机制。

目前，我国公民通过新媒体的方式使其自治参与的途径更为广泛，但更要坚持党性原则。也就是说，在治理上高举马克思列宁主义旗帜，以毛泽东思想和中国特色社会主义理论体系为指导，保证组织内部有极高的思想觉悟。即使在新媒体时代的虚拟网络环境中，依然要坚持党在舆论宣传中的主导作用。通过网络环境的运用，可以采取更加新颖且年轻人更喜闻乐见的多元化途径，将党的路线、方针、政策传播给社会主义建设过程中最基层的劳动公民。发挥新媒体的优势，使网络成为一种能够凝聚社会力量、表达公民心声、维护公民利益的路径。

2. 维护法治原则

通过法治原则的树立，运用法治思维处理在实践中遇到的具体问题，才能够提高公民自治组织管理水平，从而为公民提供更加精准的服务。首先要树立一种思维模式，也就是依法治国的理念已经成为在新常态下不可或缺的力量。我国法治建设的进程也影响了公民生活水平及精神文明的发展。中华民族几千年的历史为我们孕育了优秀的传统美德，而且人治思维也伴随着朝代的更迭不断沿袭。在过往的历史烟云中，人治思维有着深远的影响，时至今日在部分领域依然会有此种思维方式出现。这就更加需要树立法治思维的原则，在公平、公正的法律环境中构建新型的治理方式。目前，公民自治组织参与社会治理的范围更为广阔，涉及的具体工作内容更加复杂，对保护社会自治组织的要求也更为严苛，只有法治的健全才能够从根本上保证新媒体时代公民自治组织的权利与自由。

新媒体的发展虽然为公民自治组织提供了良好的沟通渠道，但也有少部分人会利用这样的公共平台，通过制造舆论的方式发社会恐慌。新媒体背景下的虚拟空间会造成现实社会中时间与空间的距离都被压缩。由此，新媒体时代为我们带来的信息传播具有时效性，这一特性有时反而会构成民主治理的阻力，此时我们更需要坚持法治的原则，将法治落实到新媒体信息传播的过程中。这里的法治所指的并不是用法律的武器防止信息的传播。运用立法的方式也不会导致言论的渠道阻塞，相反法治原则才是广大公民群众能够广开言路、公平参与的基本保障。法治原则的存在才能保证新媒体背景下公民自治组织发展渐入佳境。

3. 并纳包容原则

在过往的公民参与的过程中，会发生由于时间和物力成本过高导致参与效果不尽如人意的情况。运用新媒体途径的普及化发展，不仅将公民参与的成本压缩，还能够帮助治理者在网络环境中形成一种更为简洁的思维聚集方式。征求意愿的民主及表达凤愿道路的畅通，必然会导致通过如此方便快捷的方式表达内心诉求的途径逐渐为公民所喜爱。新媒体时代，网络使用日益普及化，在网络环境中表达内心情绪的主体范围也日益宽泛，这在为公民自治组织提供广开言路机会的同时，也会造成困扰。在网络言论中会出现部分歪曲事实真相、恶意制造谣言的行为。面对这样的不良行为，我们要有一个清晰的认识，不能被一时的舆论倾向蒙蔽双眼，而需要以一种宽容且开放的胸怀来应对。面对此类问题，还需要在尊重每一个公民自治组织都具有属于自己的表达内心诉求的权利的前提下，看到问题的根源。去伪存真，才能揭示此类问题的真相，才能找到更为科学的应对方式。政府目前正处于构建创新社会管理的攻坚区，更需要用一种理性的参与和宽容的态度面对网络环境中出现的一系列现象。网络中出现不当言论的时候，既不能置之不理，又不能听之任之，更不能彻底封锁，此时更需要细心观察、仔细反思是否空穴来风与夸大其词。信息化时代，利用新媒体接受公民监督，才能够更大限度地保证公民自治组织有发声的机会。

4. 支持引导原则

引导原则是指当遇到实际问题的时候，在竭尽所能的前提条件下问题依然没有得到解决时，可以通过树立榜样的方式对问题进行指引。在新媒体背景下，信息传播的速度不可估量，此时对网络舆情的引导更为重要。我们可以通过构建监督体制的方式来更清晰地了解事情原委，以及事件背后利益诉求的根源。通过这样的方式才能够确保信息传达的真实性，并为公民自治组织提供更为公正和公平的沟通平台。转变传统思维中沿袭的错误观念，通过积极引导的方式鼓励公民表达内心诉求，让公民自治组织参与民主自治的过程变得更为人性化，不会出现脱离事实轨迹的现象。在掌握了事情原委后，第一时间对公民自治组织所提出的问题予以反馈，并将实情公开才能起到引导作用。

随着引导原则的贯彻和实施，政府和公民自治组织亦可以借鉴新媒体的平台掌握实情。比如，部分网络环境开通了微舆情的公开平台，在此平台上可以显示在 24 小时或者是 72 小时之内网络舆情的引导热度。通过热度值、同比值、热度变化、全网信息量等数据的显示可以一目了然地掌握网络舆情的引导趋势。

例如，可以从热度变化趋势了解到网络舆情引导的热度在某一时刻达到了峰值，还可以显示其重点信息聚类在某一城市的具体事件。在与网络舆情引导相关的全部信息中，页面中也通过提供观看被提及频次最高的词语及参数的方式让公民用最快捷的方式对事件本身有一个大致的了解。在提供的相关链接中还会显示具体事件的内容。网络平台还会公开与此次网络舆情引导相关的信息主要来源及参考数据，这样也可以让公民感受到自己掌握信息的可信度。通过公布由颜色划分舆情引导程度的我国地域分布图的形式，能够帮助公民更加直观地掌握具体事件发生的地点及此次事件造成的影响程度。这种方式可以使政府和公民自治组织在面对舆情内容的时候引起更高的关注度。网络平台数据的更新会伴随网络舆情事件的发生而产生变化。这种公开、透明的方式能够帮助政府和公民时刻了解事态变化的发展趋势，以及在此基础上引发客观而理性的认识。通过引导的方式促成公民自治组织具有的权利在新媒体背景下能够更好地行使。

（三）公民参与社会治理的基本路径

在现代社会管理创新的构思中，政府的角色发生了转变。目前，我国的治理主体除了国家、政府之外，还有来自社会的力量。然而，治理的主体离不开公民，在构建服务型政府的同时，公民构成了实现自治的主要力量。目前，我国公民自治组织发展范围是较为薄弱的，我们应该思考的问题不仅仅局限于如何提高公民参与的欲望和想法，也应该将重点着眼于在参与过程中的一些现实要求有哪些，以及怎样提供一个行之有效的路径帮助实现公民自治。

1. 拓宽民意表达之路

传统的民意表达可以用一种由点到面的方式来比喻。当国家以"点"的角色向公民传达信息的时候，全国范围内的公民都会感受到其力量所在。反过来，在以"面"为角色的公民将自身意愿予以反馈的情况下，就会发现有阻碍力量的存在。例如，民意反馈、表达的过程中可能要借助纷繁复杂的程序和一些传统的方式，这会导致在信息传递的过程中曲解原意或者是信息传递不及时，也会导致反馈的内容得不到预期的效果。我们不能忽略每个公民在社会生活中都有表达内心需求和愿望的权利与自由。然而，随着新媒体的发展，上文所说的由"点"到"面"的格局产生了变化，传统意义上的民意表达格局被打破。面对信息技术发达的当今社会，公民自治组织拥有了更好的表达空间。面对如此方便且高效的平台，公民自治组织在掌握其开放性能够带来便利的同时，更应该看到其平等性能够促使诉求表达更为深入。新媒体能够改善公民自治组织意愿表达不畅的困境，为其拓宽民意表达的渠道。在新媒体背景下，公民可以随时对面临的切身问题和社会现象发表自己的主张和观点。以新媒体为突破点，改善了民意表达不畅的弊端，实现了信息传播的畅通，更重要的是提供了行之有效的反馈渠道，有助于公民自治组织参与社会管理能力的全面提升。目前，我们可以通过当下更易为大众所接受的方式提供民意表达的途径。例如，给公民自治组织构建专属的微信公众平台、官方微博或者是论坛，使公民自治组织感受到民意表达对自身及整个社会环境带来的改善。如今，我们更需要将新媒体成为民意表达途径的思维方式常态化，逐步感受到它已经成为我们生活中不可或缺的部分。通过新媒体表达自身诉求的公民自治组织越多，从侧面也反映了我国的社会管理创新程度越深化，能力越强。

2. 革新决策民主之路

目前，我国公民自治组织需要嵌入社会生活的方方面面，因此更加需要培育其自主性，也就是公民自治组织能够在不受其他过多外力干预的条件下展开自身管理或者民意表达的活动。公民自治组织所表现出来的自主性越明显，也就意味着民主治理现代化的程度越发达。就历史上曾经出现的国家管理体系而言，常见的一个现象和趋势是皇权不下乡，当皇权涉及县一级的时候就终止了，此时，乡村之中维持治理的权利就转移到了所谓的一些地主士绅的手中。这种治理方式有极大的弊端，与其说是一种"治理"，不如用"统治"来形容更为贴切。中华人民共和国成立后，这种现象随着公民自治组织的发展及社会管理创新的推进已经逐步消失。当前，我们更需要思虑的是如何培养公民自治组织的自主性，包括如何激发其活力，如何提高其参与的热情，如何实现公民自治组织在实现诉求表达的同时达到与国家政策的衔接。这些内容都是现实生活中我国推行民主自治的信心及实力的体现。

我国政府要摆脱传统官府形象带来的影响，改变居高临下的态度。官场上的一些空话、套话盛行的现象必然会导致沟通过程中隔阂的加剧。在新媒体时代，我们需要利用网络平台提供的便利，抓住实现虚拟世界与现实生活对话的契机，使公民自治组织在实现民主治理的过程中发光发热。通过新媒体渠道，政府可以掌握公民自治组织对某一问题持有怎样的观点和看法，并且以最快的方式将这些意见进行整合，引发一种思潮。此时，公民自治组织就行使了自身具有的权利，社会管理创新的脚步就此迈开。在公开的网络环境中，每个公民自治组织都能够利用新媒体的途径发表基于自身现实情况的观点，这个过程就能够体现意见反馈的真实性和针对性，更加体现民主治理过程中的民主性。利用新媒体的背景，公民自治组织不仅可以发表基于自身情况的诉求，还可以针对社会范围内出现的各类现象发表自己独到的见解，要能够展现我国民主治理过程中的多元化的参与方式。从政府的角度切入，新媒体的途径能够构建一个更加开阔的视野来了解社会舆情，提供一个反馈公民对民主治理的意见和看法的路径，对其推进社会管理创新的进程，以及确保政策的民主性与科学性有不可忽略的重大意义。因此，在新媒体背景下，只有鼓励公民自治组织积极参与政府决策，才能够一改过去由"点"到"面"的闭塞的沟通渠道，才能够革新决策民主之路。

3. 保障参与有序之路

目前，公民自治组织参与民主治理的深度和广度成了衡量民主治理水平的参考依据。有更多的公民自治组织参与其中，才能使信息内容基数更大，资料更为详尽。以往的公民自治组织参与民主治理，大多采用较为传统的方式，除运用直接选举和间接选举的方式之外，还有一些途径，如通过听证会等方式加入政治参与。可是，这类参与方式往往达不到预期的效果。因为在实践过程中往往会出现参与内容受限的情况，这会导致公民自治组织真正想表达的意图没有得到真实有效的反馈，进而使公民自治组织的代表性和真实性效力削减，"点"与"面"的历史格局会重蹈覆辙，社会管理创新的预期目标实现的步伐也会异常艰难。

然而，新媒体的背景下，我们拥有了更为广泛的途径来推进公民自治组织的发展进程。例如，可以通过网络投票的方式获取公民自治组织的真实观点，也可以在官网中公开近期的政务信息，这些方式可以帮助公民自治组织了解未来发展的方向及政策转变的趋势。面对有巨大变革的情形时，在官网中可以发布一些投票链接，征询最基层的公民自治组织基于实情的选择，这种方式在能够保证广泛参与的同时可避免传统投票方式需要动用过多的物资和人力的缺点。近年来，政府通过构建对公民自治组织开放的网络投票系统的方式征集意见已经成为一种趋势，由最初的试点式的运行逐步发展为一种常态化的模式。网络投票的方式在全国范围内也获得了一致好评，但有一点不可忽略，就是在确保投票方式广泛性的同时，要辨别投票来源中是否有不法分子的介入，否则就会影响投票数据的真实性。除了网络投票的方式，在新媒体时代，我们还可以依据自身的优势进行网络问政。例如，政府官员通过网络平台的开通能够在第一时间掌握公民最关心的问题，了解公民的心声；对公民自治组织提出的问题也能够在第一时间得到准确的回复，进而使政府官员了解民之所想、民之所盼。网络问政的方式传达着国家对公民自治组织的信赖与重视。还有一种途径能够体现公民自治组织的意识——意见征求，即政府部门将其未来规划方案对外公开，通过新媒体的方式征求整改意见，这样的沟通方式才能更好地确保决策的科学性及操作的可行性。对公民自治组织而言，其参与的积极性会被调动，主人翁意识会更加清晰。

面对当前公民自治组织发展的实情，我们需要保证参与治理之路切实可行。通过服务型政府职能的转变，梳理公民自治组织具有的权利和义务。公民自治组织找到自己的准确定位，可以促进政府与公民之间良性互动。在保证参与有序的前提下，政府要以身作则，改变历史进程中出现的权力集中的形象，改变绝对控制的管理方式，给公民自治组织更为广阔的舞台，逐步从对公民自治组织的控制者转变为培育者。

4. 构建民主法律之路

面对新媒体的良好发展前景，我们依然要保持理性的认识。网络的出现确实为人类文明带来了天翻地覆的变革，网络的研发与应用也加快了人类社会发展的进程。正是因为如此，公民自治组织的发展对法律保护依赖的层面更加深刻。面对现在新农村的变革，村民自治中依然会出现内部主体缺乏法律规范的情况。在村民自治过程中，急需出台一部详尽的相关法律来保障村民的权益。在法律的规范下，要明确政府的责任环节、确定其服务内容，提升政府的服务意识，发挥民主协商在乡村治理中的作用，通过依法行政的方式推动基层民主的发展。政府应该充分信任村民自治，将更多的权力下放，让其能够根据自身的实情进行管理和监督，就此引导村民自觉维护法律信仰。从法律观念普及的角度来讲，可以在农村开展具有趣味性的法律知识竞赛，通过百姓喜闻乐见的方式将法律知识传达给每一个村民。同时，还可以运用适当的考核机制来增强村民自治组织法律观念的树立，由此改善农村地区法律意识淡薄的情形，争取让每个村民都能够知法、懂法。在城市居民自治组织中缺乏法律意识的案例层出不穷，此时便需要政府尽快改变立法层面的空白及明确职责的划分。在法律缺失的条件下，部分人群的自身利益不能得到有效保护，使工作的过程中因为缺乏法律依据而导致模棱两可的局面。没有法律为保障作为权责划分的依据，在实际的工作过程中也必然会导致缩手缩脚的情况。此刻，更需要运用完善的法律体系将城市居民自治组织的工作纳入法制化的轨道。

现如今，新媒体背景下构建公民自治组织法律之路的内涵愈加丰富。面对网络空间的开放性，除了传统意义上的范围需要法治的健全和完善之外，如何将法治精神融入新媒体途径参与民主治理又是一个全新的课题。从国际角度来说，世界范围内很多国家都顺应网络化发展的趋势，对国家内部的法律体系有所调试。此刻，我国政府就必须担任新媒体环境下公民自治组织在网络环境中的重要角色。政府必须推行一套行之有效的法律制度，为公民自治组织提供更好的服务。可以参考国外的一些可行方式，如落实登记注册制度，在进行注册登记的环节必须认真把关，或者在全国范围内推行网络实名制，用这样的把控方式从源头为网络安全提供保障，将法律责任落实到明确的个体。在法律责任落实到个体的同时，更需要加大执法力度，由此维护公民自治组织的合法表达。网络环境中出现的危害他人利益、扰乱社会秩序、诽谤他人等行为，即使是面对言论自由的权利也是被明确禁止的行径。这也构成了我们在构建公民自治领域网络公共环境的参考依据，同时借鉴他国的一些实践经验也有助于我国民主法治之路的构建。新媒体时代，通过法律的途径规范公民自治组织参与民主治理，才能使参与的效果更为鲜明和真实，才能使百姓的想法有表达的途径，才能使百姓问题得以解决，才能使民主治理传达有效、实践高效。

5. 维护网络参与之路

相比传统意义上的公民自治组织参与民主治理的内涵，新媒体的运用确实带来了天翻地覆的变革。网络环境的开放性和包容性为公民表达个人意愿提供了畅所欲言的契机。政府也可以运用这样的方式给社会大众一个了解自己的机会。

可是，在实践的过程中会出现个别的缺乏社会责任感的言论。公民素质对每个人都是因人而异的，有部分群众并没有站在完全客观的角度看待问题，很有可能会出现由于主观因素而导致言行不当的行为。没有实行实名制的网络环境就会导致部分网民存在侥幸心理，认为在自己身份被隐藏的环境中就可以肆意妄为地发表不负责任的言论。政府在面对此类情形的时候大多采取收纳理性意见的方式，对缺乏理性认识主体发表的无稽之谈的行为却没有予以谴责。如果听之任之的话，事态发展便会愈演愈烈，最终公民就会对政府的公信力产生怀疑。部分网民还存在通过制造谣言的方式导致歪曲事实真相、形成社会恐慌的行为，我们更应该意识到要尽快维护网络参与的途径。

在新媒体时代背景下，网络环境管理理念要发生转变，由以往的"封"的策略逐渐改进为监控与疏导。对网络环境中出现不文明、不客观的行为，大多数的职能部门会采用封锁的方式，可是这样的处理方式是治标不治本的。公民在没有了解事情原委的时候很容易受到舆论的影响，从而产生负面的情绪。长此以往，公民势必会对网络平台的公开性及政府的公信力产生怀疑。此时，封锁的方式不但没有解决实际问题，反而将事情推向了另一个极端。在经历了多年的实践后，面对网络中出现的事件，首先要了解事情的原委。在对事件发生的过程及内容切实掌握的前提下，研究事件被舆论扩大后会对涉及的主体产生怎样的影响。其次，在掌握事情的原委后，透过现象看本质，找到舆论背后的推手究竟有何目的。最后，针对事件本身提出切实可行的解决方式，避免舆情进一步扩散。以上解决方式只针对正处于萌芽时期的不当言行。然而，如果不当言行已经扩散，造成了不良社会影响，仅仅依靠监控和疏导的方式起到的作用并不理想。此时就需要由政府出面，运用新媒体的渠道发挥公民自治组织的作用，第一时间采取相应措施，秉持公开透明的原则澄清事实，消解公民心中的疑虑，减少不当言行带来的不良影响。

目前，我国处理网络范围内出现不当言行的负责部门主要是宣传部门，但其日常的工作内容复杂且琐碎，难免会出现人力资源匮乏、相关工作设备欠缺、工作出现疏漏的情况。当宣传部已经分身乏术，就需要采取多元化主体维护网络参与的途径。多元化治理的方式一定离不开公民自治组织的参与，新媒体背景下可以在网络环境中形成一种更为科学合理的治理方式。联合宣传部与公民自治组织的力量，发挥公民的主观能动性，通过这种具有更为广阔的群众基础的方式，掌握正确的途径来净化网络空间。在此基础上，还可以构建一种预警机制。通过对新媒体环境中网络实情的掌握，构建一种评分机制，面对不同级别的实情采用不同的应对机制。亦可构建完善的数据库，对网络言行构建"红黑榜"，尤其是对"黑榜"用户予以关注。通过以上方式，既可以发挥政府的作用，又可以促进公民自治组织的发展，更能帮助公民个体维护网络参与之路。

四、企事业单位参与社会治理维度

企事业单位是社会治理体系应予接纳和认可的主体力量之一。一方面，企事业单位对外履行各种社会责任，协同提供公共服务，引领服务共享意识，可概括为衍生性社会治理参与；另一方面，企事业单位对内促进了体制外人群物质与后物质需要的满足，承担了"类单位"职能，对增进社会公平与稳定意义深刻，具有显著的社会治理内涵与效应，可理解为自给性社会治理参与。当然，根源于自身私有性质与逐利追求，以及转型期相对不成熟的市场法治环境，民企社会治理参与限度也是显而易见的，但这并不妨碍公共部门以企事业单位党组织为核心和纽带，经由相关政策予以指引，从而有效激发民企由内而外的社会治理参与行为，以至实现政府、社会及企事业单位的多元化的参与社会治理，使社会治理效益最优。相比政府等主体在参与社会治理的资本规模等优势，其他企事业单位对参与社会治理的作用和意义缺少相应的关注和理解。事实上，企事业单位在参与社会治理的途径上体现了创新性，遵循"走出去，请进来"

原则,对外以广泛性为特征,对内以实质性和组织性为特征,体现承担社会责任、参与或推动社会服务的途径。

(一)企事业单位参与社会治理的价值向度

第一,承担社会责任,提升社会治理水平。2013 年,全国工商联联合国家工商行政管理总局开展的全国民营企业抽样调查显示, 76.76% 的家族企业认为企业参与社会治理是其应有的责任。企事业单位正是对承担社会责任的考量,体现出企业对外的衍生性社会治理参与,并发挥作用。比如,提供丰富多样的就业机会及公共税收资源。截至 2015 年 5 月底,我国民营企业的数量已占全国企业数量的 70% 以上,吸纳了城镇就业的 80% 和每年新增就业的 90%。[①]

第二,强化服务意识,提升社会治理能力。服务型政府建设为企事业单位承担社会责任并参与社会治理提供了坚实的基础,从理念、意识等方面都对企事业单位参与社会治理起到了促进作用。然而,由于企事业单位在政治地位、市场资源等方面的局限性,服务能力成为大部分企事业单位争相提升的目标,如餐饮、文化、公共交通等服务行业,始终以提供服务价值作为企业增值的主要途径,加之"互联网+"思维的创新应用,新业态快速发展在很大程度上带动了社会公众之间的共享意识、服务意识,为社会治理注入了新动力。

(二)企事业单位参与社会治理的实践途径

第一,抓住关键群体,谋求社会治理实质。当前,我国民营企业投资人与员工人数超过 1 亿,如此大的规模群体的健康合理运转对民营企业内部公平与稳定提出了较大挑战和要求,这不仅关系到企业内部的运营管理,还关系到社会公平与稳定。企事业单位经营状况的好坏,特别是企事业单位内部劳资关系的改善,有显著的社会治理意蕴。另外,企事业单位的员工以农民工居多,这就要求民营企业为解决这部分人群的社会保障与福利承担相应的责任,这也是企事业单位参与社会治理的有力体现。

第二,强化内部管理,夯实社会治理基础。《中华人民共和国劳动合同法》的实施,为企事业单位增进与劳动者雇佣关系的稳定性提供了保障,这不仅有利于促进企事业单位内部管理的井然有序、劳动者队伍的稳定性,在外部还解决了部分社会就业压力,在一定程度上分担了企事业内部劳动者尤其是农民工的社会治理责任。为政府部门工作强度减压,也避免了城乡、地区和阶层差别带来的不稳定因素,维护了社会公平和稳定。

---

① 王勇:《民营企业参与社会治理:路径、限度与规引》,《地方治理研究》2018 年第 1 期。

近年来，随着市场经济的日益繁荣，社会对企事业单位除了通过提供劳务报酬、代缴社会保险等满足员工物质需求的期望外，还愈发重视企业文化的铸造和提升，对应的是企事业单位员工生活上更加体现"以人为本"的社会理念。比如，为员工创造各类培训发展的机会，开展各类体育、联欢、旅游活动，开展心理咨询、开设文化讲堂等，这不仅有利于员工真正了解企业发展的定位，提升对企业的信心，还有助于丰富员工的生活，满足员工精神层面的需求，促进企事业单位对社会治理的参与，增强社会治理的效益。

（三）发挥党组织在企事业单位参与社会治理中的引导作用

第一，加强党建引导，提高社会治理本领。目前，我国部分地区的企事业单位担心党建活动会增加企业的运营成本，对党建活动的积极性不高，但是在东部地区，如厦门、泉州等民营企业发达的地区，对党建活动持积极的态度，通过党建活动体现企业发展理念。2015年，泉州部分民营企业在市委组织部的指引下，以丰厚的年薪公开招聘企业内部的党组织书记，以此说明开展党建活动的主动性、积极性很高涨，通过开展一系列党建活动，体现企业的文化建设理念，使员工积极参与党建活动，从中获得优越感，提升满足感。

第二，畅通党建渠道，落实政府政策要求。温州建立了非公企业书记直通制度，发挥书记的政策直通、服务直通、问题直通功能，凡是上级党组织和有关部门出台的政策、开展的服务，都由党组织书记负责传达和组织，发挥党组织书记的桥梁作用。书记直通制度实行短短一年后，党组织书记争取上级部门开展的服务项目210个，牵头化解难题1 890个，组织开展政策宣传活动7 230多场次，企业党组织成为服务型政府和经济政策红利惠及民营企业的组织渠道，党建工作受到企事业单位的欢迎和支持，企业工会、共青团、妇联、关工委等机构也随之健全或正常开展工作，形成了党建合力，"红色引擎"作用发挥显著。

企事业单位纳入社会治理的主体，社会治理主体的多元化，有利于社会治理效益的最大化。企事业单位无论从内部管理机制，还是外部的社会治理参与，都体现着社会治理的参与价值，尽管企事业单位以追求经济利润为最大的目标，但是这并不妨碍它履行社会治理的责任。但是，基于其事业单位的本质属性，对其不能寄予过多的不切实际的诉求，所以在法律的限度内生产经营，应该是其参与社会治理最低限度的体现。

第四章 社会治理的法治生态理念研究

一、坚持国家治理理念

（一）国家治理理念的提出

1. 从"社会治理"到"国家治理"

我国一直存在不同历史阶段的国家治理模式，只是不同阶段国家治理的任务不同决定了治理结构不同的特征。中华人民共和国成立初期，社会阶级矛盾比较明显，不稳定因素时有存在，为了维护国家的安全，国家治理表现出较强的"阶级统治"色彩。政府是国家治理的主体，市场和社会从属于国家和政府，政府主要通过暴力和强制手段进行国家治理。20世纪80年代初，我国的治理模式逐渐由统治转变为管理，阶级统治色彩淡化的同时，社会主义国家逐渐体现出国家公共性的特点，调动和整合公共要素并为公共利益服务成为主要特质。20世纪90年代中期，随着经济体制向市场经济的全盘转型，社会力量在发展过程中不断壮大，治理的主体逐渐多元，更加尊重市场和社会的地位与作用。

从1921年中国共产党第一次全国代表大会到2017年中国共产党第十九次全国代表大会，我国的社会发展发生了翻天覆地的变化，国家的治理理念也发生了转变。以前，我国的发展视角是以坚持中国共产党的领导为前提，发展行政主导的治理模式。为适应新时代的发展，我国的治理理念转变为党的领导与社会协同治理。这种国家治理的理念是破解当今发展难题的必然之举，是正确的国家治理方式，更有利于继续推进国家法治化进程。

2. 国家治理的特征

国家治理是指导一个国家社会发展的重要指导理念，因此我国的国家治理必须以我国国情为基础，立足本土，构建适合国家需要的治理体系和制度。我国的国家治理与普遍理解的国家治理不同，它与我国的传统文化一脉相承，摒弃传统治理中的不良因素，又根据我国现有的情况设计出适合本土实际的国家治理方式。适合中国国情、具有中国特色的国家治理具有以下特征。

第一，国家治理的全局性。国家治理是一个国家的治理方式，它并不是仅仅体现某一方面，而是关系到社会生活的各个方面，是整个社会的协同治理。以经济为例，在国家治理早期，"以经济建设为中心"的提出主要是指我国的经济领域，是以大力发展我国的经济建设为目的的国家管理。而现在我国的国家治理不仅仅是经济方面，更是关系到政治、经济、文化、社会等各个方面，是总体性、全局性、各方面相互协调的治理。

第二，国家治理的法治化。新时期，我国社会主义现代化追求国家法治化进程，国家治理是现代化国家的重要治理方式，国家治理也追求国家的法治化。国家治理是重要的国家制度，制度化是保证一项制度良好运行的重要方面。因此，国家治理的重点就是将治理布局制度化，通过制定国家治理相关法规或政策，把国家治理以制度化和法治化的形式固定下来。这样使治理的各个主体之间形成既相互合作又相互制约的状态，使国家治理依法进行。

（二）社会治理与国家治理的区别

1. 治理对象不同

国家治理是以公权力为基础，对象是政府的权力。国家治理中的"国家"在主体上主要针对政府，虽然社会和公民都属于国家治理范畴内，但国家治理的主要着力点应当在政府及行使公共管理职能的社会组织。而社会治理实则是针对与国家政治生活保持一定距离的社会，或私人社群。此外，国家治理与社会治理的权威来源不同，"国家"权威来源是民主国家通过选举授权、公民权利让渡，以及公共安全和秩序需要所得到的国家权威认可。而社会治理权威则更多地源于社会主体的契约式合作与信任，从本质上是公民对社会生活的自由与幸福追求。

2. 治理目标不同

人类社会的不同阶段，对应着不同的国家形式，而不同的国家形式也具有不同层次的国家治理能力。随着科技的不断进步与生产力的不断提高，人类社会正逐步迈向经济化、全球化、社会化。当今社会需要变革的不仅是社会治理的方式方法，国家在参与治理的过程中更应从主体、目的、方向、技术、手段等方面不断提高。正如美国哲学家大卫·雷·格里芬说："一个强加于人、凌驾于社会之上、能够实现发展的国家的形象正在消失，取而代之的是采取一种更加客观的观念来审视公共行动、统合各种社会力量的条件。因此，国家和其他行动者的合作伙伴关系具有压倒一切的重要性。" 概而言之，为了满足国家在社会治理层面的发展，使之符合现代化的要求，政府需要转变角色，将更多社会力量进行集中。"国家治理能力现代化"不仅需要整个社会到达现代化要求的标准，更主要在于所追求的最终目标要求。社会治理则与国家治理的目标不同，社会治理重在民生的改善与公民社会经济权利的保障。社会治理创新的提出是对社会转型需求的回应，主要是通过发挥个人的主观能动性，解决社会矛盾，最终达到社会稳定。社会治理相较于社会管理而言，更注重社会的公正与公平，激发社会活力，最终实现公民全面而自由的发展；更强调发挥社会主体的能动作用，国家、社会及人民的协调性；更关注人与人、人与社会、人与自然的和谐；治理的方式上更注意法律、道德、习惯、舆论等的交互运用。

3. 治理范围不同

国家治理是国家范围的概念，是一个国家的执政者为了本国的社会发展，通过制定相关法律法规，使国家治理形成制度化的概念，立法机关、行政机关、司法机关等国家机关通过相关制度协同公民与经济、政治组织，连同社会团体一起管理社会公共事务、推动经济和社会其他领域发展。由此可知，国家治理是一个范围较大的概念，而社会治理只是国家治理中的重要一环，社会治理促进国家治理的发展，两者属于矛盾的特殊性和矛盾的普遍性的关系。社会治理是国家治理的一个方面，是具有决定性作用的关键一步；国家治理是社会治理的宏观把握和总体依据，两者彼此依赖、密不可分。具体来说，包括下图所显示的三个方面的内容（图4-1）。

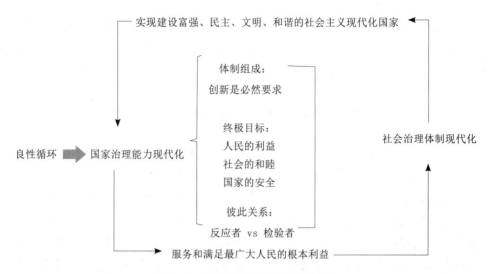

图 4-1　国家治理与社会治理的关系

（三）社会治理在国家治理中的定位

十八届三中全会提出把国家治理作为全面深化改革的顶层设计，把国家治理体系和治理能力的现代化作为全面深化改革的总目标。由此可知，国家治理实现的路径是通过各方面的治理协力而成，国家治理与社会治理是包含与被包含的关系。虽然社会治理与国家治理有着清晰的界限，但两者并非楚河汉界，没有交集，不可逾越。事实上，国家治理与社会治理唇齿相依、密不可分，任何一方在治理水平及效果上的优劣和成败都可能最先影响另一方。并且，国家治理能够规范权力的运行，能够理顺政府、市场与社会的关系，使他们相互配合、共同促进社会的发展。

国家治理是上位概念，具有统领全局的作用，涵盖政治、经济、社会、文化发展的各个领域，每个领域的相关体制规定、规章制度都属于国家治理的范畴。具体而言，广义的社会治理泛指人民在各个领域所涉及的社会生活的总称；狭义的社会治理概念仅指公民日常生活的城市社会和乡村社会的一切公共空间治理。国家治理具有宏观性的特点，社会治理是基础性的日常工作，主要依靠的是公民的力量，强调的是全体社会成员的积极参与、自我服务和自我管理。社会治理的内容相比国家治理范围较小，主要是提供公共服务、维护合法权益、协调成员关系、化解矛盾冲突、实现和谐有序。

1. 社会自主治理是国家治理的现代化的必然组成部分

当今社会从低信息化时代向高速新媒体时代发展，人们的思想意识、自我觉悟都达到了一个较高的水平。随之而来的是社会主体要求自身进步，并且将自主要求和自主能力提升到一个较高层次。从公民个人理性等方面的成熟度来看，人们通过各式各样的新媒体及其各种形式获得的知识与信息越来越多、途径越来越广泛，对各类社会问题及个人权利的独立认知能力日益增强，由此使个人在社会中的地位也不断提高，越来越多的人想要参与社会管理以行使自己的权利。

因此，政府再也无法"唯我独尊"，反之如果政府不接受社会主体的意见，不听取民众的声音，就会离人民群众越来越远，政府权力的执行也会越来越弱，政府最终也会失去民众的支持。政府决策过程中如果排斥公民和社会组织的参与，很可能会出现国家治理智慧的短缺，从而导致治理手段和方法的偏差。换言之，政府以一己之力承载社会的希望与寄托已经相当不现实，也承担不起国家管理失效的巨大风险和责任。于是，多元主体参与国家治理就成了必然，成了任何国家成员都无法拒绝的"权利"和"责任"。

2. 国家治理体系现代化驱动社会治理实现

一方面，社会治理是国家治理的重要内容，所以国家治理的部分成果可以在社会治理创新中呈现出来，可以说社会治理创新是国家治理体系的浓缩；另一方面，国家治理体系的现代化也需要社会治理创新的驱动。国家治理是依靠国家权力运行的，国家治理水平和治理能力的现代化，体现在国家权威性机制的合理布局、精细化设计、权力运行法治及公共资源调动的合理性等方面。这种现代化治理机制的构成直接驱动治理能力的提升，从而在社会治理方面更加理性和科学，不再一味强调公权威的不可挑战性，而是能够宽容地俯身倾听大众的利益呼声，在真正尊重社会自主性的基础上，帮助、鼓励、引导社会治理创新的实现和完成。具体表现为政府在思想上通过宣传和正确引导公民，不断提高公民的素质、增强其处理事情的能力，克服公民思想上的不成熟表现，增强公民参与国家治理的能力。要相信公民具备参与国家治理的能力，并且要积极为民众创造参与治理国家事务的环境。公民要实际体验，从自身及社会发展出发，完全投入治理体系中，这样才会得出深刻印象，才会准确理解治理过程中的艰辛，公民才会增强对政府的理解和信任，减少对国家公权力的负面防御，并进一步实现政府与社会主体和公民主体之间治理关系的现代化。只有充分发挥社会主体的参与，发挥民间智慧的能量，调动社会主体创新的热情和积极性，社会治理创新才会有所成效。

3. 社会治理需要国家治理能力现代化的支撑

以往社会中出现的问题大多是单一问题，但随着国家的发展与进步，社会呈现出多元化的趋势，社会问题也具有复杂性、范围广的特点。因此，解决社会问题不能仅仅依靠某一公民或某一组织，而更多的是依靠国家或社会共同解决，通过多元主体之间的资源共享、协商共识，共同采取集体行动。其中，国家权威机制是任何其他机制都无法替代的支撑。各个社会主体对资金、信息、人员、技术、设备等资源进行交易博弈。因此，在信息化时代，面对纷繁复杂的社会问题，国家治理能力的现代化必然会为社会自主创新提供必要的资源支撑。

（四）社会治理与国家治理的关系

1. 社会治理和国家治理的领导力量与根本出发点相同

第一，中国共产党是我国的执政党。所以，不论是社会治理还是国家治理，都是在中国共产党的领导下进行的治理活动。因此，国家治理和社会治理都必须"充分发挥党总揽全局、协调各方的领导核心作用"。第二，人民是国家的主人，社会治理和国家治理都是服务于国家的，所以它们的目的也是维护广大人民群众的根本利益。

2. 国家治理与社会治理都共同遵循法治的轨道

要想实现国家治理与社会治理的共赢，要求我们必须沿着依法治国的轨迹运行。法治化是我国新时期的重要追求，所以不论是国家治理还是社会治理，都应当共同遵循法治的逻辑和轨道，运用法治—权利—权力思维方式统筹各项制度安排，实现公权力的规范运行与公民权利的有效保障，实现社会主义国家治理现代化体制的构建，实现社会治理的生态化和动态化。

3. 社会治理在国家治理的统一安排和推进中实现

国家治理目标是实现社会主义国家职能，满足人民群众的根本利益。国家治理是共同体的治理，社会治理属于国家治理统一大局中的子部分，也是国家治理的重要过程。因此，社会治理应当符合国家治理的规划。此外，社会治理也是国家治理现代化的重要检测标准。国家治理与社会治理两者看似在两条平行线上共同行进，但实际上存在很多交叉和联系。从狭义上讲，社会治理是一种阶梯式的管理模式，最顶层由党来领导，其次是政府组织，继而由社会团体及公民共同参与。在党的领导下，可制定相关法律保障治理得以实现；政府需要对人民负责，统筹治理模式；社会自发形成的团体组织可发挥自身优势促进治理发展；公民可团结个人力量，量化为营，几者共同参与管理，和谐发展，从而实现治理目标最大化。这些目标的实现必须依靠法治的力量，因此社会治理必然会涉及与静态法律制度间的互动，以及动态法治的主动参与。社会治理创新的法治路径必然会体现在立法、执法及司法领域。在立法层面，以协商民主的方式参与地方立法，在制定地方法规和地方性规章的过程中，吸纳民众的现实利益需求及民间习惯法智慧。在行政执法层面，能够由社会组织自我管理的事项赋予社会组织应有的事权。涉及整体利益以及公共安全的事项，应当以政府作为主导并负责。在司法领域，应当保有对公民基本权利尊重和保障的理念，在司法领域体现公民社会经济权利的保障。

4.社会治理不能脱离国家公权力而单独存在

社会治理应当遵循与政府良性互动的道路和轨迹，社会治理创新也应当把握在社会发展允许的范围和社会主义框架内，创新不能成为脱离政府社会管理的措辞，政府职能的转变并不代表政府职能被替代。纵观世界各国，政府始终在社会发展过程中担负主要职责和任务，换言之，任何社会的发展和进步都不可能出现政府权力和政府治理的缺场。概括而言，社会治理创新不能脱离政府为社会提供安全、教育、医疗、卫生等的服务职能。如果要客观地评价政府管理、服务与社会治理创新，应当是两者互相包容、彼此作用，最终得以共赢，促进创新。如果能做到政府与社会的真正良性互动，就在一定程度上实现了社会治理的目标。

二、协商民主理念

（一）协商民主概述

1.协商民主的提出

协商民主是公民通过自由而平等的对话、讨论、审议等方式，参与公共决策和政治生活。[①] 它的重点在于协商与对话，所以协商民主也体现出商议民主或商谈民主的特征，西方代议制民主政治体制发展到 20 世纪末逐渐展现出其自身所固有的局限性，在此基础上西方学术界将目光重新聚焦于民主的本质，尝试修正在传统的自由主义民主及选举民主中存在的自由与平等不均衡的现状。协商民主是对西方民主理论发展的新转向。协商民主对当今西方社会现实面临的挑战给予积极回应，同时使西方的民主质量得到有效的提升。[②]

当代的协商民主理念有着悠久的历史渊源，在古希腊时期，以斯巴达和雅

---

① 约翰·S·德雷泽克：《协商民主及其超越：自由与批判的视角》，丁开杰译，中央编译出版社,2006，第 45-60 页。

② 安林瑞：《国内外关于协商民主的研究现状评介》，《社科纵横》2017 年第 2 期。

典为典型，协商民主思想就已经体现在公民对城邦日常事务的管理中，古希腊的民主是直接的民主。有关协商民主的论述也频繁出现在西方学者的政治理论著作中。正像乔·埃尔斯特所说："协商民主的观念及其实际应用与民主本身有着同样长的历史。它们都是公元前5世纪在雅典产生的。"①因此，协商民主作为一项以自由平等为原则、由公民协商来集体决策的理念，从公元前5世纪就已经开始了。古雅典曾有一篇著名的葬礼演说词对协商民主做了良好的阐释，雅典总督伯利克里面向群众，说明了雅典人民既关心个人事务也关心国家事务的特点，认为雅典人民对公共事务有着良好的判断能力，每个雅典人都拥有对提案进行评判和讨论的权利。但是，这种原始的协商制度中团体成员较少，政府职能有限，民主的程序也相对简单，因此随着社会的进步，这些协商民主的形式存在了二三百年就消失了。在西方有着尊崇地位的学者亚里士多德，同样肯定了"协商"的价值，他认为，普通公民的讨论并不是随意的、毫无用处的，它往往比专家独断要更为有效。近代以后，随着经济的发展，人口增多，以及从城邦到国家的转变，古代简单的协商民主制度已经不再适应统治的需求，在这种发展形势下，代议制民主也即"票决民主"顺势而生。"票决"民主的优势在于扩大了选举权，让每个公民都持有选票，通过选票表达自己的政治诉求。民主国家在实施民主的过程中，代议制民主能够有效解决程序性难题，并且在长期的民主实践中得到日益完善。代议制民主作为一种政治体制在西方国家逐渐占核心地位。当代西方的协商民主是以古希腊时期的直接民主思想为土壤而发展起来的，在古代只是作为简单的思想理念存在，协商民主在现代社会则成为实践中运行良好的制度模式。在当代西方学者的理解中，协商民主是一种政治理想，其最主要的目的在于恢复古老的公共精神，而协商民主的内涵在于理性立法、参与性政治和公民自治，同时面对现今社会日益多元化的趋势需要重新构建现代政府的合法性，并使当代的民主实践得到改善。②协商民主像民主本身一样，在观念及其实践方面同样古老。

约瑟夫·毕塞特最早使"协商民主"一词得到学术上的确认。协商民主概念的提出最早见于他1980年发表的《协商民主：共和政府中的多数原则》一文中。在这篇文章中，毕塞特反对政治的精英化倾向，提倡更广泛的公民参与。在他的理解中，协商是一种所有公民都能参与其中的论辩，而辩论的主旨在于

---

① 约·埃尔斯特：《协商民主：挑战与反思》，周艳辉译，中央编译出版社，2009，第2页。

② 霍伟岸：《〈联邦党人文集〉的遗产：以审议性民主为中心的分析》，《开放时代》2004年第4期。

对公共政策进行价值衡量，这种论辩是所有的参与者建立在掌握大量且多种信息同时做出理性判断的基础上的，最终在所有的政策中选择出最理想的一种，此时所有的参与者基本达成共识，由此"协商民主"的概念在学术界得以具体化。针对20世纪中期以来大量文献中存在的对美国宪法具有的精英化、贵族化倾向的指责，毕塞特坚持认为美国宪法具有更多的民主性。他认为，美国宪法在体现多数原则的基础上也是对多数的制衡，而这种制衡与多数原则是不相矛盾的。他认为，协商民主所具有的审慎性能够在集体协商的过程中基于公共利益形成公民一致认可的公共政策，协商民主能够有效地分散权力，使各方权力达到平衡，这在一定程度上阻碍了领导者产生野心和实施暴政。[①]

之后，投入协商民主理论研究中的是伯纳德·曼宁和乔舒亚·科恩，他们的关注点在公民的参与、合法性及决策等方面，他们的加入使协商民主理论更加充实，也是协商民主理论拥有动力的开始。伯纳德·曼宁在其发表的《论合法性与政治协商》一文中指出，随着协商民主过程的结束，所有参与协商的公民的意志均得到了确认，从而多数意志获得了合法性地位。他将协商民主概括为以下几点。第一，协商可以让所有参与的公民自由发表自己的观点，在比较中厘清不同种类的观点，从而对各自的偏好有一个综合性的了解；第二，协商可以在个人层面进行，也可以在集体层面进行；第三，政治协商概念并不总是维护多数原则，不是所有的行为都适合多数原则，大多数情况下应该同等重视少数的权利和观点，政党在协商民主中的作用主要是避免协商陷于清谈，提高协商的效率，使协商结束时能够达成一定的共识；[②]第四，协商理论最终将会形成一种决策方式，而这种决策方式在目前看来还不够完善。乔舒亚·科恩在其1989年发表的《协商与民主合法性》一文中认为，协商民主是一种治理方式，而治理的对象则是社团组织本身，重点在于对社团内部事务的协商。[③]民主不仅是这些社团的一种政治理想，还是一种政治形式，这种形式能够为公民参与、相互交往和观点的自由表达提供一种制度框架，在这种框架下可以保证公民的讨论趋向自由平等。

哈贝马斯对协商民主理论的发展产生了巨大的作用，他关于协商民主理论

---

① 陈家刚：《协商民主与当代中国政治》，中国人民大学出版社,2009，第5-6页。

② 高奇琦：《西方协商民主理论中政党因素的缺位及其修正》，《华东政法大学学报》2010年第2期。

③ 詹姆斯·博曼、威廉·雷吉：《协商民主：论理性与政治》，陈家刚译，中央编译出版社,2006，第55页。

的论述也最为深刻[1]，关于协商民主理论的论述主要见于他的《交往行为理论》《在事实与规范之间》《包容他者》等作品当中。哈贝马斯提出了第三种民主模式，在他的《民主的三种规范模式》中，他在对以往的自由主义与共和主义分析的基础上提出了商谈民主，或者称为对话民主的新的民主模式，而哈贝马斯的协商民主理论是以交往行动理论为基础的，他的第三种模式也是对西方传统民主模式的批判与继承。[2] 随着西方资本主义的发展，理性在原有的轨道上逐渐走向极端，基于此，哈贝马斯在对西方哲学脉络的重新思索中提出了"生活世界"的新的哲学范畴。同时，他在语言哲学领域重新构建主体间性，而这种主体间性促使人们在生活交往中达成共识。拥有共同生活经历的人民能够在互动中产生合乎情理的交往理性。这种理性促使交往主体能够进行多维度的自由对话与交流，这种交流始终体现着各主体间的相互平等，也改变了过去在交往中发生冲突与观点对立时只是单方面采取强制或者控制的现象。后形而上学的哲学有着多元主体之间能够通过沟通、理解和包容的方式最终达成共识的意蕴，而哈贝马斯在交往理性基础上提出的协商民主恰恰符合后形而上学的这种精神内涵。[3] 哈贝马斯试图重构人们的交往规则，这种规则是"以主体间性为中心"的。哈贝马斯更加注重的是交往中主体与主体之间的关系。在前述思想的基础上，哈贝马斯提出了"双轨式协商政治"，一种是像议会等决策机构的正式协商，而此类决策机构的这种协商机制带有宪法制度色彩；另一种是较为广泛的公共领域，在公共领域中所形成的非正式意见是不受制度规范所制约的，表现出相对的宽松性。

詹姆斯·博曼的代表性观点是多元协商民主理论[4]，在《公共协商：多元主义、复杂性与民主》一书中，他认为在当前文化多元、价值各异的现状下，采取多元公共理性是比较适合的。在博曼看来，多元共识得以实现的表征即在公共协商过程中能够保持持续性的合作，即使分歧自始至终存在也不影响全局，达成共识并不是公共理性和对话的必然要求，最低的要求是公民能够维持合作

---

[1] 李龙：《论协商民主——从哈贝马斯的"商谈论"说起》，《中国法学》2007年第1期。

[2] 戴激涛：《协商民主的法哲学基础及其反思——基于哈贝马斯商谈理论的一种考察》，《中共天津市委党校学报》2009年第2期。

[3] 王金水、孙奔：《哈贝马斯协商民主思想的演进逻辑及其当代启示》，《中国人民大学学报》2014年第6期。

[4] 詹姆斯·博曼：《公共协商：多元主义、复杂性与民主》，黄相怀译，中央编译出版社，2006，第45页。

或者彼此妥协，而这些都将在同一个协商过程中存在。① 多元公共理性是一个松散的、持续性的对话过程，这样的要求相较以往的协商民主更为宽泛。协商是为了彼此间的相互交流、传递观点、维持合作，其最终不一定要寻求共识。多元协商可以容纳现存多种形式的公共协商。

2. 协商民主的定义

在协商民主理论的研究过程中，学者存在较大的分歧，各自对该理论有着不同的理解，概括来说，西方学术界对协商民主的概念主要有以下几种类型。

（1）协商民主是一种治理形式。现代社会呈现出多文化多样性趋势，这种情况下的民主面临着人们会因为互相迥异的价值观而产生无法避免的对立、分裂与冲突。瓦拉德斯认为："协商民主将会是一种具有巨大能量的民主治理形式，它能够在多元文化间的交流及不同价值观念的社会认知当中产生不可估量的作用。它能够有效地维护公共利益、使不同政治主体间进行平等的对话与理解，从而解析出不同类别的政治愿望，最终在有关所有人的需求及利益的政策上给予有效的支持。"作为治理形式的协商民主，其最主要的是对公共利益负责，在对话的基础上达成最终的共识，所有的目的都是使决策更加民主化。②

（2）协商民主是一种组织形式。一些学者从静态的观点入手，认为协商民主是一种社团或政府形式。库克认为，协商民主具有为政治生活开辟空间的作用，在这个新的空间中，政治讨论能够在理性的环境下进行。③ 在科恩的理解中，协商民主是一种社团，在这个社团中，为了追求社团的民主性，本社团的各项事务都是社团成员共同协商讨论。科恩还认为，协商民主具有社团性、多元联合性的特点，并且在这个社团中，成员们都有一个共同的理念：恰当的联合条件或者组织条件是他们能够协商的框架支撑。总结学者观点，协商民主是一种组织形式，它以社团或政府的形态存在着，民主化是协商民主的特点或追求。

（3）协商民主是一种决策方式。米勒认为，协商民主是一种决策方式，在一种共同生活的民主中，人们做出的决策都是通过公民的公开讨论，并且在讨论中所有的参与者都能够自由表达自己的观点而没有任何限制因素的存在，尊重别人发表观点的同时对别人所表述的观点进行深入的思考后做出的，这种体制已然具有协商民主的特征。在这种决策过程中，人们是在一开始的利益诉

---

① 刘宏斌：《詹姆斯·博曼的多元协商民主理论及其启示》，《求索》2016 年第 7 期。

② 陈家刚：《协商民主引论》，《马克思主义与现实》2004 年第 3 期

③ 梅维·库克：《协商民主的五个观点》，上海三联书店,2004，第 43 页。

求和观点的基础上经过多次讨论后与所得的最终结论的完美结合，在讨论中形成解决彼此分歧的基本原则。亨德里克斯认为，在协商民主中，公民处于平等的地位，在这种现有的环境下通过理性讨论做出民主决策。这种理性的讨论建立在参与者的相互理解之上。在协商民主中，公民所做出的决策不是没有任何约束力的，这正是公共协商的力度所在。人们之所以愿意参与到协商民主中，正是因为协商民主的成果是可预期的，这种成果在于能够形成具有高度民主合法性决策的承诺。[①] 在决策过程中注重的是公民所有方面的平等，在兼顾各方面平等的基础上形成的决策才更具有合法性。

3. 协商民主的类型

（1）"单轨"协商民主和"双轨"协商民主。"单轨"协商民主理论主要分为单一的正式公共领域的协商民主理论和单一的非正式公共领域的协商民主理论两个向度。[②] 在协商民主的研究中，当代西方的研究主要是关于协商民主中"协商"与"决策"相分离。在"单轨"协商民主理论的研究中，约翰·罗尔斯是最重要的代表。他在《政治自由主义》中对政治自由提出了三个理念，即重叠共识、权利的优先性与公共理性，其中公共理性是三个理念中最为重要的一个。罗尔斯认为，人们在涉足公共领域的时候内心就应该接受公共理性这一普遍原则。[③] 他还认为，公共理性的理念早已蕴含在人类所拥有的较为完备的学说中，如宗教、哲学和道德，最终通过在协商过程中彼此达成共识的方式表现出来，共识的建立仰赖以传统学说为依据的个人较为完备的观点。罗尔斯认为，公共理性能够在根本的政治问题中得到很好的运用，而不适用进行边缘性推理。[④] 这种协商民主因为显得比较正式所以具有了宪政主义的特色。正如罗尔斯所言："一个秩序良好的宪政民主应该被理解为协商民主。"[⑤]

菲什金是单一非正式公共领域协商民主理论的代表，他针对协商民主理论设计出了"协商民意测验"和"协商日"等制度。菲什金注重达成协商民主形

---

①　Christian Hunold, "Corporatism, Pluralism and Democracy: Toward a Deliberative Theory of Bureau-cratic Accountability," *Governance: An InternationalJournal of Policy and Administration* 14, no.2(2001): 151−167.

②　汪进元：《协商民主的类型和功能》，《河南财经政法大学学报》2014年第2期。

③　德雷泽克：《协商民主及其超越：自由与批判的视角》，丁开杰译，中央编译出版社，2006，第8页。

④　德雷泽克：《协商民主及其超越：自由与批判的视角》，丁开杰译，中央编译出版社，2006，第7页。

⑤　同上。

式的短小精悍，如在"协商日"中，他为公众设计了一天中固定的对话次数（四场），以及其他形式如辩论和协商会等。菲什金希望通过这种比较微型的代表会议使公众的观点得以表达，优化公众舆论。同时，为了避免"原始民意"不被官方裹挟，所以"将协商安排在正式的代议制民主的外围"①。

哈贝马斯是"双轨"协商民主理论的代表，他认为协商民主可以在正式公共领域与非正式公共领域两个空间中进行。他提出了事实与规范之间的民主商谈论。②他认为："现实社会当中不平等是客观存在着的，而法律的作用主要在于减少和缓和事实上的不平等，从而降低矛盾冲突。但是，法律的这种规约作用本质上是以损害部分人的自由为前提的，最终还是会导致自由与平等间的冲突。所以，为了解决平等与自由之间的矛盾，我们只能走民主立法的途径，建立公域自由；公民参与立法限制自身私域自由的同时建立了公域自由；两种自由互相限制、互为补充从而趋于事实上的平等。"③在民主立法中，存在以政治意识为基础的"公域"和以民众意识为基础的"私域"，"公域"和"私域"就是"双轨"民主协商的典型特点，只有两者相互融合才能达到立法的民主性。博曼认为，哈贝马斯的"双轨模型"不具有连续性，他提出了公民参与立法和执行协商的二元民主理论，他认为在正式的公共领域中，民主协商除了在国会立法中发挥自身作用，行政机关也应当拥有自己的公共领域，这种公共领域的拓展可以通过公共听证、地方会议等形式实现。行政机关所拓展出来的公共领域能够为公民参与提供条件。乔舒亚·科恩强调协商民主实体与程序的统一，民主不仅是政治形式，还是一种制度，这种制度最有代表性的例子就是他认为协商民主是一种社团，这种制度安排更加有利于公众的参与和讨论。

（2）单一公共理性和多元公共理性。根据协商民主的过程所采用的程序与达成结果是否存在共同的原则，将协商民主分为单一公共理性与多元公共理性。单一公共理性认为，在协商的过程中公共理性是唯一的。罗尔斯在《政治自由主义》一书中认为："在一个民主国家中所有社会基本制度都是为公共理性服务的，同时公共理性也彰显出一个民主国家的基本特征；它在三个方面是公共的，即作为自身的理性，它是公共的；它的目标是公共的善和根本性的

---

① 毛里奥·帕瑟林·登特里维斯：《作为公共协商的民主：新的视角》，王英津译，中央编译出版社，2006，第91页。

② 汪进元：《中国特色协商民主的宪制研究》，中国政法大学出版社,2015，第1页。

③ 哈贝马斯：《在事实与规范之间——关于法律和民主法治国的商谈理论》，童世骏译，生活·读书·新知三联书店，2003，第516-518页。

正义；它的本质和内容是公共的。"①

多元公共理性论者认为，现实的状况复杂化、文化多元化、价值多样化等导致达到彼此合意比较困难且无法做到相互理解。坚持多元公共理性的学者主要有古特曼、艾丽斯·杨和汤普森。多元公共理性论者相较单一公共理性论者，对协商民主做了更大的让步，他们除去理性的状况，认为协商参与者在做出行动前能够彼此达到合意，即"互惠原则"就足矣。艾丽斯·杨认为，社会的多元化是导致阶层分化及不平等存在的重要因素，也是社会矛盾的根源，更进一步来说，正是由于这些因素的存在，公众才有了交往的必要。②民主政治应该在更大的范围努力达成共识，保存分歧，求同存异，使弱势群体的利益得到维护，并在此基础上寻求对话与合作。

（3）价值预设和价值待定两种类型。依据在做出决策之前是否存在既定的价值目标和比较完备的制度规范，可以将协商民主理论划分为价值预设型和价值待定型两种。

社会主体在参与协商之前已经达成合意，这种合意指彼此共同遵守那些已经提前产生的既有价值目标或者规定好的规则程序，要想参与协商，就不能对既有的规则进行改动，必须服从。基于此项特征，价值预设型协商民主与单一理性的协商民主形成一种自然的呼应，即价值与规则都是本来就有的，但价值预设既可以是单一的也可以是多元的，而后者的价值却只能是单一的，价值既表现于特定的文化中，也表现在既定的协议和规范中。

价值待定型协商民主认为，在合作之前一切都是不确定的，价值目标、规则程序及制度都要在参与成员相互磨合的过程中产生。在这方面，价值待定型的协商民主与多元理性的协商民主具有某些共同性，即都认为多元价值与复杂社会是既定的事实。但两者也存在差异性，即价值待定型的价值经历从无到有，而多元理性的价值是永远存在的。

（4）微观和宏观。根据参与规模与参与形式可以将协商民主分为微观与宏观两种，两者的分界来源于对市民社会中的主体在协商中与国家政府的关系的差别。在微观协商中，所有的参与者都能够在很小的范围内进行近距离的接触并交流观点。微观协商者认为，公民应该与现有的政治机构采取合作的态度。

---

① 罗尔斯：《政治自由主义》，万俊人译，译林出版社,2000，第 227 页。

② 汪进元：《协商民主的类型和功能》，《河南财经政法大学学报》2014 年第 2 期。

毕塞特认为，在协商民主中，参与者在平等的条件下参与讨论并决定议程。①
科恩强调了参与者的彼此尊重与参与条件的公平。在现代社会，协商民主不可
能将所有的参与者都涵盖其中，所以出现了以微观的方式参与协商民主，这也
将部分参与者阻挡在了协商之外。微观协商民主的参与者更多地集中在市民社
会当中的强势群体。

公共领域中非正式的话语协商是宏观协商民主理论的关注领域，即那些国
家公共权力以外的领域，哈贝马斯与约翰·德雷泽克是该观点的代表。

微观协商主要是为了完成决策，宏观协商民主重点在于形成一定的舆论。②
更多关注的是那些非正式的、在公民社会中展开的谈话式协商，而公民社会中
的这种对话是自发形成的，具有很大的自由度。它包括从面对面小范围的讨论
到社会运动及媒体在内的一系列交流空间。很难预测的、谈话式的协商没有必
要排除策略性的活动形式，如抗议、抵制和激进主义。③宏观协商更多的是一
种松散的、没有任何规则制约的交流，这种交流具有更多的包容性，能够充分
发挥市民社会在协商中的作用。宏观理论家认为，公民可以成为对抗国家公权
力的有力力量，以对抗那些存在于各个方面的不平等现象。

（二）西方协商民主理论发展评述

1. 协商民主的价值

协商民主作为一种新的民主范式，是对前人思想的继承与发展。协商民主
能够为当前的政治实践提供一些新的模式与思路，它的价值对社会发展起着重
要作用。具体来说，协商民主的价值主要包括以下几个方面。

（1）促进决策合法化。政治决策只有在合法化的基础上才可以进行有效
实施，而最终的决策来源于对决策对象信息的广泛收集、全方位关注，以及能
够设身处地地了解对象的真实需求。只有做到这些，政治决策才能够合理有效，
最终制定出的决策才能够得到人们的支持与拥护，人们普遍支持的政治决策才
能够获得自身的合法性。"协商民主之所以能够获得众多支持者，在于协商民

---

① Bessette, *The Mild Voice of Reason:DeliberativeDemocracy and American National Government* (Chicago:University of Chicago Press,1994), p.63.

② Carolyn M and Hendriks, "Integrated Deliberation:Reconciling Civil Society' s Dual Role in DeliberativeDemocracy," *Political Studies* 54(2006): 486−508.

③ Habermas, *Between Facts and Norms*(Cambridge:Polity,1996), p.307.

主中立法和决策能够得以合法化。协商过程的政治合法性不仅是多数意愿的表达，还是集体的理性反思，这种反思是通过在政治上平等参与和尊重所有公民道德和实践关怀的政策确定活动而完成的。"[①]

所有的利益相关者都有权参与到决策中，这种对话与讨论具有很强的包容性，在协商中每个人都拥有平等的地位。所有公民在参与过程中都具有平等的话语权，同时认真听取并讨论别人的观点，最后在理性的作用下达成一定的共识。理性要求人们对各自的观点或者偏好都能够互相尊重，而不是试图获得言论上的特权并压制对方的观点。政治决策的形成是所有的参与者在理性讨论过程中达成的共识，所以协商的结果会得到所有的支持与拥护。

（2）限制行政权力的膨胀。如何将行政权力关在民主的笼子里，已成为当前各国学者重点关注的领域。行政机构拥有比较自由的权力去制定社会各方面的政策，但是对政策的实施却不负相应的责任，这就使自由裁量权的问题更加严重。控制官僚自由裁量权的恰当途径是施行协商民主，实行协商的民主立法模式。[②]公共行政本质在于公民参与讨论或者决策时能够实现公开、公正与公平，在政策协商中参与者的机会是均等的，这种均等体现在对问题的把握、辩论依据及结果的形成上。协商民主能够有效监督行政权力的实施。

（3）培养公民精神。公民是协商民主的重要主体，公民具备良好的精神品质是社会发展的必须，而协商民主能够有效培养政治活动所需的公民精神。长期参与民主协商可以塑造公民参与政治的道德素养、民主化的品格，这些品格使公民之间逐渐形成互相尊重、互相理解的包容心态。公民之间通过交往可以更加明了不同的利益需求及相异于自己的信念等。协商民主反对在交往讨论的过程中限制别人的利益诉求及话语自由，共识的达成要求人们适当放弃自己的利益，做出一定的妥协。

在参与协商民主的过程中，人们的社会集体责任感会逐步提高，因为人们将逐渐认识到自己是社会大集体中的一分子，每个人都必须承担相应的社会责任。社会的发展与进步离不开每个人的努力。社会文化更加多元化的今天，沟通与交流显得尤为重要，协商民主为人们的沟通提供了一条有效的途径。

（4）平衡自由主义。随着资本主义经济的不断发展，个人主义成为20世

①　陈家刚：《协商民主：概念、要素与价值》，《中共天津市委党校学报》2005年第3期。

②　Christian Hunold, "Corporatism.Pluralism and Democracy: Toward a Deliberative Theory of Bureau-cratic Accountability," *Governance: An InternationalJournal of Policy and Administration* 14, no.2(2001): 151-167.

纪政治理论的核心内容，也是民主理论的重要部分。代议制民主所具有的个人化倾向使政治权力的运行更多地关注个人利益的实现。社会资源与权力的不平等分配得到政治的默认，随之产生了利益集团操纵政治，在这种境遇下，弱势群体的处境更加悲惨；代议制民主已经偏离自己的初衷，即通过倡导公民的积极参与形成僵化理性的政治共识，最终形成科学的公共决策，使每个公民都得益于国家及社会的发展，而不是只有少部分人获得发展红利。因此，民主要想得到切实的发展，就必须掌握未来的话语权，同时要构建起公民参与到民主进程当中的制度框架，使参与者能够有效进行对话沟通。① 落后的政治经济制度已经不适应社会经济发展所呈现的结构性问题。每个公民都应该承担一定的社会责任，在协商民主中，任何决策都应该在共识的基础上做出。只有有效践行协商民主，才能阻止自由民主在自利的道路上发展下去，避免民主被个人主义绑架。

2. 协商民主面临的挑战

任何理论在形成与发展的过程中都会面临各种各样的批评，唯有在这种苛刻的批评之下，理论才能聚众家之长，不断向前发展。协商民主理论也是如此，它与大多数理论的发展脉络相同，在前期顺利发展的过程中，中途就会遭受质疑。协商民主作为理论，具有一定的时代性，但它也存在诸多问题。

（1）协商民主理论的精英主义倾向。学者桑德斯和扬认为，协商民主虽有其进步的一面，但不可避免的是在强势与弱势群体间的权能存在很大的差异。② 在参与协商民主的过程中，所受教育程度、社会地位的差异、所掌握的协商技巧，都会不同程度地影响人们的参与，而且不同的社会阶层会表现出巨大的差异。虽然协商民主倡导公民的普遍平等参与，但是对弱势群体的歧视也是现实存在的。协商更青睐那些高知的、年富力强的人群，所以协商民主的不平等也是天然存在的，对人群的选择具有文化属性的偏好。③ 协商民主的这种

① Bruce Ackerman and James S.F, "Deliberation Day," *The Journal of Political Philosophy*10, no.2(2002): 129-152.

② L. Sanders, "Against Deliberation", *Political Theory* 25 （1997）: 347- 376; I.M. Young: "Communication and the Other: BeyondDeliberative Democracy", in *Benhabib, Democracy and Difference*; I.M.Young: "Difference as a Resource for Democratic Communica-tion", in *Deliberative Democracy: Essays on Reason and Politics*, Eds. James Bohman and William Rehg) Massachusetts: The MIT Press, 1997, pp.347-376.

③ 贺龙栋：《西方协商民主的制度困境与中国协商民主实现依据》，《中共四川省委党校学报》2014 年第 1 期。

不平等造成了协商范围的缩小，最终将会影响到公共决策的范围。米勒认为，之所以存在这样的现象，是因为弱势群体在社会利益分配中拥有的资源与参与机会有限，在政治中的影响力也非常微弱。但反之，在目前的发展状态下，协商民主又确实是一种最优的选择，它能够最大限度地维护弱势群体的利益，抵消社会发展所产生的不公平。但本质上，弱势群体只是有机会利用协商民主唤起其同伴的公民正义感，并在政策的制定过程中为群体自身赢得更大的利益面。[①]

（2）协商民主理论具有乌托邦色彩。批评者认为，实现协商民主的条件还不成熟，或者这些条件永远无法达到，而协商民主只是一种美好的空中楼阁，是人们对民主发展的美好理想。社会选择理论认为，文化差异、利益冲突、价值迥异等因素协商不可能形成普遍的意志。[②]西方协商民主重视程序的应用，公民参与协商的过程中必须遵守一定的程序性规定，但由于参与人数众多，这些程序有时并没有办法实施。所以，在这种先前程序都没有办法完全满足的情况下，协商结果的难度将会更大。虽然协商理论者对协商民主的诸多设计都是有意促进人类社会的民主化进程，但是协商民主却没有办法在多元化的当今社会毫无障碍地运行，大多数设计也只是存在于理论阶段，所以真正将理论与实践结合起来，还有很漫长的过程。

（3）协商民主与现存民主之间的鸿沟。协商主体缺乏理性与能力不足都会使协商的结果不太理想。主体能力不足会导致协商团体可能没有办法有效治理复杂的社会。协商民主也可能无法对社会突发事件及时做出反应，因为协商所采取的更多的是集体决策，协商过程的持续性过长，协商共识无法在短期内达成，这些因素都会导致错失解决问题的有利时机。例如，军事领域或者金融领域的问题大多数情况下需要我们积极做出反应。公民在参与协商的过程中由于个人道德、社会责任感等方面的差别，不能保证所有人都遵守协商原则，这就存在协商团体被有心人利用或操纵的危险。同发展成熟的代议制民主相比，

① 毛里西奥·帕瑟林·登特里维斯：《作为公共协商的民主：新的视角》，王英津译，中央编译出版社，2006，第140-158页。

② W.H.Riker, *Liberalism against Populism*, (San Francisco:freeman1982), p.32; J.Coleman,J. Knight and J.Johnson, "Democracy and Social Choice," *Ethics* 97（1986）：6-25;J. Knight and J.Johnson, "Aggregation and Deliberation:on the Possibility of Democratic Legitimacy," *Political Theory* 22（1994）：277-296;D.can Mill, "The Possibility of Rational Outcomes from Democratic Discourse and Procedures," *Journal of Politics* 58（1996）：734-752.

协商民主还在成长中，在理论上还有待提升，社会的良性发展将会带动协商民主理论的发展。在协商民主发展的过程中，应发现问题并努力解决这些阻碍协商实现的问题。

（4）协商失败或无效。即使人们积极组织进行协商，但是协商依然会产生无法避免的失败。利益分化、文化多元、宗教差异的社会状况下，协商可能会失去其有效性。虽然现实中我们根据协商民主的发展制定了完备的规则与程序，就如美国宪法中对协商民主的规定，但是协商也许并没有什么起色。在很大程度上，策略取代了争论和讨论。而在实践中，协商更多时候没有进入立法机构的视野，同时由于人们所拥有的协商能力或者所获得的协商机会本就不公平，参与协商的公民在互相讨论中缺乏相对的理性，最终导致参与群体出现极化现象，协商的参与者往往根据先入为主的方式依照讨论前成员的偏向进行转移，协商过程本身并没有起到扭转的作用，从而协商结果也可能走向极端化。[①]可行的协商能够解决所有的问题，这是协商理论家一种过分理性的表现。协商理论者对协商民主的这种超理性认识是将这种理论过度理想化，而过度理性也会导致非理性。任何理论学说都会受到来自外界的批评，唯有如此，理论才能进行优化。

（三）"经验与借鉴"：我国协商民主理论渊源

党的十八大重点提出协商民主理论建设与实践发展的要求，这也成为我国当前政治体制改革的重点。十八届三中全会提出了"社会主义协商民主，是中国社会主义民主政治的特有形式和独特优势，是中国共产党的群众路线在政治领域的重要体现"[②]。协商民主制度在我国本就有着深厚的理论渊源，在实践方面也有着丰硕的成果，中国共产党领导的多党合作和政治协商制度是最具代表性的成果。此外，我国的协商民主在发展自己特色理论的同时也注重国际理论的新动向，积极学习并引进国外的协商民主理论，以期使我国的理论更加完善，从而有利于我国民主政治的发展。

1. 本自根生——中国特色的协商民主理论

我国是社会主义国家，协商民主是国家的重要政治特色，也具有社会主义的特色，所以我国的协商民主是中国特色的协商民主，是在中国共产党的领导

---

① 凯斯·R·孙斯坦：《设计民主：论宪法的作用》，金朝武、刘会春译，法律出版社，2006，第15页。

② 协求是理论网：《商民主是我国民主政治的特有形式和独特优势》，http://www.qstheory.cn/zxdk/2014/201406/201403/t20140314_330126.htm,2016 年 1 月 24 日。

下，就关系到自身利益或者与自己相关的问题在人民内部遵守既定的规则和原则，遵循一定的程序进行协商，最终达成共识，使讨论协商的结果被大家接受，充分实现人民民主。[①]中国的协商民主是在民主革命、社会建设与改革开放的历史条件下逐渐形成的。中国共产党领导的政治协商制度，是我国协商民主制度的成功践行。同时，我国的协商民主在实践领域也远超国外协商民主实践。

抗日战争时期，中国共产党领导的"三三制"抗日民主政权是我国协商民主的开端，共产党同各界社会同胞就人民关心的问题进行沟通协商，积极吸纳各方的意见。[②]"三三制"不仅运用于政权组织上，还运用于较低层次的组织。我国协商民主的确立源于中国人民政治协商会议的第一次召开。1957年至1978年是我国民主建设的低潮期，协商民主在此时的发展也相当受限。十一届三中全会以后，协商民主发展的环境有所好转。我国协商民主的实践要早于理论发展，协商民主理论经历了从学术界到官方的过程。

林尚立认为，中国政治发展的现实条件、历史责任和政治理念等造就了中国民主政治的协商性。他指出在协商民主的发展历程中，统一战线发挥了很大的作用。中国官方提出的关于协商的文件是2006年2月的《中共中央关于加强人民政协工作的意见》，该意见提出："人民通过选举、投票行使权利和人民内部各方面在重大决策之前进行充分协商，尽可能就共同性问题取得一致意见，是我国社会主义民主的两种重要形式。"[③]2007年11月的《中国的政党制度》白皮书首次提出"协商民主"的概念，该书同时指出我国社会主义民主的特色在于选举民主与协商民主的结合。[④]中国协商民主的发展得益于我国民主化进程的快速发展。列宁认为："没有民主，就不可能有社会主义。"

2. 西学东来——西方协商民主理论的引入

在关注我国协商民主实践的同时，学者也积极关注国外的民主理论研究的最新趋势。我国学术界首次接触到西方协商民主理论是在哈贝马斯于2002年到中国做《民主的三种规范模式》演讲之际。较早研究协商民主理论的是学者俞可平，他在《当代西方政治理论的热点问题》中指出，政治民主是一种独

① 肖立辉：《社会主义协商民主的内涵、制度体系及价值》，《中国党政干部论坛》2013年第7期。

② 陈家刚：《当代中国的协商民主：比较的视野》，《新疆师范大学学报（哲学社会科学版）》2014年第1期。

③ 百度百科：《中共中央关于加强人民政协工作的意见》，访问日期2017年5月3日。

④ 郭小聪、代凯：《试论中西方协商民主的区别与联系》，《学习与实践》2012年第6期。

特的民主模式，而它的独特之处在于围绕共同关心的政策问题，公民和官员能够进行对话与讨论，而这种对话是面对面的。民主政治的前途是协商民主。①2004 年伊始，协商民主成为一个热点话题。随着杂志专栏的开设、课题项目的增加、学会研讨会的相继开展，协商民主研究的路径更加广泛。关于协商民主理论的书籍的出版也助力了协商民主的研究。各种研究机构相继成立，2006 年12 月"中国人民政协理论研究会"成立。②

在中西方语境中，协商民主有着本质差别，这种理论上的差别来源于东西方迥异的历史发展过程。而我们现今所研究的协商民主更多的是指西方的协商民主，中国的政治协商只是协商民主在单一领域中的实践，本章节的协商民主指的是 20 世纪 80 年代由西方引进的民主形式。而无论是对西方协商民主理论的引介还是我国原有的协商民主，协商民主的发展都应该遵循因地制宜原则，因为各个国家政治、文化的差别，协商民主的发展要深入考虑本国的条件，创设性地发展适合自己的协商民主。经济全球化的发展使世界连接为一个整体，从而导致文明的全球化，我们在发展中国特色社会主义的过程中应该借鉴西方先进的文明理论，在任何时代所有能够使中国强大的人类文明成果都可以被接受。制度的发展不是为了追逐世界潮流，在民主化的过程中，我们更应该思考协商民主在我国发展的可能性与必要性，考虑这样的制度设计是否符合我国民主发展的需求，以及我们如何发展这种民主模式。

（四）从本土资源看协商民主的可能性

协商民主在中国的发展有着深厚的历史文化积淀与实践积累，政治、经济、文化、科技等各个领域都成为协商民主发展的深厚土壤。

1. 中国共产党领导的多党合作和政治协商制度

协商制度是我国重要的政治制度，政治协商开启了我国政治制度的新历史。1948 年 4 月 30 日，中共中央发出号召，期望民主党派、人民团体及社会贤达能够参与并组织召开政治协商会议，召集人民代表大会，成立民主联合政府。③而人民政协《中国人民政治协商会议章程》中也规定：人民政协以中国共产党为领导核心，参加成员主要为各民主党派、无党派民主人士、各人民团体、少

---

① 俞可平：《当代西方政治理论的热点问题》，《理论参考》2003 年第 1 期。

② 陈家刚：《协商民主研究在东西方的兴起与发展》，《毛泽东邓小平理论研究》2008 年第 7 期。

③ 李蓉源：《"五一"口号的历史回顾——纪念中共中央发布"五一"口号 60 周年》，《山西社会主义学院学报》2008 年第 2 期。

数民族和社会各阶层代表，中国人民政治协商会议是其组织形式，经常就国家的大政方针进行民主协商的一种制度。

《中共中央关于进一步加强中国共产党领导的多党合作和政治协商制度建设的意见》①中首次明确提出政治协商的两种基本方式，即共产党与各民主党派之间的协商和共产党与社会各界人士的协商。中国共产党与各民主党派之间的协商主要有三种形式。一是协商会。该形式主要针对国家将要提出的大政方针。二是谈心活动。这种活动是为了沟通思想，交换意见，了解双方观点。中共中央领导人不定期就关键性问题邀请民主党派人士进行商谈，交流思想，听取建议，以期在重要问题的决策中兼顾各方利益和诉求。三是座谈会。座谈会重点在于传达文件，对党内外重要情况作通报。共产党与社会各界人士的协商的主要形式有常务委员会议、专题会议等。

2. 中国传统文化中的"和""合"思想

我国现存的政治制度所包含的因素都可以从传统政治文化中寻到基因。中国传统政治文化中包含着的"和""合"思想成为我国协商民主理论形成的重要思想来源。②不同的思想观点能够做到彼此容忍，不同的利益诉求能够达到协商，这是最简单的"和"。"和"的核心在于求同存异，相互和谐但不苛求对方与自己相同，达到和谐共存；主客体间的"天人合一"即为"合"，"合"的层面重点强调的是人与自然的和谐相处，最终达到社会关系的稳定，矛盾是现实存在的，但应该让冲突在合理的界限内活跃，不会对整体的和谐稳定造成破坏。"和""合"思想在传统文化中占有重要的地位，比如孔子的"君子和而不同，小人同而不和"；《国语》中："夫和实生物，同则不继。以他平他谓之和，故能丰长而物归之；若以同裨同，尽乃弃矣。"这些都说明万物相互协调、平衡才能和谐生存于发展。

"和""合"思想虽产生于我国封建时期，但是它所拥有的协商特质与政治中强调协商、强调用平和的方式实现目标相契合。协商民主就共同关心的问题或者是切身利益进行自由对话与谈论，在公众按照一定的原则与程序参与的基础上使决策结果拥有合法性。

---

① 共产党新闻网：《中共中央关于进一步加强中国共产党领导的多党合作和政治协商制度建设的意见》，http://cpc.people.com.cn/GB/64162/71380/102565/182142/10993406.html，访问日期：2016年6月3日。

② 吴志国：《从"和合"思想来理解中国目前的政党制度与协商民主》，《湖南省社会主义学院学报》2014年第3期。

3. 新社会阶层形成和社会资源的发展

亨廷顿通过对南美洲和亚洲众多国家的长期研究认为，这些国家的政治转型有着某些共同的特点："第三波民主化运动不是由地主、农民或产业工人（除了在波兰）来领导的，几乎在每一个国家民主化最积极的支持者是来自城市中产阶级。"[①] 在各国的民主政治发展中，中产阶层成为中坚力量。在中国改革发展中也产生了新生阶层，其成员主要是民营企业中的自主创业者及拥有技术的人员，还有其他个体户、私营企业主、广大自由职业者等。[②] 我国的新社会阶层已经具有某些中产阶级的特征，其在中国政治转型中的影响力也在逐渐扩大。"新社会阶层"的概念是在 2001 年建党 80 周年纪念大会上由江泽民首次提出的。这个新兴阶层的出现成为我国协商民主发展的重要资源，他们关心国家的发展与前途并拥有能力参与协商。

4. 互联网快速发展形成技术资源

互联网技术的发展使网络社会的影响力逐渐被人们意识到，互联网技术资源具有简便性与成本低等特点，协商民主可以借势发展，从现实社会扩展到网络社会，依此不断增加自己的影响力。网络技术的发展使公民参与协商民主获得了新的平台，参与主体的参与地位逐渐平等化。互联网作为一种新的技术平台，能够有效利用社会资源，有利于节约社会成本。

我国协商民主目前发挥作用的领域还较小，影响力比较有限，在我国民主政治中的影响力并没有达到预期的效果。互联网的发展给公民提供了更加便捷的获取信息的渠道。2018 年 7 月 12 日，第十七届互联网大会指出，我国目前网民人数已达 7.72 亿。互联网的普及使更多网民有机会参与到公共事务中发表意见、讨论政策、影响决策。同时，由于网络问题逐渐凸显，党中央开始关注对网络社会的治理，国家重要举措的出台为协商民主的发展提供了稳定的网络环境。2016 年 11 月 16 日，习近平在第三届互联网大会开幕式上指出："互联网发展是无国界、无边界的，利用好、发展好、治理好互联网必须深化网络空间国际合作，携手构建网络空间命运共同体。"他提出了"平等尊重、创新发展、开放共享、安全有序"的网络空间目标。

---

① 塞缪尔·亨廷顿、刘军宁、亨廷顿：《第三波——20 世纪后期民主化浪潮》，三联书店出版社，1998，第 77 页。

② 齐杏发：《2001 年以来我国新社会阶层政治社会影响实证分析》，《理论与现代化》2007 年第 4 期。

5.基层协商民主的实践经验

选举民主与协商民主是社会主义民主政治发展的重要部分。我国的选举民主在政治活动中发挥着核心作用。但是，选举民主所具有的少数代表性与范围小的特征限制了更多的公民直接参与到民主政治的进程中。而基层协商民主正是提供了这样一种可能，更多的公民可以直接参与到我国民主政治建设中，同时在重要问题上提出自己的利益诉求，集中民智，为我国的民主化建设做出贡献。在不断的实践摸索中，我国发展出了比较有特色的几种协商民主形式，如民主恳谈会、政策听证会、民情沟通日、市民论坛、参与式预算等，这些基层协商民主形式虽不够完善，但都是我国协商民主的积极尝试。

（1）民主恳谈会。1999年6月，民主恳谈会首创于浙江省温岭市松门镇，其前身为"农业农村现代化教育论坛"，最开始，该论坛主要发挥的是向农民宣传政策以及普及其他现代化的理念的作用。在发展的过程中，松门镇的领导干部看到了论坛所发挥的积极作用，遂更加支持该论坛的开展。在论坛中，农民获得了更多的说话机会，发表自己的建议，从而增加了民众参与政治生活的信心，激发了他们的热情。1999年底，松门镇的这种民主形式在温岭市推广开来，其他乡镇也出现了更加灵活多样的民主形式。2000年以后，民主恳谈的含义更加多元，即温岭市将各级村镇出现的所有的民主形式都统称为民主恳谈。此后，民主恳谈会从村镇向非公有制企业和政府部门拓展。

民主恳谈会是官方与公民之间平等的对话与商谈，一般主要针对政府的决策进行，民主恳谈会也成为不同利益群体之间沟通的桥梁，其组织者多数为基层党组织。民主恳谈会内部本身也存在多形式与多层级，在民主恳谈会的发展过程中，各级政府抓住机遇积极支持这种民主模式的发展与完善。不仅在温岭市，民主恳谈会还迅速扩大到整个浙江省，成为基层协商民主的成功实践，促进政府基层社会治理的同时为我国基层民主决策与民主管理提供了新的路径。以前人民与政府沟通不畅，而民主恳谈会的出现恰好打破了这一隔阂，拉近了政府与基层的距离。在民主恳谈中，人们可以自由表达自己的诉求，表明自己的立场与观点。同时，民主恳谈为公民和公民与社会组织都提供了平等协商与对话的契机。民主恳谈拓宽了人们的参与渠道，提高了公民的参与效率与参与积极性。

（2）政策听证会。转型期的中国面临着前所未有的问题与挑战，在经济突飞猛进的同时，对社会的有效治理也得到党和国家的重视，在创新社会治理的过程中，公民的参与非常重要，其能够发挥有效的监督作用，同时公民的参与能够为社会治理提供更多的思路与实践经验。公共决策体制的改革重点在于引入公众参与，而听证制度是我国基层政治实践的重大突破，在立法、行政、司法部门的公共决策过程中引入听证制度已成为公众参与的新路径。听证制度是立法机关为了有效了解公民的利益诉求，满足公共利益，在制定法案当中引导公众有序参与立法过程的民主形式。①我国听证制度的发展经历了两个时期。第一阶段是 20 世纪末到党的十六大，听证制度先介入价格制定，其后逐渐向其他的领域发展，在听证制度的发展过程中逐渐摆脱了无序状态，将听证制度纳入法律的规制范畴；第二阶段是从十六大到现在，听证制度在实践中发挥的作用逐渐增大，有关听证制度的法律法规也在逐渐完善。政府在决策前利用听证的方式获取各方信息，综合各方利益，最终做出合理可行的政策，在与各方沟通中充分体现了协商民主的作用，政策听证对公权力的监督具有积极的作用。

（3）民情沟通日。"民情沟通日"实践的代表是浙江省常山县，该制度于 2005 年 11 月创建。在具体实行的过程中，常山县将每月的 10 号定为沟通日。村干部负责召集所有的村民进行民情沟通，在进行沟通之前，要确定每一期的主题。这些主题主要是与村民相关的问题，村干部与群众就这些问题展开讨论、发表看法、提出对策，最终得到解决方案，使每个与群众切身相关的问题都能得到及时有效的解决。②"听民声、察民意、知民情、解民忧、帮民富"一直都是"民情沟通日"的内核。"民情沟通日"的特点鲜明，它具有公开性的特征，村委会会就近期的问题处理情况进行通报，让村民了解事情的进展或者结果。每位村民都能够参与进来，也体现了该制度的广泛性特征，并且所有参与主体地位平等、机会均等，这种参与的广泛性和平等性与协商民主的本质相同。民情沟通重在讨论与互相商议，对彼此的分歧进行沟通交流。

常山县所创立的"民情沟通日"能够使协商民主在村民日常事务中起到协商的作用，公民拥有了参与公共事务的平台，在保障村民知情权的基础上使公民的决策权真正落到实处，在参与村务的过程中既维护了自己的利益，也增长了自身政治参与的能力。"民情沟通日"的开展使农村基层事务的解决走上制度化、规范化的道路，在原有的以村委会为代表的决策机构的基础上开辟了新的路径。理论来源于实践，"民情沟通日"的产生正是因为我国农村事务的发展逐渐复杂化、村民利益多元化、农业现代化。这一系列的发展都促使我们创

---

① 陈家刚：《协商民主与政治协商》，《学习与探索》2007 年第 2 期。

② 应小丽：《协商民主取向的村民公共参与制度创新——浙江省常山县"民情沟通日"制度调查与分析》，《浙江社会科学》2010 年第 2 期。

新基层民主决策机制，协商民主的引入能使基层民主的发展走出困境，在相互协调对话的基础上解决问题、化解矛盾。

（4）市民论坛。市民论坛是我国现阶段基层协商民主比较有效的实现形式。对协商民主理论的践行，学术界提出了很多种观点，现实层面也提出了多种方案，而市民论坛是目前实行得比较顺利的一种。

市民论坛的话题涵盖面比较广泛，包括政治、经济、文化、医疗、就业等方面，同"民情沟通日"类似，市民论坛每期也有相对固定的话题。而这些话题都是在市民的生活中急需解决或者是长期无法解决的疑难问题。市民论坛也采用代表制，这些代表从自愿报名参与论坛的市民中选择。而没有成为代表的市民可以通过其他的方式参与进来，如电话、网络等。市民论坛中政府领导、专家学者、市民代表齐聚一堂，大家就相关主题发表各自的意见、观点，进行充分的讨论与沟通。比如，南京市的市民论坛热度不断高涨，引发了全国媒体的关注，产生了积极的社会影响力。

市民论坛目前只是作为协商民主践行的一种尝试，而要通过这种形式实现真正的协商民主还为时尚早。根据学者梁莹所做的调查问卷分析目前市民普遍对"市民论坛"的看法比较消极，基本情况如图 4-2、图 4-3 所示。①

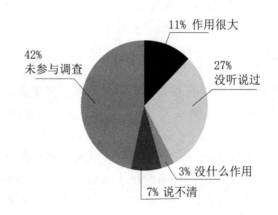

图 4-2　南京市市民对"市民论坛"发挥作用的看法

---

① 梁莹：《"市民论坛"：离协商民主到底有多远？》，《求实》2008 年第 3 期。

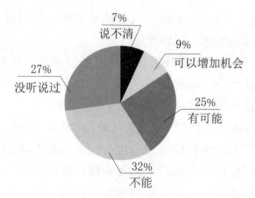

图4-3　南京市市民对"市民论坛"参与机会的看法

从数据统计可以看出，市民对协商民主的热情并不是很高，也说明在与政府进行沟通的过程中，我们还有很多工作要做。需要重点解决的是与市民沟通不足的问题，应该积极主动地去了解市民的需求与困难，即了解民情民意。从市民层面来说，每个人都要有社会责任感，维护社会公共利益是每个人的责任。民主的发展、社会的进步，需要每一位公民的参与，在共同参与中彼此协商，发挥协商民主在民主化进程中的作用。

（5）参与式预算。参与式预算是指公众可以参与地方政府在财政预算、有关项目的决策及对基础资源的分配中发挥行使公民的知情权、决策权，并对政府所做出的财政预算进行监督的民主形式。该制度最早在巴西出现，1989年在阿雷格里港市开始实行，后逐渐扩展到全巴西乃至全世界。[①]参与式预算日益发展成为一种在世界范围内具有广泛影响力的基层民主制度。普通居民可以直接对城市财政预算进行管理和决策，使民主领域进一步拓展到财政的运用上。巴西的这种民主方式很快引起了我国学术界的关注，温岭市、海宁市、无锡市、哈尔滨市是最早开始参与式预算试点的地区。从制度发展层次上来说，参与式预算是公民参与众多形式中层次较高的民主实践形式，因为参与式预算直接触及政府财政，是行使公民知情权的一种方式，可使公民了解财政的来源和用途。

20世纪90年代也是国际民主理论的转向阶段，"协商民主"开始复兴并在实践中占据重要地位，而该理论要在实践中展开，就需要在各个领域进行实验，与公民的切身利益紧密相关的财政领域就成为协商民主的实验对象，也是民主政治建设的新尝试。我国的参与式预算一般以社区和村为单位，而公民参与的部分不是所有的财政，只是那些与村民或者市民有紧密关系的资金。参与

---

① 何包钢：《近年中国地方政府参与式预算试验评析》，《贵州社会科学》2011年第6期。

预算的代表人数按照居民的一定比例进行分配。政府财政的公开是公民参与财政预算的前提，根据温岭市的预算经验，在预算过程中，要对财政支出项目进行划分，然后代表根据政府的支出计划进行讨论、对话。在这个过程中，民主恳谈会也在发挥着相当大的作用，恳谈能够配合预算工作的进行。

参与式预算是协商民主模式在行政领域的成功践行，有助于公民了解政府的财政工作，监督政府的财政运行，使我国财政更加合理化、透明化、高效化。

（五）从制度预测看协商民主的可能性

十八大报告提出了"完善协商民主制度和工作机制，推进协商民主广泛、多层、制度化发展"的要求，协商民主的制度构建成为今后的重点工作。尽管我国已经具备了一定的发展协商民主的本土资源，但是制度化实践中仍然存在诸多制约性的因素，如选举民主的进一步推进，经济在地区间的发展不平衡影响了协商的参与度及民主的效果、协商民主还没有走上法治化的道路。

1. 协商民主在我国发展的制约因素

（1）协商民主制度的共识性有待提高。随着社会的进步与发展，人民民主权利的实现得到了制度保障。人民不仅通过选举选出民意代表，代表自己行使权力，公民还被赋予了更多的权力参与到关系民生的内部公共事务的协商讨论中，真正实现了当家做主。但是，我国政治发展的目标是追求自由、平等、公正、法治，这些理念在人民群众中没有达成应有的共识，协商民主的共识性也有待提高。美国心理学家阿历克斯·英克尔斯认为："如果一个国家的人民缺乏能够赋予先进制度以生命力的广泛的现代的心理基础，如果掌握和运用先进制度的人本身在心理、思想、态度和行为上还没有经历一场向现代性的转变，那么失败和畸形的发展就是不可避免的。"[①] 所以，协商民主现阶段在中国的发展还存在诸多的困难，它对人民民主权利的保障还有待完善。但有困难我们就要去解决，协商民主制度的构建还要在我国继续下去。

（2）协商民主制度的法制化建设过程漫长。新时代，我国的民主政治建设也在逐步加强，从中央到地方颁布了不同种类、级别的文件，致力于将协商民主引入制度化的轨道，各级政府和人民政协所做的这些努力都促进了协商民主的规范化建设。但是这些文件规定都未上升到法律的高度上，同时由于对协商民主所做出的规定的范围还比较小，在实际操作中的约束力有限。要使我国的协商民主建设更加完善，具有更高的约束力，同时使协商民主成为我国公民

---

① 虞崇胜：《对我国政治体制改革性质的再认识——纪念邓小平〈党和国家领导制度的改革〉讲话发表30周年》，《探索》2010年第3期。

进行政治参与的规范化形式，必须将协商民主纳入法制化轨道，使协商民主能够按照法律的规定运行。

（3）协商民主制度化的渠道有待拓展。十八大报告中提出，我国协商民主不仅可以用到政治生活中，还可以应用到对社会、经济及其他改革等方面，协商的渠道主要有我国的政权机关、政协组织、党派团体等。同时，报告还提出了协商民主的其他形式，即专题协商、对口协商、界别协商和提案办理协商等，而且协商民主应该大力发展和倡导基层的民主协商，最终使我国的协商民主深入和扩散在政治生活中的各个领域。

协商民主的发展过程中存在诸多的困境与矛盾，而实际生活中对协商民主的需求逐渐增大，但我国目前现有体制所能提供的平台有限，这在很大程度上限制了我国社会主义协商民主的发展。第一，党际协商需要畅通的协商平台，这关系到党务工作的开展与党和党之间的沟通交流，更关系到各党组织的发展壮大。第二，随着社会主体经济的繁荣发展与社会阶层的巨大分化，阶层之间的频繁流动出现了不同的利益群体，公民的政治意识不断增强，要求更多的政治参与。所有这些新情况的出现都可以借助协商民主的优势得到有效的纾解。但是，协商民主的制度化建设是一个缓慢的过程，公众对制度的需求却远远超过协商民主的发展速度。协商民主制度化发展应该寻求突破口，所以拓展协商民主的渠道和平台便成为当务之急。

（4）协商民主制度化的动态机制仍需要完善。在新媒体时代背景下，我国社会不断向前发展，社会转型也导致社会阶层发生变化。相关利益群体更加多样化，利益诉求差异化增大，社会组织的结构在不断转变，基层民主制度也在不断成长。在改革的进程中，社会自主化发展进程不断加快，公民社会的发展和非政治团体组织的崛起，以及社会发展中出现的新情况都将更进一步推动我国的发展，并使政治社会运行的方式发生改变。

政府职能转变缓慢，在行政过程中缺乏与公众进行协商治理的主观意愿。①从目前的状况看，我国选举民主有待进一步发展，经济区域化发展不平衡导致参与不均衡，协商民主的法律法规不够健全，参与协商的主体理性相对缺乏，有关公平正义的政治素养还要继续培养。同时，协商民主的运作成本较高。这所有的要素都将成为阻碍协商民主发展的掣肘，我国的协商民主建设还有很长的路要走。

---

① 宋雷：《"微时代"我国公众网络参与的作用力研究》，硕士学位论文，复旦大学公共管理专业，2013。

平等的对话、足够的协商不但能够化解矛盾，也是增加信任的重要途径。[①]协商应该建立在各个主体平等的基础之上，包括话语的平等及其他各方面的平等。协商民主有它存在的社会空间，而这个空间就是公共领域。我国社会缺乏的是政府同公民的对话与协商，民意不通、民情不达是导致当前社会问题突出的原因之一；政府的能力不足，无法应对当前出现的纷繁复杂的问题也是原因之一；根本原因是我国目前所处的历史阶段，矛盾的集合爆发导致社会治理的难度大大增加。

2. 协商民主在我国发展的制度基础

（1）从政治协商到协商对话。我国的政治协商制度发展历经萌芽、曲折、发展的过程，现如今在中国共产党的领导下，我国的政治协商制度已经成为我国一个固定的政治制度。人民政治协商制度的性质、宗旨、任务及职权等在《中国人民政治协商会议组织法》中有明确的规定，政治协商制度得以法定化。[②]政治协商制度在此后的发展中逐渐完善。中国人民政治协商制度是协商民主的重要实践平台，我国有大量文件对政治协商制度做出了规定，比如2006年的《中共中央关于加强人民政协工作的意见》、2007年的《中国的政党制度》等。政治协商的参与主体众多，包括各个党派、社会团体、社会各界人士及在经济社会发展中涌现出的新阶层和新团体，所以政治协商的参与主体辐射广泛，具有很强的代表性。在政治协商的讨论内容上，各级人民政协会议、组织机构本着开放、包容的原则，就国家和经济社会发展中的重大方针政策和重要问题同各主体、各代表进行定期或不定期的协商，充分体现了多党合作和政治协商制度的本质要求。

中国共产党历来重视协商民主在国家发展中的作用，在民主革命时期和中华人民共和国成立初期就曾大力提倡与实施过。但是随着社会发展和社会转型，社会结构和利益分化导致了矛盾的多元化。因此，为了化解矛盾、凝聚共识，协商对话机制应运而生。当今社会，在中央和地方、政府及公民的努力下，协商对话机制在理论、制度、实践等方面都取得了较大的进步，不断推进着我国的民主化进程。

（2）探索和建构协商民主制度体系。改革开放以来，我国的协商民主领域更加广泛、层次更加丰富、形式更加多样化，协商民主的制度体系已经初具

①　周晓丽、党秀云：《西方国家的社会治理：机制、理念及其启示》，《南京社会科学》2013年第10期。

②　殷啸虎：《关于人民政协法治化问题的若干思考》，《政治与法律》2009年第5期。

规模。十八大对我国协商民主制度建设做出了整体规划，对促进我国协商民主制度体系的构建具有重要意义。在我国政治生活中，中国特色政治民主发展中形成了多种多样的民主形式，这些民主形式构成了协商民主内核的形式与要素，如人民代表大会制度、政协制度、民族区域自治制度及基层群众自治制度等。所以，为构建我国的协商民主制度，可以从以下几个方面入手。第一，人民代表大会是我国的根本政治制度，全国人民代表大会是我国的立法机关，民主化主要体现在立法协商上。所以，人大应建立立法论证和听证制度，支持公众参与立法论证，表达利益诉求。第二，要不断畅通公民利益表达渠道，广泛采纳民意，获得群众的普遍认同与支持。同时，对大众化网络协商民主高度重视和制度保障，拓宽了协商的范围和途径，丰富了协商的内容和形式。

三、民生法治理念

当前，我国社会运行的主要矛盾在于社会公共事务在内容、形式及利益处理和平衡方面的日趋复杂，而长期以来我国社会形成的高压管控治理模式之间的紧张关系也不容忽视。这种紧张关系的存在要求社会治理模式必须做出回应，有步骤、有计划地从社会管理向社会治理转变。

任何社会建设都是目标和价值的统一，价值选择决定了目标确定，而目标确定则为手段方式的运用过程提供了指导原则。正如国家治理目标的要求是治理的现代化，社会治理终究要追求的是人民利益的最大化，是生活在社会中的人民群众能够在社会治理过程中真正享受到福利，享受到个人尊严的提升。因此，社会治理的终极目标是民生。民生保障是我国长期以来非常重视的目标之一，在法治中国的建设过程中，民生保障不仅要加强对政府行政职能发挥的法治化规束，还应当重视构建相应的监督机制，以达到全面实现法治化的目的。在新媒体时代背景下，全社会对保障民生范畴内的各项基本权利有着不断提高的关注度和需求，也有着广泛的途径知悉和参与社会治理的各个方面。因此，作为社会治理基本内容的民生保障问题，不仅要求加强政府内部的权力规范和监督，还要完善和扩大外部监督机制及监督渠道，在新媒体背景下对监督的形式和内容有清晰的认识，丰富既有的监督内涵，这样才能在日新月异的社会治理过程中实现民生保障的监督功能。

（一）民生在社会治理中的表现

1. "民生"释义

与我国现代话语体系中引进的诸多外来概念不同，"民生"一词自古有之，是地道的本土表述，体现着我国古代政治思想的向度。而"民生"一词的表述，也体现出中国特有的政治思想色彩与社会治理方式向度。其中，"民"字所指的是中国古代封建社会阶层划分中居于被统治者地位的普通民众群体，"生"即是生存、生计问题。所以，"民生"一词本身既带有对普通民众群体生存问题关注的色彩，也凸显了作为统治者的官僚和贵族阶层与普通民众相区别的意义。因而，我国古代所提及的"民生"一词，更多体现的是统治阶级对被统治阶级的照看、照顾关系，即所谓"民为邦本"，民生也好，民本也罢，"民"只能是"臣民"而非"公民"。

不同历史时期的民生问题表现不同，在农耕文明为统治的封建时代，"民生"问题反映在物质层面较为普遍，管子认为"衣食足则知荣辱"。就物质层面而言，封建社会政治家关注最多的是农业的保障和发展，因为自给自足的农业经济与个人的生存境遇休戚相关，因而民生问题主要表现为保障农业生产与产出。

"民生"一词的近代化，最早由孙中山提出，在其"民生主义"的著名理念中，孙中山结合中国实际，首次将"民生"的含义进行扩展。由此，"民生"在吸收与借鉴传统儒家思想之后的含义进行了本质上的改变，批判地吸收了传统文化中的政治含义，融入西方资产阶级启蒙思想家所提出的人权思想。与此同时，民生问题也被升华到国家治理的高度。中华人民共和国成立后确立了人民主权制度，基于政治解放的民生主义有了质的变化，意味着"民生"从过去被统治阶级利益的保障上升为统治阶级自身利益的保障，民生问题也成了国家的核心要务。改革开放以来，国家各项事务的建设和推进即是以保障和改善民生为目标，"民生"的内涵逐渐从人民群众的基本生活保障扩大到丰富人民生活和保障人民幸福等方面。中共十七大报告中要求构建和谐社会，即是要着力保障和改善民生，将改革和发展的落脚点放在成果的全民共享上，让人民群众切实感受到发展带来的实惠。十八大以来，国家建设的着力点，无论是不断深化改革还是全面构建法治国家等一系列具体目标，都是在保障民生这一核心价值指引下展开的。可以看出，随着我国社会的不断发展，民生问题的内涵地在发生着变化，民生问题在整个国家和社会治理中的地位不断提高，逐渐形成了一个良性循环模式。

2. 民生在法治社会中的表现

（1）法治是推进国家治理现代化的基本向度。中国共产党第十八次全国代表大会提出法治是治国理政的基本方式；十八届三中全会将"完善中国特色社会主义制度、推进国家治理体系和治理能力现代化"作为全面深化改革的总目标；十八届四中全会又明确提出依法治国是实现国家治理体系和治理能力现代化的必然要求。这三次会议对社会治理的论断成为我国今后较长一段时间内国家治理目标、治理手段的核心指导思想。如果对"法治"和"国家治理"这两层关系进行逻辑总结，得到的结论应该是国家治理体系和治理能力现代化是当前推进和深化改革的第一要务，而法治建设，包括治理思维和治理手段的法治化，是其核心内涵和基本向度，也是实现总体目标的必然选择。

有学者提出，就国家治理而言，自中华人民共和国成立以来可以划分为三个阶段，每个阶段均可以用一个关键词概括，即"统治""管理""治理"。"统治"是对中华人民共和国成立初期到改革开放之前这一阶段国家治理核心思想的概括，所凸显的是统治阶级意志论；"管理"代表的是改革开放后的一段时期内，通过对外开放打开市场，政府治理的思路发生了转变，由过去严格统筹和计划的方式转变为试图通过调整和规制国家各项事务来达到社会良好运行的目的；"治理"是国家治理整体布局中的构成，社会治理的方式应该与国家治理保持一致，但社会治理的价值选择不同于国家治理，社会是人民群众主要生活的人文环境和区域场景，社会治理的目标在于人民生活水平的提高，在于人民自由意志的增强，在于人格尊严的维护。法治是实现治理目标的主要方式，应将社会治理的核心事项纳入法治化范畴，将法治作为国家治理现代化的基本向度。

（2）民生保障的法治生态化表现。民生问题的表现是多重的，在社会学领域、政治学领域乃至哲学领域的表现都不同。在法治领域，民生的主要表现在于公民基本权利，主要是我国公民在社会、经济、文化中的基本权利。在法治规则的范畴中，民生问题事关重大，历来为党和国家所重视。改革开放以来，随着国家富强，人民生活水平日益提高，民生问题日渐突出，要构建和谐社会，民生问题必然是重要着力点。

进入新时期以来，随着社会经济条件和物质文化生活的不断丰富，我国民生问题的范围已经扩大到了和人民群众的生产、生活、生命等切身利益密切相连的所有问题。这些问题的解决是群众心之所向，更应是党和政府工作的基石。在建设法治社会这一总体目标和大背景下，民生保障自然也应当被纳入法治化范畴。过去，民生保障的实现更多的是从行政化视角出发，由行政主体代为对关乎民生的各项事务进行统筹规划与管理，群众仅享有决策建议权。而当下，在推进法治建设的过程中，民生保障作为社会治理的核心问题之一，理应对其进行法治化转变，具体表现为公民不仅对事关民生的事项具有知情权、建议权，还对事关自己的民生事务享有法律明确规定的权利，这样就可将民生领域的公民利益确定化、法律化，能够更好地实现民生权利的保障与救济。

3. 在社会治理中民生保障的路径依赖

（1）社会治理的民生向度。第一，社会转型带动社会治理体制的创新。改革开放后，我国的国情愈加复杂，社会治理所面临的问题也更加多样化，在相应的社会治理问题上，由于法律制度的不完善及行政化色彩浓厚，治理过程中不同部门、不同地区呈现各自为战的态势，缺乏统一协调的规范治理思维与手段。这种国家建设和社会治理的态势虽然能够在经济高速发展的初期暂时应对需要，但随着物质经济条件的不断积累与丰富，各领域问题也不断凸显，社会管理的发展开始明显滞后。庆幸的是，这一时期的法制建设也从未停止，自改革开放伊始，包括立法、司法、执法和法律教育在内的国家各项法律工作得以重新开展，我国法律事业得以复苏。鉴于此，党和政府在国家治理层面提出了"依法治国"的理念。这一重大理念的提出，既是为了改进政府社会治理的思维与手段，也是为了更好地应对社会建设过程中的各项新问题。

进入新时期以来，我国迈入了社会转型期，在社会体制、社会结构和社会形态三个方面进行了深刻变革。为了更好地满足社会经济发展的需要并服务于人民群众，也为了破解社会转型带来的社会治理领域存在的深层次矛盾，政府职能转变的思路应运而生。我国长期以来国家治理中出现了一些"权力本位"等思想，这在当下严重影响社会治理的效果，民生问题在这种思想下也不能得到有效关注。虽然近年来这些思想有了极大的转变，但在本质上依然没有改观，这也是与我国国情相关。改革开放初期，经济发展成为国家更关注的问题，因此在立法上更加强调经济领域立法，在整个法律体系出现了立法上的偏重，社会管理立法方面则有所轻视。但是，近些年来，改革开放的成果逐渐体现，社会的发展也使改革初期的立法与当下社会环境不相适应，急需构建以民生保障为价值导向的监督体制。

第二，新媒体时代社会治理价值目标的民生导向。在经历精英媒体、大众媒体、个人媒体之后，不难看出，不同阶段媒体的发展与当时的社会结构关联性极强，总体而言，媒体发展的根本动力是基于社会管理需要、民众表达需要和传媒技术发展三方面共同作用的结果，不同时代下三者各自及彼此关系不同，所产生的媒体形式也呈现阶段化发展的态势。20世纪是科学技术迅速发展的时代，科技的日新月异反映在社会生活中则是引领社会发展、变迁。新媒体的概念最早在美国提出，后在美国等西方发达国家成为共识。① 相较于西方国家，

---

① 无论是社会形态、思想意识形态还是新媒体的概念最早是在1967年由美国哥伦比亚广播电视网（CBS）技术研究所所长戈尔德马克（P.Goldmark）提出。

我国在科技发展上尚处于弱势，由此导致的社会形态、新媒体等在我国发展较晚，但随着智能化科技的迅猛发展，我国社会受到了传统媒体和自媒体的多重影响。进入21世纪以来，特别是互联网的快速发展和普及，网络的便捷性使其成为当前社会生活不可或缺的重要工具。近些年，由于网络这一新的信息传递工具的加入，媒体领域发生了重要变化，其特点主要包括以下几个方面。

其一，对公共话语权的转变。网络的信息发布功能赋予了几乎每个互联网用户一定的话语表达权，将公共话语权由过去属于少数人的特权转变为一般性的社会权利。在互联网时代之前，公共话语权一直由权威机构垄断，表现为单向传播的模式。互联网的普及带来了新媒体时代，在这种情况下，社会治理中公众能够共同参与，呈现出多向性互动，而话语权也逐渐被普及到最基层的网民中，而网民在我国大抵可以指公民，由此公民具有话语权的表达，公民间的一些群体的表达权也得到了实现。

其二，对传播方式的丰富。互联网普及之前，社会公众获取信息的途径表现为单一的由传统媒体对信息进行采集、加工后进行发布的方式，在信息的传播过程中，传统媒体不仅具有其本身的媒介作用，还以其对信息处理为己任。在这其中存在两方面弊端。一方面，传统媒体对信息的采集和加工环节降低了信息发布的效率，获取实时信息变得较为困难，因而限制了公众的社会参与；另一方面，传统媒体对信息的加工环节亦是对信息进行人为的价值筛选和处理，使公众获取到的信息缺乏全面性，失去了原本的面貌。如今，互联网为新媒体的产生和发展提供了必要技术前提，提高了信息传播的效率，也缩短了信息传播的环节，增加了信息的原创性和真实性。

第三，社会治理体制创新的民生法治化面向。民生问题对整个社会的影响是深远的，因此民生问题也历来为党和国家所重视，医疗问题、教育问题、精准扶贫、农业补贴等政策的制定，以及国家的重大系列改革和困难问题的攻关，显示了党和国家对民生问题的关切。随着时间的推移，改革开放的成果越来越明显，经济发展带动社会进步，经济成果在转化为社会资源的同时，社会发展呈现出的新的阶段性特征亦更加明显。经济发展固然使我国社会发展更加迅速，但经济发展的负效应也不容忽视。例如，社会资源分配不公平，以及由此引发的一系列社会公平问题上，构成了对构建和谐社会、全面建成小康社会建设的干扰。保障民生，虽然以经济建设为基本出发点，但又不能仅局限于经济发展指标的衡量上，应当实现经济增长、社会发展、人民生活水平提高等多重资源的集合实现。民生问题本质上亦属一个法治问题，解决民生问题，需要以法治的力量来保障相关政策、措施的执行，失去法治力量保障的民生，必然得不到有效的执行，不能做到上令下行的民生保障措施也无益于法治的建设。民生与法治有着天然的联系：民生所代表的是普通公民的切身利益，社会主义制度以实现人民群众的最大利益目标为己任，民生法治化也主要围绕着人民利益展开。反之，当人民利益实现优化之后，社会达到和睦与友善，国家秩序达到安宁与井然，从而真正实现国家、社会、个人利益最大化的目标。

首先，保障和改善民生要求法治来保障公民的社会、经济、文化权利。我国宪法明确规定了我国公民享有的各项社会经济权利，如劳动权、受教育权、物质帮助权等，民生法治的首要任务是保障公民的各项社会权利，实现公民的重要基本权利。以劳动权为例，劳动者享有劳动权，法治保障民生就要保障公民的劳动权，包括劳动的权利、劳动的机会、劳动成果及取得的相关财产。由于这些保障内容、措施等往往牵扯多方面、复杂的利益，一旦丧失强有力的保障依据、手段，就必然不能得到根本执行，因此法治是这些保障的根本依据与措施。在社会治理中固然存在其他保障措施，尤以国家财政来支持公民物质生活水平为显著，但这并不具有稳定性、长期性。换言之，其并没有完善的法治依据，仅以国家财政保障公民物质生活，易落入以"以权谋私"的口实，况且该措施也不能从根本上实现改革成果惠及全民，做到资源的再分配更注重公平等。

其次，保障和改善民生要求法治营造稳定和谐的社会生活环境。安居才能乐业，构建和谐社会，使民众能够在社会发展中享有稳定的外部环境，才能在社会发展中尽可能减少隐患。要消除无序的社会状态并构建和谐社会，人治是行不通的，而法治则是最终出路。人治的效果具有暂时性，法治的长远性才能实现国家的长治久安。

最后，民生实现要求法治维护和促进社会公平与效率。民生问题的解决在公平与效率两方面存在需要平衡的价值选择，即民生的实现既要以社会总体财富的增加为己任，又要兼顾维护和促进社会公平的效果。社会的公平与正义"有着一张普洛透斯似的脸"，其内容因时代、社会、阶级的不同而不同。在现代文明社会中，以权利平等为核心的社会公平是一个完善的、有机的系统，民生问题反映在社会公平上便是以缩小贫富差距为理念。维护和促进社会公平，不能仅仅依靠市场，市场所奉行的经济规律是优胜劣汰的丛林法则，市场本身的能力无法解决社会公平问题。[1] 因此，法律制度的存在，特别是公民社会权存在的目的就在于弥补市场规律带来的马太效应。通过权利设置保障利益的普遍

---

① 何士青：《保障和改善民生的法治向度》，《法学评论》2009 年第 5 期。

获得，通过制度规则实现社会公平，通过依靠法治，保障权利、利益的享有，使改革的成果人人共享，实现小康社会的同时缩小贫富差距，最终使人民共同富裕。

（2）以民生保障为核心的社会治理路径。第一，参与主体的多元化。社会治理是公共之治，从统治、管理到治理，更新治国理念，包括更新国家治理理念、丰富和完善国家治理体系，实现国家治理体系的现代化就是要实现国家治理结构从政府一元单向治理向多元互动共治的转变，构建政府、市场和社会各负其责、协同治理的国家治理模式。[①] 我国正处于社会治理创新转型的十字路口，以路径创新、方式创新等为选择，要以社会为本，充分发掘社会活力，依托政府的资源。我国当前的社会治理的矛盾是社会治理需要政府参与而政府的性质却决定其不应当参与到社会治理中。

在实践中，政府在治理中存在倾向性，即政府对社会自治主体的把握不够准确。这是当前我国社会治理中的难点，也影响着社会自治的发展命运。社会组织的状况在社会治理中能够直观地反映出社会治理的现状。社会组织在近些年的发展充满活力，在一些立法中，立法机关通过网络调查，使各社会主体能够表达自身的诉求，在这个过程中，不乏一些社会组织通过此种途径彰显了自身的主体性精神。我国当前的很多社会组织依附于国家行政权力的存在而存在，政府的行政权力对社会组织的干扰性较大。但即便如此，近年来社会组织发展逐渐壮大，已经成为社会治理和自主发展的重要民间力量。这体现出我国社会发展的重要趋向，以及社会治理需要民间组织和力量协同。总体而言，社会组织的成长是坎坷前进的，既要实现社会组织的本质作用，又要在我国的国情中艰难前进。但是，社会组织作为多元化社会治理主体的重要组成部分，它的发展对健全和完善社会治理与监督体系具有不可或缺的重要作用和意义。因此，鼓励社会组织的发展，从治理体系及其制度保障等方面给予社会组织更大空间和更有力的支持对未来社会总体治理的发展大有裨益。

第二，权利保障的法治化。民生问题关乎全体社会民众的基本生存，其理应体现为公民各方面具体的权利。就目前而言，这些权利已经部分体现在我国的宪法中，表现为宪法所确认的公民的各项基本权利。但就宪法所规定的基本权利的种类及规定的形式而言，其还远远没有达到能够保障公民的民生权利的程度。就权利的实际效果而言，赋予权利的享有者寻求救济的权利才能够说这些权利所代表的利益实实在在地掌握在了他们手中。

（二）民生问题的司法保障与救济路径探寻

1.民生问题司法保障与救济的法治化镜像

法治社会的主要治理脉络是依靠善法来治理国家和社会，从而实现政府权力的有效规制和公民权利的保障，实现权力与权利的良性互动关系。我国社会主义法治是人民意志的根本体现，是党和国家领导人民制定和实施法律，通过法律使社会治理的方式、过程等有效进行。社会主义法治与广大劳动者密切相关，法治的主体在民，人民是法治建设的基本参与者和推动者。执法为民是社会主义法治的本质属性，政法机关工作的根本出发点和落脚点就是实现好、维护好、发展好最广大人民的根本利益，切实保障人民群众的合法权益。民生司法着眼于国家公权力的积极行使上，要求国家的主动作用与保障人权之间的互动，民生法治理念对国家行为的期待提倡积极行动、能动作为，在司法领域就是能动司法。民生司法是时代与社会主义法治相结合的集中体现，其集科学性、先进性于一体，彰显了社会主义法治鲜明的政治性和彻底的人民性。[①]

将司法的理念融入法治，可以强化国家的民生职责，使与民生问题相关的各行业通过稳固的制度化形式得以解决。我国的法治建设需要进一步的改革，而民生司法的提出可以为法治建设提供新的领域和视角，对我国的法制进程起到积极的作用。把民生思想与司法制度建设相结合，使司法体系更能反映民生，不仅如此，法律的自身价值也会得到升华，包含民生、为民服务的司法体系在运转时也将具有无限的活力。当司法活动与人民的生活和价值追求紧密相连时，必然会极大地增强民众对法治的认同感和信仰，提高守法的自觉性。当然，守法的充足的理由和动力，根源于民生利益在立法、执法、司法三个方面都得到了有效保护。立法机关立法时考虑人民需求，行政执法时处理好人民与行政部门的关系，政法机关司法时切实保障人民的合法权利和利益，立法、执法、司法协调工作机制才能真正促进民生理念的贯彻和执行。

2.民生保障与救济的路径探寻

民生问题历来为党和国家关注并非无源之水、无根之木，古语云"得民心者得天下"，民生问题是人民群众切身关心的问题，是事关国家兴亡的大问题。在转型时期的中国，解决民生问题，使社会转型平稳过渡，将是全面建成小康社会的重大历史使命能否完成的着力点。

（1）健全立法保障民生。民生问题所涉多为人民群众最基本的权利，即生存权与发展权，因此应急人民群众之所急，关注民心所向，让民主原则贯穿

---

① 孙国鸣：《关于民生司法的几点思考》，《法律适用》2013年第4期。

于立法的始终，在立法的各阶段，通过适当的途径，包括听证、座谈会等形式保障人民群众在立法中能够享有主体地位。此外，还需要将民生问题融入立法体系，在立法体系中摆正民生问题的地位，使其得到重视。

对民生立法效果的判断，一方面，体现在立法过程中的群众参与度与立法透明度；另一方面，立法的实质审核标准应该为法律的人民性，即能否体现人民的利益，保障普通公民的权利。第一，以最广大人民群众的根本利益为本，让民生立法使每个人都能感受到法律的正义，使每个人都能有尊严的生活；第二，保障弱势群体在立法中的特殊利益被照顾、被体现，特别是不应该因为弱势群体在立法中的话语权没有行使充分就忽略其应得利益。

立法应当更加科学，以保障在技术层面不违背公民基本权利。有些学者认为，立法的价值层面需要公民的参与以体现民主性，但在技术层面，立法的民主性和立法的科学性并不违背。因为民众考虑利益的"非理性"恰恰就是民众理性，对这种非理性的认可，不应该从公共利益的角度考虑，不应该把公众利益强加在公民个人利益之前，而应该遵循以下基本原则。第一，以我国经济发展现状为出发点。对民生的把握，从根本上说应以我国处于并将长期处于社会主义初级阶段的现状为依据，从而确定民生的内涵；对民生问题的解决措施，我国的经济发展现状在国情上也有地域差距，如城乡差距、贫富差距过大等都需要重点关注，尤以要倾斜照顾贫困地区、贫困人口，以法治保障使最广大人民能够共享改革开放的成果。第二，建立以公民权利保障为标准的立法科学检验。民生建设在民生立法过程中是动态的，立法的科学性也有其历史的局限性与时代的局限性，要及时对民生问题中的新情况、新困境做出立法的反应，同时要对与民生不符的或者已经得到解决的问题在立法中进行修正。第三，加强民生立法的针对性。民生问题在当前仍是社会突出问题，通过民生立法解决民生问题的针对性要求立法应更具有侧重，在人民群众关心的衣食住行等方面立法时更体现出民生性。

（2）严格执法保障民生。作为社会主义国家，我国的一切权力属于人民，执法机关及其工作人员要树立"以人为本"的执法理念。[①] 我国是社会主义人民当家作主的国家，政府及其工作人员是为人民服务的，在行政执法中，坚持"以人为本"的理念就是在执法时涉及民生问题的执法行为，应贯彻服务民生、保障民生、关注民生的理念，把人民群众的最基本的生存和发展权摆在执法首位。"以人为本"的执法理念的树立要求做到以下几点。第一，树立法律至上的观念。

---

① 王涛：《论民生保障的法治措施》，《山东社会科学》2010 年第 5 期。

法律作为民意机关的作品，是民意的集中体现，"法律保留"原则也是目前世界各国对行政权力的基本要求，严格依法执法，为权力开出"权力清单"，将不该有的权利坚决阻挡在权力清单之外，落实法律对民生问题的规定，认清权力边界，既不能失职不作为，也不能滥用行政权力。第二，巩固保障民生的责任意识。民生问题的解决是党和政府一直重点关注的问题，作为行政执法权的拥有者，以民生改善为己任，从而敢作为、有作为，以此考量行政机关的作为与不作为，以把人民群众关心的问题当作自己的问题切实对待，提高行政执法保障民生的责任意识。第三，要牢固树立为人们服务的意识和理念。执法人员在执法中要摆正自身位置，做到心系群众、牢记使命，端正权力意识，牢固树立为人民服务的宗旨，以全心全意为人民服务的态度来保障民生、解决民生问题，切实落实"以人为本"的理念。

（3）行政机关要严格依法行政。民生问题在现阶段的中国仅以市场自由运转来解决是行不通的，依靠国家宏观调控，以政府的行政手段，通过政策、制度来保障和解决民生问题才更能体现社会主义国家的优势，也能更好地解决民生问题。行政执法最终是由行政执法人员实施，这些执法人员直接面对人民群众，在履行行政执法行为时应认真履行职责，切实保障人民群众的民生权利。第一，要严格依照法律履行自己的职责。一方面，有权不能任性，要严格依照立法中的规定落实保障民生，不能不作为也不能乱作为；另一方面，对人民群众的民生诉求给予适当的帮扶。第二，要提倡人性化执法。执法人员在执法中贯彻全心全意为人民服务的宗旨，坚持以人为本，树立服务意识。

（4）公正司法保障民生。执法人员要牢固树立司法为民的理念。[①]在司法审判中，司法机关工作人员应树立服务民生的责任意识，发挥司法保障民生的职能，在司法过程中，应该建立健全公民基本权利的审判结论衡量标准。法律的存在以维护公民权利为己任，法律保障的也是公民的核心利益。但是在以往的裁判中，裁判结果承载了太多的行政目标，行政权力虽然未能直接介入判决结果，但为了实现社会的稳定有序，判决结果往往不重视公民权利的维护和发展，特别是在关于公民生存境遇的"民生"问题上。因此，司法机关工作人员在处理民生方面的案件时，应时刻牢记人权保障，真切地做到把普通公民对资源的公平占有，对个人生存境遇的改变，以及对发展机会和条件的改善放在突

---

① 司法为民理念是指司法机关工作人员在司法工作中，坚持全心全意为人民服务的宗旨，把维护最广大人民群众的根本利益作为司法工作的出发点和落脚点，在司法工作中，做到便民、利民、护民、亲民，切实维护好人民群众最关心、最直接、最现实的利益。

出位置。民生问题进入诉讼阶段，纠纷一方往往是处于弱势地位的人民群众，在司法审判中若没有廉洁奉公的精神支柱，一旦司法人员腐败，处于弱势地位的人民群众在保障自身权利的最后一道防线崩塌后便得不到救济，即使通过其他途径得到救济，也是费时费力，最终受害的还是人民群众。以此，司法人员更应廉洁奉公才能真正落实司法为民的理念。

（三）社会治理的民生法治导向

社会治理创新有多重思考维度，可以从效率、秩序及公平等方面进行考量，但从社会治理的终极目标来看，社会治理应当以民生作为价值导向。特别是在新媒体时代的背景下，社会群体的创造性和积极性需要被最大限度地激活，也只有调动民间的巨大潜力和动力，才能依靠人民群众的力量进行社会治理创新。在当前社会复杂化、利益多元化、文化多样化的环境下，国家治理的任务越发繁重，既要确保公共利益不受侵害，又要保护主流道德评价及价值观不受侵害，还要根据实际状况对个体的差异性以及个别人员的合法利益的多样诉求进行合法的保护，特别是对宪法中确认的个人自由，承认个人合理合法的多样性追求，使公民和社会组织在充满活力的基础上保持动态平衡的稳定状态。

1. 民生法治的前提——权力的规范运行

公权力在行使时总会遇到一些诱惑，它总是会给公权机构和公权人员带来一些实际利益。但是当我们坚持了善意的初衷，就可以使公众放心，使公权力的行使界限不被一些另有图谋的人所利用。而如何把握这个界限，是我们长期以来一直在探讨的一个问题。权力具有双面性，当权力的积极面发挥作用时，其便可以造福社会；相反，当权力滥用甚至不正当行使时，私权的行使必将受到极大限制。私权所至，公权所止，不加以约束和限制的权力最终就像失控的猛兽和决堤的洪水，实如"苛政猛于虎"。近几年来，我国一些执法侵权事件屡屡引起社会的关注和强烈反响，使社会产生了一些不安定因素，严重影响了社会的和谐稳定。

宪法1999年修正案确立了依法治国、建设社会主义法治国家的基本方略。同年，国务院发布了《国务院关于全面推进依法行政的决定》，要求各级政府依法执政，严格履行自己的职责。在我国长期法治建设中，政府与社会的关系并不是那么完美，政府拥有的权力广泛且绝对。但现实是行政机关与公众的联系最为紧密，而且对经济和社会发展影响最大，这些也决定了它是一个庞大的机构。因而，邓小平也认为政府包揽太多，这其中的弊端也导致效率低下，容易对一些问题产生积压，不利于民生发展。[①] 政府权力过于集中，一方面，导致政府对社会生活大包大揽，影响着群众的积极性和创造性，公众参与社会治理的权利也必然会受到限制；另一方面，增加了政府的管理成本，过于集权的政府必然需要更多的人来处理问题，这就形成了一个恶性循环，政府为此花费更多的人力、物力，在政府该履行其本职工作时则显得捉襟见肘。由于政府职能的实现需要财政收入作为支撑，过于集权的政府即使政府职能发生"变质"，过度的内耗使政府不能承担其本职的管理社会的职能，又影响地方经济的发展，尤其是影响当地群众的生存和发展。过于集权的政府在权力得不到有效监督时，绝对的权力造成了政府的腐败。任何权力都应该是有限的，政府的权力更应得到限制，否则权力寻租在绝对权力面前必然发生，一旦权力开始寻租，不仅会对政府的合法性产生质的损害，还会削弱政府的职能。

2. 以民生为导向的社会治理运行要件

（1）程序守法。行政程序法是行政权力规范最重要的环节，程序对权力的界限加以明确，当权力的行使超出这一界限时，监督机关就可以对其进行警告和制裁，也使民众对其行为进行进一步的监督，并使民众在监督过程中更有获得感。再者，一旦权力的行使违反法定程序，可以强化行政工作人员依法办事的意识，使法治的观念深入人心。在民生保障问题上，行政机关是否能够很好地保障涉及民生的各项公民权利，程序法是一个重要的保障，它限制或者一定程度上杜绝了行政执法过程中难以把控的以目的性为指向和引导的自由裁量权和决定权。"由人来执法，但是由法律来说话"，这样的执法模式是降低执法任意性、确保法律政策贯彻落实的必然选择。因此，在以民生为导向的权力规范过程中，程序手法既是重要的民生保障路径，也是重要的权力规范手段。

程序公正实体公正，程序不公实体难保公正。我们要将行政立法、许可、救济等行为都纳入法定程序。一套严格的执法配套程序不仅规定执法人员执法的权限、违法责任，还应包含对相对人的救济措施的规定，这样才能使行政机关的每一项决定都有凭有据，都能得到民众的认可和客观的评价。

（2）行政责任明确。在民生保障领域，为了做到行政责任法定，我们要

---

① 邓小平认为："它同我们长期认为社会主义制度和计划管理制度必须对经济、政治、文化、社会都实行中央高度集权的管理体制有密切关系。我们的各级领导机关，都管了许多不该管、管不好、管不了的事，这些事只要有一定的规章，放在下面，放在企业、事业、社会单位，让他们真正按照民主集中制自行处理，本来可以很好办，但是统统拿到党政领导机关、拿到中央部门来，就很难办。谁也没有这样的神通，能够办这么繁重而生疏的事情。"

建立健全决策责任制，权力的行使不是任意的，建立权力和责任相对等的机制，有效限制决策者的恣意，确保在对公民各项权利进行保障的过程中，公权力的行使具有正当性、合法性。同时，在权力与责任相配套的机制约束下，使决策者明确权力范围，依法行使权力，以防止"首长工程""形象工程""政绩工程"再次出现，避免权力到位而责任没有到位。

（3）监督行政。建立健全过错责任追究制度，从效能、责任、监督的原则出发，将权力与监督进行有效的制衡和有益的尝试。行政执法中的违法行为多种多样，应该对典型违法行为集中整治，尤其对于产生不良后果的违法执法，应对责任人进行过错责任追究。

综上，在建立健全民生保障制度的同时，我们也应当重视构建对行政机关民生保障的监督机制。有权力，必有监督。尤其是近两年新媒体的勃发，使人们更重视自身的权益，因此对公权力的实行也愈发关注。为了公权力的实行不被个别人的违法行为而影响，就应在健全制度的同时，对监督制度加以完善。尤其是利用现代自媒体技术的发展及其特点，对权力机关进行全面的、层次分明的监督，以此来促进权力机关的法治化发展和加深人们对权力机关的信任感。

3. 新媒体时代权力规范路径

权力的正确行使需要权力监督机制的保障。权力监督机制的运行需要充分发挥多途径、多主体的监督，再进一步整合各种监督资源，形成一套覆盖面广、包含主体多、内外结合的完整监督机制。此外，在对权力监督中要明确各监督主体的权力范围，做到各司其职又互相配合，形成良好的权力监督运行机制，杜绝权力监督空白地带，确保权力行使必有监督。

（1）确保监督机构具有独立性和权威性。权力的监督需要的力度不比权力的运行小，这就要求在实施权力监督时，必须建立一套相对独立并且拥有比受监督的权力高的机构及监督措施，这一机构具有相对独立性，在监督权力时能够拥有较大的自主性。同时，该监督机构自身也需要较强的权威性，否则即使赋予该机构权力，没有权威的权力必然得不到尊重，那么监督也就无从谈起。因此，该机构最适合的就是独立的第三方机构，而该机构又为人民群众所熟悉并接受。另外，要扩大反腐败机关的权力，使监督手段多样化。结合我国当前社会环境，建立以纪检、监察、审计、反贪四位一体的监督体系，应在此基础上进行完善，使四部门能够更好地协调、统筹，既互相配合又分工独立。在此情形下，完善的监督体系才能形成合力、发挥优势，才能有效惩治腐败。

（2）发挥公众监督作用。我们党的工作思想要求从群众中来、到群众中去，发挥公众监督就是要发动广大人民群众的力量，让守法者对违法者进行监督，让权力行使的相对人对行使者进行监督，这种监督是最难的，但也是最有效的。发挥群众监督，就要赋予群众监督的途径、方式，当前形势下，群众监督多为举报、揭发、信访等途径，这些途径虽然发挥了积极作用，但是结合新媒体，可以在这些途径中增加网络监督的方式，并且该方式最好是匿名的。尤其对这些监督途径的互联网管理者，应严格保密所掌握的群众信息；对打击报复举报、申控人的行为，要依法追究刑事责任。

（3）加强法律监督。我国宪法规定，一切国家机关都必须遵守宪法和法律。法律监督就是对权力的规则控制，法律法规的制定便在于控权，保障权力在法律的轨道中运行。通过法律的实施，使易越轨的权力能够在社会生活的各阶段得到控制，一旦越权，就会受到法律制裁。法律监督的最主要的意义在于可以预防和惩治，法律的意义就在于此，当预防失效时便可以进行惩治，法律的最终目的不是惩治，而是预防，但现实需要这两者相结合，才能发挥法律监督的作用。始终把握法律监督职能，把监督的各阶段相结合，才能发挥法律监督的优势。

（4）加强舆论监督。舆论监督权也称批评权，舆论监督往往体现在对社会一些阴暗面的监督，它主要通过对一些事情进行客观公正的报道，来引起公众和政府管理者的关注，从而解决问题。权力的运行需要监督，但是权力是如何运行的，普通大众并不清楚，而权力行使者对权力的态度又影响权力是否会滥用，此时批评权就可以发挥监督作用，从而对用权者产生震慑作用。在现代法治社会，公众参与监督最主要的方式就是新闻舆论，新媒体时代下，每个人都可以成为新闻，也可以成为新闻的发布者。然而，我国当前的新闻媒体还无法做到充分发挥其应有的监督作用，其根源在于我国对新闻立法不够完备，截至目前，我国也未有一部专门的新闻法。也正因此，法律对新闻媒体的保护不够充分，新闻媒体的舆论监督发挥作用的可能性及发挥作用的大小就值得商榷了。当前，要发挥舆论监督作用，就要建立新闻舆论监督的法律制度，规范新闻媒体进行舆论报道的新闻线索来源、报道方式、采访途径、责任承担等。这些措施及规范要求我国有一部新闻法，对舆论监督机构的工作人员及新闻从业者的权利义务进行划分，使舆论监督有法可依，在法律范围内进行。[1]同时，新闻是自由的，要保障舆论监督，就应该减少行政权力对舆论的干涉。但现实情况是，由于法律不健全，舆论监督出现了行政干预从而导致地方保护主义，舆论监督

---

① 池秀梅：《浅谈当前反腐形式下的新闻舆论监督》，《福建商业高等专科学校学报》2003 年第 3 期。

的作用无法体现，也间接反映出目前个别权力拥有者的权力滥用已经非常严重。由此，各级政府及公众都应加强认识。舆论监督的不到位必然会引发权力的腐败，从而阻碍经济发展。在进行舆论监督时，任何人或单位都应积极配合，如实反映情况，这既是对新闻媒体的尊重，也是对权力的尊重。

（5）协同作战。舆论监督是对权力的"柔性监督"，它具有客观性、影响力，但并无法律的约束力，在进行权力监督时，舆论监督需要通过与其他监督途径相互配合才能实现监督作用的最大化。舆论监督由于不具备法律效力，因此还需要司法监督与其相结合，针对舆论所指向的问题，发挥司法监督的作用，从而实现"柔性监督"到"刚性监督"的转化。同时，不仅是司法监督与舆论监督协同配合，人大监督、监察、审计等部门都需要与舆论监督建立通畅的沟通渠道，善于从舆论中发现线索，从而对权力进行监督，这也是从侧面支持舆论监督，从而形成良好的监督环境与秩序。

四、社会治理的法治文化软实力价值取向

2013 年 11 月，党中央通过《中共中央关于全面深化改革若干重大问题的决定》对全面深化改革进行了明确，把"推进国家治理体系和治理能力现代化"提升到党和国家领导全面深化改革的总目标的高度。而"推进国家治理体系和治理能力现代化"的应有内涵之意便是依法治国。[①]

由此观之，法治思想是贯彻依法治国或社会治理的核心思想。社会治理创新实践中，贯彻法治理念需要提升国家的法治文化软实力，其具体途径包含以下四点。一是培养法律信仰，维护法律权威，增强法治文化软实力的吸引力；二是转变法治文化的宣传与教育机制，增强法治文化软实力的渗透力；三是深入法治文化理论研究，增强法治文化软实力的创新力；四是健全公众参与机制，增强法治文化软实力的影响力。

（一）在社会治理中增强法治文化的吸引力

当前，我国正在努力构建"三位一体"的法治国家、法治政府、法治社会且已经取得一定成效。随着时代的不断发展，尤其是民主法治国家的建设，法治作为治理方式的一种形式，植根于成文法的制定或习惯法、判例法的发展，但无论何种形式，都以一定的法律来为法治发展提供"工具"。当然，绝对的"法律工具论"是应当摒弃的，但不可否认的是，法律与法治的关系是二元共生的，

---

① 莫纪宏：《国家治理体系和治理能力现代化于法治化》，《法学杂志》2014 年第 4 期。

法治在社会治理中发挥价值功能，法律作为法治发挥着作用的外在表现形式，亦有其自身的价值属性。

在社会治理中依靠法治，发挥法的作用，以程序法为社会治理提供法律保障，规范各主体参与社会治理的方式、参与主体的资格等；以实体法为社会治理制度提供保障，完善社会治理立法，在立法中把握民生，使所立之法不仅与社会发展相适应，还具备法律的权威性。由法律的权威性和法律的完整性催生社会治理的法律文化，进而培育社会主体对法律的信仰。

由于我国社会发展的特殊性，在长达五千多年的社会发展中，各个时期留下的治理理念对当代社会治理具有深远的借鉴意义。以其对当今社会影响的载体来看，古人的智慧尤以法律体现得较为明显。以当下论之，具有中国特色的社会主义法律体系已经形成，深入研究、反思后不难发现，我国的法律体系虽已形成，但其与西方国家法律体系有相似性，而我国的法律传统文化中的法律奖励经验却已被抛弃。① 社会治理创新所论并不仅仅是方式创新、制度创新，在我国当前社会中，社会治理创新应以法治为基础，还应兼收并蓄，吸收我国传统法律文化中的合理内核，在社会治理中不断形成独具特色的法治文化，使我国的社会治理更具合理性、有效性，同时在自身发展的同时更能"走出去"，使我国的社会治理更能体现法治理念、更具法治文化自信，也更加具有吸引力。

（二）在社会治理中提升法治文化的渗透力

社会治理离不开社会主体的参与，如何保障参与主体能够有效地参与到社会治理中，切实发挥社会治理的应有作用，需要法治文化的指引，这就要求法治文化在我国有深刻积淀，保证其能够有效发挥作用。

我国当前的法律体系已经建成，相对的法律文化已成规模，但问题在于，法律文化更加强调的是制度的设计、法律的制定，其更倾向于法制。法治文化的发展更倾向于治理，作为一种治理的方式，它直接作用于社会主体，其不仅是一种规则文化、治理文化、生活文化，还是一种文化自觉，在法治文化语境下的治理，是人们自省、自制、自发形成的规则自治或者依法自律，国家强制力反而退居其次。②

法治文化在我国现阶段已经逐渐被重视，但社会主体接触的更多的是法律文化，虽然法律文化与法治文化具有一定的相似性，但社会治理中要求治理在法治文化的指引下进行。因此，由法律文化向法治文化的转变、发展为一种较

① 倪正茂：《从法律激励看对中国法律文化传统的继承》，《法学》2014年第1期。

② 梁平：《语义与实践：中国特色法治文化及其建设进路探究》，《法学杂志》2013年第3期。

为便捷的培养社会治理法治文化的方式。

我国当前的法律文化较为丰富，但其发展为法治文化，则应从以下几方面进行。

第一，转变法律宣传方式。我国现在已经开展了多种形式的法律宣传，国家设立每年 12 月 4 日为普法日，并进行多种形式的法律宣传，其虽能够取得一定的成效，但局限性也较为明显，一是内容局限，普法活动中大部分进行的是对法律规定的"释法"活动，受众接受的也是较为单一的法律知识；二是时间的局限性，法律的宣传往往并非一朝一夕能够完成的，它需要一定的时间积累，并对受众形成潜移默化的影响。

法律文化向法治文化的转变是一个过程，在该过程中，坚持以法治宣传替代法律宣传，由简单的法律法规的阐释向法治文化所包含的公平正义等内容的解读转变，不以时间为局限，以政府机构为基础设立相关的办公场所，以及主动向社会主体普及法治文化。

第二，优化教育方式。我国当前的现状是法学教育在大学阶段进行，其他学习阶段多以文化教育基础上的德育和政治教育为主，法治以及法律教育较为薄弱。相对而言，一名学生通过几年的系统学习才能具有相当的法治思想，可见法治文化并非一朝一夕形成的。而且在法治教育中，功利性导向较为明显，教育中渗透的权利义务中，权利意识较为强烈，导致权利义务意识不对等，反映在社会治理中则是参与主体较为重视自身利益，而忽视了应承担的义务。

教育方式的优化可以在法治文化的发展与宣传中培养更多具有法治思想、法治理念的社会主体，更具意义的是在运用自身所学去解决问题时，可以不自觉地把法治文化渗透到社会治理中，更进一步的，社会主体的法治文化会在这部分人的潜移默化下逐渐受到熏陶，这种无形中的教育在法治文化培养中是较为有效的。

（三）在社会治理中增强法治文化的创新力

"软实力"一词是由美国哈佛大学肯尼迪政府学院教授约瑟夫·奈于 20 世纪 90 年代提出的，主要包括一国除经济及军事以外的文化、价值观、意识形态第三方面的实力。现如今的国际竞争中，"软实力"通常伴随"文化软实力"一词出现，"软实力"一词从产生之初便具备国际化视野。对于社会管理创新的法治生态而言，文化软实力的核心在于法治文化的理论研究与实际渗透，即提升法治文化对社会管理创新影响力，通过提升本土文化软实力进而扩大国际影响力。

目前，我国学术界对"法治文化"一词的理解主要包含狭义与广义两方面。广义的法治文化包含实体与精神两个层面的内容，实体层面不仅包含法律现象本身，还包含法律规范、法律制度、法律类组织机构等内容；精神层面则主要包括思想、意识、情感等组成部分。而狭义的法治文化重在强调精神层面的内容，即法治文化主要指向人们的法律思想、法律意思、法律价值取向等。作为一种无形的支撑力，法治文化是一种具有价值导向的先进文化。法治文化是指与法治紧密关联，体现着法治的精神和理念、原则和制度、运作实践和生活方式的进步文化形态，其实质和核心是一种现代人的法文化共识、价值取向和行为方式。①在社会治理的现实中，法治文化通常体现为狭义的法治文化。现如今，改善与创新社会治理能力的方式需要以法治文化理论作为价值指导。

理论以实践的开展为前提，法治文化理论研究始终脱离不了社会治理实践。目前，对法治文化的内涵研究都是以西方的法治文化为坐标的。②所以，在本土化的法治文化培育过程中，必须把握法治实践中所出现的新问题、新规律并使之特色化。法治文化理论研究的最终目的是提升文化软实力，增强文化创新力。法治文化创新力必须确立法律至上的意识，法治精神意识是法治文化的核心内容，法治文化是法治的灵魂，是法治社会的重要精神支柱和内在动力。③本土文化的支撑是增强法治文化创新力的前提。目前，我国正大力倡导文化自信，即立足于本土传统法治文化，从历史与经验中总结符合当今时代发展的法治文化。同时，结合我国具体的核心价值观，从文化传统、现今价值中培养自己独立而自由的法治意识、文化自信，不断提升法治文化的创新力。

（四）在社会治理中增强法治文化的影响力

在创新社会治理过程中，公众是社会治理的对象，由此必须健全公众参与社会治理的机制。我国宪法、法律、行政法规、地方性法规、规章等一些规范性文件对公众参与做出了规定，但公众参与的框架制度并不够健全，公众参与的法律依据及参与范围仍有缺失。因此，法治文化可以有效弥补公众参与机制的缺陷，使公众更好地融入社会治理中，增强法治文化的影响力。

健全与完善公众参与机制必须大力弘扬当代法治文化，充分调动公众参与社会治理的积极性。1985 年 11 月，全国人大常委会通过了《关于在公民中基

① 孙育玮：《和谐社会法治文化命题的理论与实践》，《法学》2006 年第 6 期。

② 赵学昌：《试论法治文化的培育》，《当代教育论坛》2007 年第 7 期。

③ 杨景海：《科学发展观与西部法治建设——第三届"中国·西部法治论坛"论文集》，甘肃人民出版社,2008，第 243 页。

本普及法律常识的决议》，中共中央、国务院批转了中央宣传部、司法部《关于向全体公民基本普及法律常识的五年规划》，并发出通知。该决议与通知体现了国家层面对普法教育的认可。由此，必须大力开展法治宣传工作，创新法治宣传的方式。普法宣传的形式要满足受众群体的需求，全方位、有特色、有重点地开展普法宣传。普法宣传绝不是法律条文的诵读，重点在于向大众解释法律规定的原因，公众只有了解其内在缘由后才能激发参与的热情。法治宣传的目的也不单单是培育遵纪守法的好公民，更重要的是通过法治宣传使公众树立法治观念，形成法律信仰，其目的是让更多的民众参与其中。

此外，大力推进法治教育，教育是主动与被动相结合的双向接受的过程。公众通过法治教育这一被动的形式建立法律信仰，从而转变为主动学习。当然，教育的发展是一个循序渐进的过程，而信仰的形成是岁月累积的结果。因此，必须加强法治基础教育，针对不同年龄段的人群进行相应的基础教育，可以为社会的法治文化奠定基础。

法治文化作为一种价值导向，它作用于社会大众的方式多种多样，不仅包含讲座、法治教育，还包含影视作品、文学作品等。通过大众所喜闻乐见的方式宣传法治文化是一个双赢的过程。社会的法治化进程需要具备法治文化素养的公民，而社会的创新管理也不能脱离最基层的民众。法治文化的宣传可以有效健全公众参与机制，让更多的人分享法治文化的发展成果，进而扩大法治文化软实力的影响力。

第五章 社会治理创新的法律机制研究

一、社会治理的协同创新机制

（一）协同创新机制的内涵

策略管理之父安索夫于 1957 年提出协同概念后，我国的学者就一直致力于"协同理论"的相关研究。安索夫认为，协同是企业之间在资源共享的基础上具有的共生共长的关系。德国著名教育学家赫尔曼·哈肯是系统提出协同理论的学者，他于 1977 年提出了"协同"理论，对协同问题进行了研究。他认为，"协同"是远离平衡的开放系统中具有差异性的组成部分之间相互协调、补充，自组织地产生出系统的有序时空结构和功能，它是自组织行为产生的重要条件。[①]协同强调合作。"协同"的基本特征是慢变量，慢变量使社会系统远离旧的秩序，创造新的社会结构，但是新的结构又会吸收旧秩序中的优点，它们之间相互制约、相互影响，表现出一种协同的运动。但是这种协同运动并不稳定，当系统出现变化时，慢变量之间产生竞争，竞争的结果只有一种慢变量成为主力，控制整个系统，这个主宰的慢变量会规整、调和整个系统的趋势，使其成为一个有组织、功能有序的系统。

"协同创新"是"协同理论"的重要名词，多用于管理学领域。它是一种

[①] 哈肯：《高等协同学》，郭治安译，科学出版社，1989，第 87 页。

分享机制，是具有共同目标、动力的企业或组织等创新主体通过现代的信息技术分享各自的思想、技术等，最终达到交流合作的目的。"机制"是指做事的制度及方法或是制度化了的方法。"社会治理的协同创新机制"主要是指把社会治理过程中涉及的主体、权利及各种资源进行协调，由于各资源之间既有竞争又有合作，因此可以通过采取措施保障其各方面的平衡，促进社会治理的进步与发展。具体来说，协同创新机制包括四个方面。首先，应科学整合资源，建立协同创新机制，实现稳定发展与适度竞争相结合；其次，加强风险监管，强化责任预警机制，实现多维制衡与纠纷免除相统一；再次，有效权利保障，防止社会排斥，实现社会平等参与与成果共享相包容；最后，要确定创新主体，实现方法法治化与管理过程的精细化。

（二）社会治理与协同创新机制

从十八大以来，我党的多次重要会议都提出要加强社会管理和社会治理方面的创新。由"社会管理"到"社会治理"，仅仅是一字之差，却反映出我国关于社会治理的创新模式的改变。传统的社会治理模式强调国家的管理作用，在追求法治化的进程中，社会管理模式已经不再适应社会发展的需要，只有社会治理才能应对当今复杂的社会背景。我国现在正处于自媒体时代，互联网的发展引发社会治理中的一系列问题，在依法治国背景下，我国追求的是法治化国家，但在社会治理过程中相关立法滞后、法治观念缺失、法治文化落后、社会治理执法困难重重，这些因素无不影响着国家社会治理的法治化进程。新时期社会治理具有网格化、多样化的特性，这要求社会治理不能按照传统的模式，通过协同创新机制打破现有的线性模式，因时制宜、因地制宜地加强社会治理，实现社会治理的法治化。协同治理创新机制具有整合资源、保障权利等多方面的优势和作用，对加强社会治理、实现社会治理的法治化起到重要作用。协同创新机制与社会治理的关系复杂多样，理解它们之间的关系能够更好地促进社会治理的发展。

1. 协同创新机制是社会治理的保障

协同创新机制的内容较为丰富，包含社会治理的方方面面，它以一种全新的视角开启新的模式，它反映和指出社会治理复杂现象的内在规律性。协同创新机制的作用如同一个协调者，为了加强社会治理各要素之间的合作与互动，它根据各自的特点，以协商互动的模式策划出适合各要素的行动方案。在协同创新的过程中，社会治理的主体通过积极参与与合作，不断加强和提高社会治理现代化进程。此外，协同创新机制和社会治理的内容与策略具有同质性，它可以及时有效地分析社会治理中出现的问题，结合社会治理的特点，有针对性地提出解决的方法。

2. 社会治理的事务复杂性需要协同治理创新

社会是一个复杂的系统，社会治理是解决社会事务、应对社会危机、追求中国法治化进程、适应世界全球化发展的重要策略和方法。协同机制是社会治理的创新模式，社会治理离不开协同创新机制。社会治理是和谐社会不可缺少的过程，它有利于维护广大人民群众的权利，也有利于化解社会矛盾，改善人民的生活，最终实现社会公平。社会治理的内容涉及科学、教育、文化、卫生、医疗、住房、公共安全等各方面，它强调多元主体的参与，是一项复杂而烦琐的工程。社会治理的政策与措施不可能很好地照顾到涉及内容的每一方面，社会治理过程中出现问题是不可避免的。而协同创新机制在社会治理方面的创新机制（包括治理主体的多元化、治理手段的刚性化及治理文化的民主化）是新时期社会治理所欠缺的。协同创新机制的特性能使其照顾到社会治理的各方面内容，对不同的领域提出有针对性的措施，进而解决问题，实现社会治理的法治化。

在全球治理趋势下，中国社会治理需要协同创新。在新媒体时代背景下，全球化的进程不断加快，全球化不仅是经济全球化、社会全球化、文化全球化，还是政治全球化，社会治理是政治生活的重要组成部分，全球化趋势的加强也促使社会治理的作用更加明显。我国当前正处于社会转型期，各阶层利益的分化性加上社会结构的多元复杂性导致社会问题比较严重，我国的市场经济之路、法治化发展之路有待加强，学习全球化治理中的协同治理模式显得非常必要。协同治理机制不仅能够加强我国的法治化进程，还有利于适应全球化治理趋势。

3. 服务型政府需要社会治理的协同创新

在我国不断追求法治化的进程中，党和国家一直提倡要建立"服务型政府"。服务型政府不完全等同于有限政府，政府为人民服务是无限的，又是有限的。所谓"服务型政府"是指，政府成立以后，它的功能和作用就是为人民服务，政府工作人员只有全心全意为人民服务，而没有自己的私人利益。人民建立政府，目的在于为自己提供公共服务。然而，在现实生活中，服务型政府的建立和实现却困难重重，政府人员毕竟是一个个独立的个体，"私"的本质特征不可能完全转变为"公"的根本服务，他们有自己的私人圈子，有自己的家人朋友，他们在履行自己的职责时难免会发生冲突。所以，完全的服务型政府不易建立，此时需要社会治理的协同创新。虽然建立服务型政府较为艰难，但是社会治理却能促成其建立。服务型政府的建设并不是一帆风顺、没有阻力的。在服务型政府中，过度的垄断、竞争，产品安全和价格问题，交易的公平问题及欺诈问题，对消费者人身权、财产权的侵害，生产经营者的责任等问题都是影响社会治理的阻碍。①服务型政府打破了传统的管制型特征，突出治理的作用，强调广大人民群众的利益，控制国家权力，保障人民权利，而这些都是真正服务型政府的优势所在。因此，社会协同创新机制应该发挥其优势，为解决实施服务型政府过程中的困难提出切实可行的方案，维护人民群众的利益。

（三）协同创新机制的基本原则

2007 年 10 月，中国共产党第十七次全国代表大会设想出一个全新的社会管理格局——"健全党委领导、政府负责、社会协同、公众参与"，并以此为工作、发展导向。2010 年 10 月，中国共产党十七届五中全会强调，要"加强社会管理能力建设，创新社会管理机制，切实维护社会和谐稳定"。2015 年10 月召开的十八届五中全会提出要加强和创新社会治理。②历经数年之久，社会管理已跃步成为社会治理。在实现这一新格局的路上，面对城市化的快速推进、单位制逐步弱化、社会保障不健全、利益主体多元化等挑战，治理理念必须增加创新力，本着服务人民的宗旨以多元化主体协同创新的新机制，使社会充满活力，从而达到善治的境界。为此，针对当下实情，以治理领域的普遍原则统筹规划治理方略是不可或缺的。

1. 参与主体多元化

协同创新机制的一大特征就是"协同性"，它意味着成为序参量的主体将很大程度上决定协同机制的成效。③因此，协同创新机制的原则之一就是参与主体多元化，以此吸取优质"序参量"。

这一原则主要包含两个方面的内容。第一，鼓励社会主体积极成为协同创新机制中的元素，以自身专长服务于社会治理。社会协同创新治理，需要不断增强社会成员流动性，促进"单位人"向"社会人""社区人"转变。具有能动性的个人，不局限于以私人经济利益为圆点、以工作范围为半径的单位圈中，

---

① 姜明安：《行政法与行政诉讼法》，北京大学出版社、高等教育出版社，2015，第104页。
② 谢志强：《创新社会治理：治什么谁来治怎么治——我国加强和创新社会治理面临的问题挑战与对策建议》，《光明日报》2016 年 7 月 13 日第 10 版。
③ 序参量是苏联著名理论物理学家朗道在研究平衡相变时最先提出来的，是针对系统相变后和相变前相比出现的宏观上的物理性能或结构而言的，是描述系统有序程度的物理参量。序参量只要在系统内部自组织地产生出来，就会取得支配地位，主宰整个系统的演化，形成方向一致的整体运动。

而是分散到多个体现社会生活的新领域，增加泛中心化的面积，使个体的每个接触点都能对社会治理做出及时反馈，同时能将自身需求与治理意见甚至治理举措直接应用在社会治理实际中。这不仅是性质上和所处位置上的变化，在数量上也需要进行扩充。社会事务繁杂多样，协同治理旨在多人管控，从而做到多管齐下，以应对纷繁变化的治理工作。第二，强调党委领导、政府负责，多元主体共生共享。社会治理协同创新要求众人合力。如果在主体合作中无纪律、无秩序，结果只能是事倍功半。因此，在社会协同创新治理中，必须强调向心力和核心力，党委统一领导，政府统一负责。由以往党政合一的国家管理模式，到社会协同创新治理模式，国家事务也由统揽管理逐步分工协作。党委和政府作为核心主体，要发挥与主导地位相协调的作用，积极而科学地搭建功能平台，做好对其他社会治理主体的引导和培育工作，同时负责制度保障，分清公权力与私权利的界限。

2. 职能内容服务化

治理理论发展至今，国外相关理论界对治理主体的认识，可以分为三个时期。第一个时期是在第二次世界大战之后，当时认为社会治理的主体是国家。受凯恩斯主义和福利国家思潮的影响，公共行政理论占据了主流，社会政策等一系列事务由国家统一管理。第二个时期大约是1980年之后，提倡公共治理。新公共治理理论是以借鉴企业治理经验为特征，该理论的兴起意味着政府的职能是掌舵，而不是划桨。这主要体现在美国学者盖布勒和奥斯本在《重塑政府》一书中：许多政府职责可以通过合同外包出去。第三个时期是21世纪初，主张由公共治理转向公共服务。此时，新公共服务理论兴起，该理论的代表人物登哈特在其《新公共服务》一书中提出，政府的职责是服务，而不是掌舵，政府要尽量满足公民个性化的需求，而不是替民做主。从上述治理主体的发展历程来看，由"管理"到"服务"是符合社会治理的发展规律的，在构建中国特色社会治理新格局的过程中，应当转化治理理念，使职能内容逐渐倾向于服务型。

"同资产阶级的政党相反，工人阶级的政党不是把人民群众当作自己的工具，而是自觉地认定自己是人民群众在特定的历史时期为完成特定的历史任务的一种工具。"[①]党和国家在社会治理协同创新机制中，是前行的总舵手，是为人民服务的力量主体。

近年来，政府工作报告多次提及"建设服务型政府"，强调以服务促进治理，

---

① 邓小平：《邓小平文选（第一卷）》，人民出版社，1994，第218页。

积极转变政府执政理念，改变社会治理工作手段，推进服务型治理主体建设，强化公共服务职能，把社会治理寓于服务之中。

3. 主体位阶消融化

在协同社会治理中，传统体制的惯性思维产生了一定的负面影响，集中表现为治理观念滞后、本末倒置、主次失常、社会治理的价值取向错位。有些部门在履行社会治理职能时，并不是将"以人为本""公民本位""社会本位""权益本位"作为社会治理的价值导向，而是以"官本位""政府本位"为价值取向，严重影响了政府社会治理职能的发挥。[①] 市场多元主体是由趋向市场的改革催生而来的，在改变单一的所有制结构的同时，如何协调不同阶层、不同利益群体的诉求，解决各类社会矛盾，对社会治理提出了新的挑战。而这类问题主要产生于位阶分化思想，公正平等并未能真正深入当下的治理创新实务中。

主体位阶消融化就是要求在社会治理中，从"官本位"思想转变为"以人为本"思想，让治理权限在整个社会中自由流动，打破封闭式阶层权利趋向一致的局面，同时尊重主体差异，协调治理系统间的利益分配。

主体位阶消融化一方面，要求提升公众的权利意识和参与意识，积极投身到社会事务管理之中；另一方面，要求推进国家治理体系和治理能力现代化，同时密切关注整个社会全局中各个阶层的利益关系及其经济文化等方面的发展变化及趋势。在掌握真实情况后，总结发展规律，据此对先前已有的体制进行改革，适时制订出合理的新政策、新措施，统筹协调好社会各阶层的利益关系，逐步建立起适应社会主义市场经济体制的利益分配机制。改革的目标之一就是构建人人都能享有改革带来的"获得感"的社会，这将在通过全面深化改革、努力协调好社会各阶层之间的利益关系的基础上，逐步推进以至最终实现。

另外，社会治理协同也要尊重差异协同。[②] 社会系统学研究人员曾指出，任何协同系统都包含三个基本要素，即协同意愿、共同目标和信息沟通。[③] 这些都建立在差异性的基础上。每个群体的发展都需要各个成员之间的差异性，以及包容着差异性的协同性。协同创新机制中的主体以整体共同目标为目标，但也要保持自身特质。协同性确实要防止过分差异，但绝不是彻底同化。

① 谢志强：创新社会治理：治什么谁来治怎么治——我国加强和创新社会治理面临的问题挑战与对策建议》，《光明日报》2016 年 7 月 13 日第 10 版。

② 范如国：《复杂网络结构范型下的社会治理协同创新》，《中国社会科学》2014 年第 4 期。

③ 许国志：《系统科学》，上海科技教育出版社，2000，第 29 页。

4.信任承诺一致化

信任是一种社会资源，也是社会系统中一种重要的凝聚力。做出承诺后，期待信任的反馈。美国学者弗兰西斯·福山认为，人们之间普遍存在的信任是来自具有主动性的社团内部个体之间的互动，是这些社团推动了人们之间的合作并促使信任的形成。"信任是在一个社团之中，成员对彼此常态、诚实、合作行为的期待，基础是社团成员共同拥有的规范，以及对个体隶属于那个社团的角色。"① 社会治理强调公众的自组织能力。然而，单纯凭借该项能力，没有承诺机制和信任关系的辅佐，公众的参与权与主体地位并不能很好地激发出来。

信任与承诺的互相牵引，既是社会治理协同创新机制的重要保障，也是重要原则。协同创新机制需要且不可避免多元主体的复合效果，良好的协同效应是以各主体之间相互信任为基础条件的。信任程度越高，社会治理协同创新的成本就越低，而协同创新主体之间的信息交流和资源共享渠道将更为畅通，利益分配成果才会获得普遍认同。

（四）协同创新机制的具体内容

1.科学整合资源，实现社会治理的竞争发展

（1）社会治理主体的多元化。社会治理离不开多元主体的配合，随着社会全球化的发展和人类生活的变迁，人类生活的重心由原来的政治领域逐渐偏向经济领域。政治过程的重心逐渐由政治统治转向公共管理共同实现的社会治理。在治理过程中，缺乏协同配合和力量整合，独立作战的治理格局通常带来成本增加、效率低下的结果。② 所以，现代社会不应该再是政府说了算，只有加强社会主体的参与程度，让社会组织、基层组织及人民群众参与到社会治理中来，才能实现全方位的治理。

实现社会治理的创新，第一，要转变政府的治理理念。传统的社会管理理念是政府控制整个社会，现在政府应当寓服务于管理之中，提高社会组织、基层组织及人民群众的社会治理参与度，转变为为社会、为人民服务的政府。现在政府要加强对社会的服务理念，为社会民众和基层提供更加优质的服务，但并不是让政府放弃管理职能，而是要在服务中体现管理，在管理中体现服务，提高人民的满足感、幸福感，让社会在和谐的环境下稳定发展。健全政府的社

---

① 弗兰西斯·福山：《信任：社会道德与繁荣的创造》，李宛容译，远方出版社，1998，第16-19页。

② 陈朋：《地方治理现代化的困境与路径研究》，《中国特色社会主义研究》2015年第4期。

会公共服务职能，寓管理于服务之中，政府能够越来越适应不断变化的社会，能够更多地借助社会组织实现政府目标，成为真正为人民服务的政府。[①]

第二，在多元化管理体制中，要增强社会组织的作用。社会组织是除了政府和个人之外的最为重要的一股改革力量。政府对社会组织要培养、鼓励、监管同时进行。社会治理融入社会组织的作用，能够创新社会治理体制战略，释放各社会治理主体活力，最大限度地增加和谐因素，进而增强社会的发展活力。社会组织作为社会的主体，它们的发展与社会的生存和发展息息相关，它们发展的前提是社会的发展。所以，社会组织也应该参与到社会治理中，和各主体有机结合，发挥自身的主动性和灵活性，实现社会治理主体的多元性。社会组织有着丰富的组织形式，其可以以丰富而有创意的活动和项目，使公众参与进来。因为实现了对社会的治理，有的社会组织目前参与了扶贫、教育、医院服务等项目，参与到了公共服务领域，有的社会组织还由专业人士发起，如上海的真爱梦想基金会，通过扶贫项目参与到社会治理当中，将社会公益和商业化的管理融为一体，它是由金融机构和上市公司的专业管理人员发起和运作，具有较高的透明度及资金筹集能力，它运作的效率高而且有相当高的公信力，是社会组织参与社会管理项目的典范。该基金会以推动贫困地区素质教育为目标的"梦想课程"已覆盖230万学生，成为社会治理创新的重要推动力。

实现协同治理，最基本的是让基层组织融入社会治理，使城乡社区融入社会治理。基层组织是我国社会治理的基础，社会治理不仅靠政府和社会组织的参与，还要搞好基层的管理，加强基层公共服务体系的重建，构建信访制度，让政府知道民众的需求和要求。要想治理好社会，需要先满足社会基层组织人民的利益，让人民群众真正参与到社会治理中去，提高人民的满足感、幸福感。加强对基层服务的治理，也就是实现了社会治理的基础。

（2）信息资源的整合。现代社会治理理念应该从创新、协调、绿色、开放、共享入手，实现社会治理的科技化、信息化。信息资源的整合是不同形式、不同方面的整合。比如，可以通过互联网建立一站式的服务，建立集中的网上政务大厅，方便人民群众办事；也可以对某一领域的信息资源进行规划，实现统一管理。借助"互联网+"，利用网络来实现社会的治理，以信息化为支点，构建现代化的社会治理体系。资源整合，不仅仅是表面的、系统的整合，还要实现更大范围的业务协同，实现各方资源的大联动，构建开放、共享的信息管

---

① 汪锦军：《合作治理的构建：政府与社会良性互动的生成机制》，《政治学研究》2015年第4期。

理体系，提高信息的透明度，加强社会主体的参与度。

在整体数据快速增长的同时，政务新媒体体系化发展势头明显。政府应当建立共享网络平台，推动"互联网＋社会治理"的创新模式，从而加强人民和政府的及时沟通和互动。政府垄断信息资源已经不能适应现代社会的发展需要，面对现代社会环境的不稳定性与不确定性，更需要开放、流动的社会治理模式。①在现代信息技术的推动下，政府可以更好地了解人民的意愿，有利于做出更正确、更有效的决策。政府应充分利用现代网络技术，鼓励社会主体参与社会治理，加强与企业、公民的互动交流。信息网络技术能很好地连接政府和社会，人民也可以通过新媒体看到政府的工作状态，实现对政府工作的监督，使政府可以更好地服务于人民。政府可以建立"网上服务中心"，还可以开设"便民服务、政务服务"等专栏，更加便利、快捷地服务市民。

（3）制度化整合。制度化的整合，就是实现风俗、道德和价值取向及司法制度等各方面的整合，形成一个有机的整体，创新社会治理模式。一方水土养一方人，每个地方都有自己固有的风俗习惯，可以将这些好的风俗习惯上升为一种行为准则，约束人的行为，强化对社会的有效治理。我国从古代社会的以德治国到如今的法治国家，在逐渐实现公法化的过程中，道德还是衡量人们行为的一杆秤，道德指导人们的行为，让人们的行为趋于合理化、正当化，有了道德对人们的约束，社会也会稳定和谐地发展。有了风俗习惯和道德，还须严格的司法制度来规制恶的行为。只有道德和风俗来约束人们的行为是远远不够的，随着社会的发展，个体私欲被释放出来，有些行为难免会超出大的标准和框架，所以就需要我们用法律手段来实现社会的治理，从而将风俗习惯、道德价值取向、司法制度整合，实现社会的全方位治理。

制度化整合可以设立党和政府科学领导、司法部门专业指导、调处中心具体运作、各职能部门协同参与、社会各方整体联动的制度框架。这种制度可以在党委、政府的带领下，以及司法部门的专业指导下协同社会各主体参与社会治理，实现社会主体的广泛参与。社会组织要有意识地优化内部结构及拓展外部项目，增强公共产品和服务体系的效率和质量，增强自身获取和吸纳社会资源的能力，逐步减少对政府的依赖和依附，保持自身的独立性和自主性，与政

---

① 　汪锦军：《城市"智慧治理"：信息技术、政府职能与社会治理的整合机制——以杭州市城区的城市治理创新为例》，《观察与思考》2014年第7期。

府协商互动、有效合作。① 还可以建立健全听证对话制度、社会风险评估制度、绩效考核评估制度等。实现社会的协同治理，要创新矛盾纠纷的化解机制，贯彻"诉调对接""检调对接""公调对接"，创新委托调解、协助调解、司法确认等方式，探索各种矛盾化解机制的新思路、新方法。实现社会的有效治理，还可以建立社会激励制度，激励企业、社会组织、基层组织、人民等广泛参与到社会治理中来，调动各方的积极性，增强社会管理的力量，进而提高社会治理的效率。除此之外，还可以建立社会保障机制。社会保障机制就是鼓励一些主体"先富"的同时，还要兼顾"后富"群体，给予他们鼓励和支持。在社会事务管理的过程中，要进一步理顺分配制度，将全体社会的合法权益都考虑进去，保护全体社会成员的合法权益。在社会治理的过程中，这些制度相辅相成、相互合作、相互协调，保障社会基层治理。

2. 加强权利保障，实现平等参与与平等享有

（1）完善权利保障的法律法规。立法是法治之基，社会治理立法是社会治理的根本依据和实现社会治理法治化的基本前提。根据目前社会的发展状况，发展与完善社会治理的法律制度是社会治理的第一要务。通过法律制度的完善为社会治理的每个阶段提供法律依据，以保证社会治理按照立法者的构想进行。② 公民平等参与与平等享有的前提条件之一是要完善公民权利保障相关的法律法规。一方面，要制定良法，其应秉着"以民为本、立法为民"这一根本理念，努力做到"法为民立、法护民利"，使制定的法律能得到公民的拥护与遵守。同时，要协同社会治理创新，在法律制定的过程中，应当坚持公平、公正和公开的基本原则，让其体现出权利公平、规则公平、机会公平。富勒曾经指出，法律制度要具备法治品德，应该包括八个方面：一般性、可循性、同一性、稳定性、公布或公开性、可预期性、明确性、无内在矛盾。③ 另一方面，要保障公民的权利，应当健全法律起草、论证和审议机制，健全立法过程公开征集意见，广泛发动公民参与立法机制，建立健全立法机关与公民共同协商机制，发挥公民在平等参与立法过程中的作用。通过这些机制，不断提高法律在公民心目中的公信力，同时提升公民权利保障的实效性。

① 杨君、徐选国、徐永祥：《迈向服务型社区治理：整体性治理与社会再组织化》，《中国农业大学学报（社会科学版）》2015 年第 3 期。

② 陈荣卓、颜慧娟：《法治视域下的社会治理：区域实践与创新路径》，《汉江论坛》2013 年第 2 期。

③ 张文显：《法治与国家治理现代化》，《中国法学》2014 年第 4 期。

科学地规划社会治理创新中权利保障的立法进程。在社会治理的相关立法中，权利保障是其中重要的一部分，它关系到社会治理立法的质量。一方面，要从立法上明确社会治理的概念，通过对社会治理内涵的解读，厘清权利保障与社会治理的关系，从立法方面对公民权利进行规范保障，通过创新社会治理促进社会经济的发展，推进社会治理高效有序进行。另一方面，要转变政府的职能，依据法律的规定，保证政府及其执行机关严格执法，保证公民的合法权益不受侵犯，在社会治理过程中，使其平等地参与和平等地享有权利。

（2）加强对权力的制约，完善监督机制。习近平指出："要加强对权力运行的制约和监督，把权力关进制度的笼子里，形成不敢腐的惩戒机制、不能腐的防范机制、不易腐的保障机制。"这一重要论述体现国家高层对权力制约的重视。

在社会治理创新的过程中，绝对权力会导致绝对腐败，权力过于集中，同时缺乏监督，这在很大程度上会激发人内心的腐败欲望，这样就会让掌握权力之人行不法之举。即使是人民群众监督、舆论监督、司法监督等，同时采用了相应的措施，也依旧显得力有不逮，这势必会影响到社会治理的成果，影响到公民的权利保障。因此，对这种权力过于集中的腐败分子要加大打击力度，同时要完善监督机制。

社会治理的任务涉及各个方面，包括社会福利、民生改善、社会公平、社会矛盾等，而司法是社会治理环节中的一个重要方面，要完成社会治理的任务，必须发挥司法在整个公民参与过程中的独特作用。在领导者权力过于集中、公民权利得不到保障时，司法是公民寻求保障的最后途径。实施法律监督，切实有效维护国家法律的实施是我国检察机关的职能之一。检察机关运用法律监督的手段来解决社会矛盾，维护公民应有的权益，注重对公民公平正义需求的关注。当公民权利受到外界的侵犯时，检察机关应该充分维护他们的合法权益，因为服务人民是我国法律监督工作的基本宗旨，通过检察机关实施的具体措施，让公民感受到法律监督的存在。法律监督越贴近公民，公民就越信任法律，检察机关通过有效的法律救济手段保护公民的合法利益，在社会治理创新过程中，检察机关要充分利用法律监督的手段，定纷止争，打击权力集中，保障公民权利，缓解矛盾，实现社会治理中的和谐。同时，要积极建立外部监督机制，通过舆论媒体的监督、社会组织的监督、人民群众的监督等方式，使之相互补充、相互协调，不断完善，形成一个完整的监督体系。

（3）保障公民的参与权。在新媒体时代，创新社会治理的基本前提和基础是保障公民的权利。协同创新社会治理既是我国民主政治发展的方向，也是社会文明进步的具体体现。保障公民依法享有广泛的权利是我国民主政治的内在要求，所以在社会治理过程中，要加强公民民主权利的保障。公民在享有权利的同时应该负有责任，两者相辅相成。在创新社会治理的过程中，要想让公民担负起社会治理的责任，就必须要赋予公民必要的权利。如果公民的权利得不到根本的保障，那么公民承担社会治理责任也会因此而懈怠。因此，协调创新社会治理就是要保障公民参与社会治理的权利，让公民真正参与到社会治理当中。哈贝马斯认为，沟通的理想状态可以分为三个方面。第一，社会中所有的人都有权利和自由参与到公共事务的讨论中来；第二，每个人都有自由表达自己主张的权利，也有权在不侵害他人的前提下质疑对方；第三，每个人表达自己观点的权利应受到保障，不能任由外力阻止。将这三个方面运用到公民参与创新社会治理中，具体表现为所有公民都有权利参与到社会治理的讨论之中；每个公民都有权利提出自己的意见，也有权利在不侵犯他人权利的前提下质疑他人；公民表达自己意见的权利必须得到应有的保障。这样，不仅能促进公民参与社会治理，还保障了公民平等参与的权利。①

目前形势下，我国要想有效实现社会治理，就必须要拓宽公民参与社会治理的渠道，让公民参与其中。对公民来说，畅通的渠道是参与创新社会治理的前提条件，我国政府在鼓励公民参与社会治理的同时，还应该不断拓宽公民参与社会治理的渠道，并且为之扫除相关障碍。在新媒体时代，互联网的广泛性和高效性以及其巨大的影响力，为公民参与社会治理打下了坚实基础。一方面，公民在这里能够及时获得来自社会各个层面的信息，公民的意见能够得到重视，也能够产生一定的影响力，如在政府做出决策前公民表达的意见也能产生重要的影响，这样就为公民创造了以社会参与为主要形式的生活模式。另一方面，在互联网空间中，公民的不同意见、不同观点可以相互共存，使公民在参与社会治理时有了最佳平台，而且互联网的运用状况在一定程度上也反映了公民真实的生活状况及公民政治参与权利保障的状况。从是否拓宽公民参与社会治理渠道的角度看，互联网无疑是最能担负起这个责任的平台。互联网平台的应用为公民参与社会治理提供了方便，也为创新社会治理奠定了基础。

作为参与公共事务的主体，公民有极其重要的地位。公民要积极地参与到公共事务中，但有效地参与公共事务对公民有具体的要求。第一，增强自主性，公民要有意识地参与到其中，要认识到参与公共事务对维护自身合法权利的重要性；第二，增强有序性。公民在参与的过程中要遵守国家的法律法规，保证

---

① 刘京、陈旭玲：《网络技术与公共领域的衍生问题》，《江汉论坛》2003 年第 11 期。

公民有序地参与社会公共事务；第三，增强有效性。公民在参与的过程中要不断提高自身的能力，使其参与更具有效性；第四，增强合作性。公民要具有合作的精神，在参与的过程中要与政府保持联系，同时要与其他公民进行合作；第五，增强自身的理性。公民既要维护自身的合法权益，也要考虑到对方的权益，要理性地参与到社会公共事务的治理中。

3. 强化责任机制，实现多维度制衡与纠纷免除

在社会管理中，新媒体在信息收集和加工、传播过程及信息传递等方面，无论是以何种形式出现对现代社会管理的管理局面、管理范畴和管理路径都有较深的影响。但要实现新媒体时代的社会治理，需要各个社会治理主体包括社会公众、党和政府、社会组织、网络媒体等恪守职责，共同营造一个健康有序的网络社会环境。

政府作为网络社会管理的最强大和最有效的组织者、领导者，面对更新换代速度如此之快的网络社会空间，虽然存在着滞后、缺位等问题，但它本身对社会管理的主导角色没有变，其通过依法管控，使网络失范状况和越轨情形得到很好的调控。

第一，通过国际间的紧密合作来加强我国网络社会管理的话语权。互联网时代的国际合作交流应全力维护国家的信息网络空间主权。国家必须推动建立网络社会治理体系，并推动国际社会认同我国的网络社会管制要求，增强其对我国的现行网络社会管理的认同感。一方面，要联合国际社会中各国的力量坚决抵制部分国家采取的"双重标准"和"两种言行"；另一方面，要严于律己，让我国的网络社会治理于法有据，科学、合理、健康地开展。

第二，与新媒体时代背景相符，成为"善治"政府。一方面，作为社会主义核心价值观的积极倡导者，政府可以采取微信平台、政务微博建设参与到移动互联网时代的社会治理中去，通过新媒体和社会治理主体的良性互动，拓宽政府与民众交流的途径，鼓励民众在社会治理问题上充分表达意见，让社会公众切实参与社会治理。同时，始终坚持党的领导，坚持"党管媒体"，加强对网络媒体的管理力度，提高从业人员的责任意识和职业操守素养。另一方面，党和政府要建立完善法律法规、技术规范、安全评估，管控新媒体舆情走向，在微信、微博的监督问题上忠实地履行其职责，监管与引导新媒体各参与主体依法参与社会治理。

当然，以传统主流网络为基础的网络媒体要基于职业使命承担起信息传输、管理职责。

首先，网络媒体要履行监督责任，对网络空间平台违规内容予以取缔和删除，对在网络空间发布的内容要严格审核，保证一个健康发展的网络平台。[①]
网络媒体应顺应国家对新闻发布、网络视频等方面的要求、规章制度及管理办法，同时要具有高度的职业使命感，倡导和弘扬社会主义核心价值观，积极反对低俗、侵权、暴力及反动信息。

其次，网络媒体应该发挥自身优势加强舆论引导。网络环境复杂多变，网络用户参差不齐、鱼龙混杂，虽然网络空间中有对事件发表理性见解、提出建设性意见的声音，但也存在一些故意造谣生事、恶意破坏社会秩序、造成社会不满的声音。因此，网络媒体运营者应该发挥自身优势，加强对网络的监督和审查力度，对公众进行积极、正确、有效的舆论引导，利用自身的专业优势，对潜在的社会矛盾、冲突及倾向性问题实时监控，协助有关部门尽早介入，快速化解危机。

最后，塑造良好的政府形象是网络媒体应该承担的职责。在新媒体环境下，良好政府形象的塑造和维护需要网络媒体发挥自身在信息收集、舆论引导及深厚的群众基础等方面的优势。比如，针对微博的热点问题，网络媒体可以利用网络平台，将政府在处理问题时的政策、立场及治理的效果发布到网络平台，让民众知道政府是为人民做事的政府，有助于政府塑造良好的形象。[②] 这有利于克服网络戾气的伤害和群体极端化的现象，营造健康有序的网络环境，进一步实现网络社会的有序管理。

互联网企业作为直接接触网络用户的网络服务提供者，对网络管理有着不可替代的作用，互联网企业要承担企业社会责任。由此，我国颁布的《信息网络传播权保护条例》等法律法规以及一些地方法规，为其管理功能的发挥提供了强有力的制度依据。

首先，由于新媒体环境下网络信息错综复杂、更新速度快和信息量大，所以互联网企业不仅要承担起保证互联网信息传输顺畅及时、快速更新的技术责任，在保证信息开放的同时，对其内容也要加强管理监督，将不合适的信息、图片予以删减，加强对网络空间的监督，在法律法规的规制下，保证网络空间的健康发展。[③] 对在网络环境维护与清查过程中发现的或者网民举报的网络谣

① 李伦：《网络传播伦理》，湖南师范大学出版社，2007，第254页。

② 卓立筑：《危机管理：新形势下公共危机预防与处理对策》，中共中央党校出版社，2011，第234页。

③ 毕宏音：《微博诉求表达与虚拟社会管理》，中国社会科学出版社，2014，第185页。

言，要及时予以曝光警示，严格管控网络谣言的肆意传播，打造积极向上的网络空间环境。

其次，互联网从业人员的职业道德素养对互联网企业的发展也是非常重要的，因此要在职业道德操守、技术开发、内容生产和编辑、市场营销等与网络运营相关的方面强化互联网从业人员的培养。另外，互联网企业要不断与时俱进，学习国内外先进技术和管理模式，在快速发展的互联网环境中，通过增强自身能力为政府实施有效监管发挥更大的作用，提供更强的技术支持。

最后，新媒体使用者要自觉承担网络社会治理建构者的角色。在新媒体时代背景下，网络用户不仅是互联网平台上信息的表达者，还是信息的传递者，网络环境的健康有序与否直接与网络用户有关。此外，由于网络用户的信息传播者的特殊身份，因此其也是网络环境中公共精神的建构者。我国法律保障公民言论自由，但并无绝对的自由，网络使用者需要在法律规定的限度内自由发表自己的意见，也要尊重他人网络表达的权利，坚守法律与道德的底线。

在当下，民众参与公共生活的积极性不断提高，民众投身于国家的建设和为社会进步出谋划策的热情高涨，这表现出民众对自身社会责任的认同，他们通过实践充分发挥了公共精神建构者的功能。然而，总的来说，网络用户自我约束能力还很弱，公民的意识淡薄。因此，一方面网络用户，要在网络空间日常进行的活动中，以"超我"的形象呈现，约束和控制自己在网络空间的言行举止，顺应社会趋势，营造一个和谐包容积极向上的网络环境，从源头上有效净化网络舆论空间，在客观上实现网民的自我管理职责；另一方面，要积极加入网络公共领域建设，这既维护了网络道德，也体现了对党和政府等公共领域管理层的监督。正是普通网民敢于还事实于社会，通过网络表达自己的意见，弘扬社会主义核心价值观，参与社会公共事业监督，才能进一步推动网络民主，弘扬社会正能量。

二、社会治理的民主参与机制

（一）以协商立法进行救济

前文通过对社会治理的五个立法领域的分析，可见每个领域都有不足。社会救助、社区矫正、公共参与、危机管理、网络舆情这五个领域是最贴近公众生活的，是与民众利益息息相关的。这五个领域的立法出现不足，将使"发展成果人民共享"难以完全实现，法治推进的成果难以惠泽全体公众。诸领域出现问题的原因，归根结底，在于立法没有充分表达民意。在社会治理中要将社会主体的切身利益正确地表达为立法环节中的各项立法内容，就必须在立法初期吸纳民意。

在新媒体背景下，既要通过立法形成社会治理理念和实施框架，也要通过立法来维护公众利益，协商立法将是一举两得的途径。通过倡导协商立法来解决立法不足问题、为创新社会治理提供源动力保证是可行的。立法是推进国家法治化进程的重要部分，人大主导、社会公众参与的协商立法，既要坚持全国人民代表大会及其常务委员会的立法权威，又要体现"民主集中制"原则，通过立法充分吸纳社会各方面的意见，在社会治理立法中充分表达民意。

（二）社会治理创新中协商立法的基本原则

改革开放以来，特别是市场化的高速发展，随之而来的是社会问题不断突出：交通拥挤、医疗资源分布不均、社会陌生人化……在新的挑战下，社会治理的模式亟待新的变革，提出商谈政治在社会治理中的作用，更要兼顾商谈的意义，即多主体参与协商立法。

社会治理要创新治理新格局，需要打破现有的政府思维模式，使政府在社会中多放权，倾听人民群众的心声，重视社会中的民间力量，在一定程度上可以借助社会治理机构等和谐处理纠纷矛盾，表面的稳定并不代表问题最终的解决，社会治理的目标是实现人民群众的利益最大化。2015 年修订的《中华人民共和国立法法》（以下简称《立法法》）使立法可以有序进行，对我国有重大的意义。《立法法》第三条规定了立法时应遵循的原则，社会治理创新中协商立法应该在该原则指导下进行，同时体现出一般与特殊的地位，社会治理的特殊性在于参与主体的多样性，因此在协商立法时要兼顾协商本身应有的特殊性。

总的来说，在社会治理中，我国协商立法的基本原则主要体现在平等保护原则、公共利益原则、程序化保障原则及科学性和有效性原则等方面。

1. 协商立法基本原则概述

（1）协商立法基本原则的概念和功能。原则，即观察问题、处理问题的准绳。[①]协商立法的基本原则，就是指在协商民主立法时所遵循的基本准则。在协商立法中，基本原则是协商立法本质和特征的最集中的表现，阐明了市民社会和新媒体时代下社会治理的根本要求，既是协商立法价值取向的基本显示，也是协商立法行为要求和价值判断的抽象概括。

---

① 王利明：《民法》，中国人民大学出版社，2007，第 26 页。

协商立法的基本原则包含着社会治理中协商参与、治理所欲实现的目标，所欲达到的价值理想，集中体现了协商治理在社会治理中区别于其他治理方式的特征。在新媒体时代下，协商立法的基本原则更需要体现平等思想，注重公共利益，使社会各主体能够有效参与协商。因此，协商立法的基本原则为协商立法提供基本的价值取向，不仅是协商立法过程的精神指导，它还是协商参与的规范如何具体制定，协商参与制度如何具体设计的基础。所以，在协商立法的过程中，立法者要依照立法体系强制的特点，将协商立法的基本原则与协商治理的制度及规范相融合。此外，当立法者进行立法解释时，该基本原则也应是指导立法者的准则规范。如此要求，才能实现协商治理系统化、规范化的要求，保持协商治理的制度、规范在价值取向上的和谐一致，为相似问题在处理上具有类似性的法治原则的实现创造可能。

协商立法的基本原则是各主体进行协商治理的基本准则。协商立法中的参与主体是多元的、广泛的，各主体在进行协商治理、协商立法时，不仅要遵循具体的协商治理规范，还应遵循协商立法的基本原则。在现行法律法规等规范对主体参与协商立法进行调整欠缺相应的具体规范时，各主体应依照协商立法的基本原则进行协商治理，参与协商立法。协商立法基本原则不仅与协商治理的强行性规范相对应，还与协商立法中的强行性规范相一致，因此在协商立法中各主体都不得以任何理由排除基本原则的适用。

协商立法的基本原则是治理者对协商立法所立之法律、法规等进行解释的基本依据。协商立法的基本原则不直接涉及各参与主体及广大社会成员的具体权利与义务，因而其具有高度抽象性。它不预先设定任何确定的、具体的事实状态，没有规定具体的权利和义务，更没有规定确定的法律后果。　在未经足够的具体化之前，该原则不能作为治理者的治理依据。社会治理者在治理过程中，要对其适用的法律法规等条文进行解释，明确具体含义，了解相关规范的构成要件、法律后果及法律规范的属性。在对所应适用的条文进行解释时，如果解释的结果具有多重含义，必须坚持不与协商立法的基本原则相抵触的底线。此外，在治理者对法律条文进行解释时，无论何种解释结果均不能使其依现行法律做出治理依据，此情形则说明现行法律存在漏洞，因此应由治理者依据协商立法的基本原则进行解释，以此弥补法律漏洞，创造出一种符合该基本原则内涵的治理模式。

协商立法基本原则是社会学、法学等学者讨论价值判断问题时应当考虑的重要因素。协商立法的基本原则包含着协商立法中的价值取向冲突，无论是社会学学者、法学学者还是交叉学科的研究者都应该肯定：只有在基本原则的指引下，如何在学术讨论中发现冲突所在，认清冲突的本质问题，提出切实可行的解决办法并说明理由才是学术研究的重点。

（2）我国协商立法应遵从的基本原则及其互动关系。我国关于社会治理的实践尚不发达，在多主体参与社会治理的模式中，协商立法所确立的基本原则包括平等保护原则、公共利益原则、程序化原则及科学有效性原则。其中，平等保护原则是协商立法的基础原则，平等保护原则是《宪法》在社会治理中的体现。在社会治理中，离开社会主体的平等保护，协商模式下的社会治理也就失去了其赖以生存的根基，其他基本原则也就无从谈起；公共利益原则是社会治理中最重要、最有代表性的原则，也是社会治理中最应该注重的原则；程序化原则是社会治理和协商立法中的保障性原则，古人云："不以规矩，不能成方圆。"社会治理的程序化原则是社会治理及协商立法的保障；科学有效性原则在社会治理中提供理论与现实依据，理论联系实际才是社会治理的有效手段。社会治理及协商立法要坚持平等保护原则的基础性地位，用程序化原则来保障，以公共利益原则为目的，最终实现科学有效的社会治理模式。

2. 平等保护原则

社会治理的创新需要社会多主体的参与，这种参与并非形式主义，其要求各主体参与到社会治理中并能充分表达自身的诉求。因此，参与仅为途径，更重要的是如何能使各主体平等地表达其诉求，而所谓平等保护原则，在社会治理协商立法中是指对各社会主体的平等保护。这是平等原则在《宪法》中的体现，平等保护原则来源于此，却又不完全与此相同。平等保护原则在《中华人民共和国物权法》中论述颇多，其中王利明的定义为："所谓物权法上的平等保护原则，是指物权的主体在法律地位上是平等的，其享有的所有权和其他物权在受到侵害以后，应当受到物权法的平等保护。"[①] 把该概念引入社会治理的协商立法中，平等保护原则便可以定义为社会主体在法律地位上是平等的，其享有的参与社会治理的权利及作为一名社会成员所享有的权利在受到侵害后应当受到法律保护。

在协商立法中，平等保护原则具体包括以下几层含义。

第一，平等保护原则需要赋予协商立法参与主体平等参与的权利。协商立法的本质在于多主体共同参与立法。协商立法工程中的参与主体不平等或者多

---

① 王利明：《平等保护原则：中国物权法的鲜明特色》，《法学家》2007 年第 1 期。

主体不能参与协商，协商立法就形同虚设，此时的协商便成为各强势主体表达自身意愿的"合法平台"，主体不平等下的协商立法也并非真正的协商立法。

第二，平等保护原则需要赋予协商立法参与主体平等表达的权利。只有在参与主体能够平等参与协商立法时，才具有形式意义上的平等参与，而协商立法不仅仅是形式平等，更应强调协商主体的平等表达。协商立法中，各参与主体能够在平等条件下充分表达各自的诉求，才能使协商立法更能体现其应有的价值，进而杜绝个别强势主体通过协商的形式控制民意的表达。协商立法参与主体的平等表达使协商立法不仅是形式上的协商立法，还是实质的、符合民意的协商立法。

平等观念无论是在社会学领域、政治学领域还是法学领域都是热门话题，但也是难点问题。无论我国还是西方发达国家，在法律精神中对平等观念的认可度都是很高的。在我国的《宪法》和部门法中对平等原则都有规定，这是我国特殊的历史背景的体现，突出强调我国民主政治的本质及社会主义市场经济的根本要求。平等保护原则体现为社会治理和协商立法的准则，即无论立法者还是治理者都应平等对待社会主体。分配正义要求对价值进行分配时，如权利、荣誉等，不同的人给予不同对待，相同的人给予相同对待。正义的核心是公正，即一视同仁、平等对待。在社会治理层，通过协调人与人之间的利益冲突，维护个人与个人之间的关系，以此达到社会治理，也就是说，对待不同情况要有不同的应对策略，对待相同的情况用相同的策略。协商民主的基础是平等，平等的缺失会使参与广度受到限制，从而损害协商民主。无论是体制歧视还是社会歧视，公共事务的决策都会把单薄力量或弱势群体排除在外。所谓的平等也就是表面的平等，协商民主、协商立法所注重的实质平等也就不复存在。在社会治理模式下，协商民主更应强调强式意义上的平等对待。因而，平等保护原则应体现为社会主体参与协商民主权利能力的平等，即社会主体——尤其是人之所以为"人"的抽象的人格平等，即在参与协商民主时不应因此受到限制；在作为社会治理被治理的对象时，也不应因此而遭受差别对待。一切法人（经济组织），无论企业规模大小、注册资本多少等因素，都是民法意义上的"人"，也都具有相同的、平等的权利能力。一切社会经济参与者，无论是经营者、消费者、劳动者还是雇主等，也都被抽象化为民法意义上的"人"，也同样受到民法的平等保护、平等对待。

借助民法对"人"的抽象化后以平等对待、平等保护的思想，在协商立法中，实现从身份立法到行为立法的转化，行为立法就是按照社会成员的不同身份赋予其各自不同的权利，不考虑社会成员的身份之间的区别，仅以社会成员的行为给予其相对应的法律效果。①协商立法采取这一方式，主要是基于近现代以来的平等思想和社会发展所产生的不断变化的社会现状，而这两者又是协商立法的理论与实践基础。

自古希腊时期到近现代，平等思想观念一直是思想家构建理想社会的基本价值取向和原则，从比值平等到人人生而平等，或者更深入的权利平等，历经历史发展的各个时期，其自身也在不断发展、充实，每个历史时期的平等观念不尽相同，各有其所包含的时代背景。在古希腊时期就已经有了平等的观念，该时期的平等具有非常明显的局限性，一是平等的主体范围狭窄；二是平等的内容范围狭窄。欧洲中世纪的平等思想则带有鲜明的神学色彩，其独立性欠缺，但有利于普遍平等思想的发展。文艺复兴使平等思想有了巨大发展，这一阶段的人类平等和自由思想使近代平等观念具有发展的基础。近代以来，在文艺复兴时期开始逐渐萌芽的平等观更进一步发展。根据马克思的有关论断，思想的发展以经济基础为依据，即以不同时期的平等观，可以得出当时的生产力落后，市场经济或是未形成或是不发达。因此，社会主体之间差别不大，以身份来确立平等符合当时的社会现状。但是工业革命以后，生产力的迅速发展使社会出现分化，以身份为基础的立法不能平等保护社会主体的利益，而以行为立法、平等保护更符合社会发展现状，也更有利于社会稳定。

不能否认的是，近代的平等保护原则也有限地包含有弱式意义上的平等对待，主要体现为对自然人的年龄、智力、精神状况等区分行为人的行为能力和权利能力，并以特殊的法律规则来保障该部分人的利益。

平等的深度不足，流于形式的平等并非协商民主的命运，不能使各主体参与的民主也非协商民主。社会治理下的协商民主要求各社会主体享有参与协商民主的平等机会，然而社会地位的不平等或参与权利的不平等，既可能导致各方意见表达和理性辩驳的不充分，又可能导致强势力量的独断。然而，在考虑平等深度的同时不能一味追求深度，现代社会群体分化明显，不同的社会群体所占有的人数、资源等也是不平等的，对平等保护原则所保护的参与主体应明确为包括参与主体所在的群体的平等，以此保证参与的深度与广度，尽可能避免参与的不足所引发的种种问题，如决策信息基础薄弱、公共决策非公正地权威分配资源。协商民主领域平等保护包含三个基本要素，即协商主体地位平等、协商过程中参与机会和表达方式的平等、协商表决效力平等。

总之，在社会治理下，协商民主的平等保护不应以选票为基础追求平等，

---

① 李开国：《民法总则研究》，法律出版社，2003，第70—71页。

这样不仅拓展了建立在选举基础上一人一票的平等政治原则，避免了多数强势的地位，还有利于应对利益群体多元化、社会结构复杂化对平等的挑战。

3. 公共利益原则

公共利益原则是《宪法》的一项重要原则，该原则限制着公民的权利，指引着复杂社会环境下社会利益关系的调整。我国 2004 年《宪法》修正案第十条第三款和第十三条第三款都对"公共利益"做出了相应的规定。在协商立法中，关于公共利益原则的立法选择还应谨慎，以防其外延无限扩大，从而导致协商民主的失败。

社会治理创新需要多主体的参与，但也面临着一个挑战，即如何在各个不同利益代表的主体间进行利益衡平。因此，公共利益原则成为一种解决该挑战的指导原则。固然，在实践中，不同的利益主体诉求不同，民主所涉无外乎绝大多数人的绝大多数利益即为公共利益，但在协商民主中，绝大多数人的绝大多数利益需要考虑，但也应尊重少数人的合理利益，不能以多数人的暴政践踏少数人的民主。

公共利益原则的核心是公共利益，但相对于其他概念来说，公共利益的概念和外延并不确定。而且，公共利益的概念是开放性的，随着社会的发展，公共利益概念的特性非常容易导致概念滥用，外延不断扩大，概念的不稳定性导致在适用时的模糊性，从而对权利的保护也将处于不稳定状态，社会的发展必将受到阻碍。在协商民主中，公共利益的概念一旦被滥用就会导致权力集中于个别人手中，从而成为侵害社会成员的利器。

公共利益具有不确定性，具体体现在"利益内容的不确定性"和"受益对象的不确定性"两个方面。在对协商立法中的公共利益进行分析论证后具体化时，应以宪法为依据，同时要防止其外延的扩大。公共利益从词源上看则可拆分为公共和利益，关于公共和利益的论述已经颇多，其中德国学者 Leuthold 在《公共利益与行政法的公共诉讼》一文中提出关于公共的界定，即公益是一个相关空间内关系人数的大多数人的利益。换言之，这个地域或空间就是以地区为划分标准，且多以国家之（政治、行政）组织为单位。所以，地区内的大多数人的利益就足以形成公益；在地区内，居于少数人之利益则称之为个别利益。此为公共利益确定的地域标准。德国学者 Neumann 认为，公共利益是一个不确定多数人的利益，这个不确定的多数受益人就是公共的含义。换言之，以受益人之多寡的方法决定，只要大多数的不确定数目的利益人存在，即属公益。[①] "公

---

① 陈新民：《德国公法学基础理论（上册）》，山东人民出版社，2001，第 182–186 页。

共利益内容的不确定性"和"受益对象的不确定性"从公共和利益两个角度出发来认识，即公共的不易确定性导致的"公共利益内容的不确定性"和"受益对象的不确定性"，以及利益的不确定性导致的"公共利益内容的不确定性"和"受益对象的不确定性"。以此为视角来把握协商立法中的公共利益，则为公共利益针对的是某一共同体内的少数人而言的，客体对该共同体内的大多数人有意义。①

在协商立法的语境下，公共利益原则即是保障个人利益，在此基础上追求公共利益。协商民主具有平衡公共利益与个人利益的作用，因此可以把协商民主理解成一种理性的决策方式或是治理形式。各方在公共利益的指引下相互协商，提出各方都能接受的思路和想法，从而赋予立法及政策等合法性。协商民主的目标是要在保障个人利益的同时达至公共利益，其实质是以理性为根本的社会治理方式，因而它是公共利益与私人利益的协调机制，其决策结果也具有了理性、科学性、民主性。

协商民主的核心是公共协商，其具有形式的民主性，而此"公共"所代表的社会成员与公共利益中的"公共"是相同的。在协商的进程中，一方通过说理使对方接受自己的观点，也需要倾听对方的观点。在这一进程中，通过关注公共利益，在磋商过程中以公共利益为指引，达成各方都能接受的共识。因而，公共协商的要求便需要各参与主体具有相应的协商议事的意识，摒弃特权意识，认识到一切利益都是在协商的基础上取得的。

在协商民主的过程中，对个人利益与公共利益的协调，并最终在两者间形成一个利益平衡点并非易事，公共利益的含义因不确定性及其自身的易变性，容易导致其外延的扩大化。因此，在个人利益与公共利益的协调中，依靠概念来把握两者间平衡的可行性较低。正因如此，在对公共利益进行认识时，从另一个角度，即不以概念为切入点，而从公共利益的制度保障来对公共利益进行认定。

公共利益的制度保障是建立在公共利益内容的不确定性基础上的，在对制度进行设计时不以概念为局限，从而可以尽可能保证公共利益所具有的公正价值。而制度的设计是治理者或权力机关在对涉及公共利益的界定发生争议时，由这些机关或组织对公共利益进行解释、认定。这些机关或组织在对公共利益解释时，所要遵从的决策方式则为复杂多数原则，这种方式虽然具有一定的局限性，但是在避免"公共利益"的界定掌握在少数人的手中且侵害多数人的利益时具有积极作用。

---

① 胡锦光、王锴：《论公共利益概念的界定》，《法学论坛》2005 年第 1 期。

因此，协商立法中公共利益原则有三个要求。一是参与协商的主体能够代表公共利益，参与主体的形式符合要求；二是协商过程以公共利益为指导思想；三是协商的结果符合公共利益的要求，即能经得住实践检验。

4. 程序化原则

社会治理创新的多主体参与必然是一个复杂的过程，前文所述的公共利益也是一个复杂的集合体，多主体参与过程的复杂性决定了需要以科学有效的程序保障，公共利益的确认也并非无的放矢，更应对其在各种利益中进行合理的分配，以此确认何为公共利益。故而，程序化原则便成为首选，在该原则指引下，一方面保障公众参与的有效性、真实性，另一方面能对公共利益的确认提供科学有效的保障。

程序化原则在协商民主中有四种含义。一是指公共利益的代表需要经程序确认；二是公共利益的形成需要经程序公开；三是程序保证公共利益决策民主、平等协商，这其中包括了事前的公开论证程序、听取意见、平等协商及科学决策程序，事后的说明理由程序等，保证最大化地实现公共利益的目的；四是事先公平补偿，事后有权救济。就是指要求在剥夺私人利益之前要给予合乎市场交易机制的价格补偿，当事人不服的，有权寻求救济，保证因公益有补偿，有权利就有救济。

关于程序，季卫东有着精辟的论述："程序，从法律学的角度来看，主要体现为按照一定的顺序、方式和手续来做出决定的相互关系。其普遍形态是按照某种标准和条件整理争论点，公平地听取各方意见，在使当事人可以理解或认可的情况下做出决定。"[①]在协商民主中，不能简单地把程序作为决定的过程，因为决定的前提也需要程序加以规定。

（1）公共利益代表确认程序。公共利益代表的确认是决策科学性的重要前提，公共利益代表的广度、深度又决定协商的前提是否科学、民主。因此，在确定公共利益代表确认时，应严格依照程序，而程序的设计在我国现时代背景下，从代表的横向选择与纵向选择入手，如以不同阶级、不同学历、不同性别、不同地区、不同年龄等来确定代表，以平等原则来实施确定代表的程序，避免差异化选择，从而在协商的前提条件下避免区别对待。

（2）公共利益形成过程程序公开。"让权力在阳光下运行"是党和国家对国家权力机关行政的要求，在社会治理中，尤其要求协商过程的公开透明，经得起各方监督。程序公开能有效避免该环节被少数人利用，从而为保护公共

---

① 季卫东：《程序比较论》，《比较法研究》1993年第1期。

利益提供途径。此外，程序公开也是协商民主的一种体现，即社会成员行使监督权，从而在不能直接参与协商时依然能够通过该间接途径参与协商，同时行使监督权，对公共利益的保护更广泛，也更能体现公共利益。社会成员参与程序公开也是对社会成员协商民主的一种思想与实践的双重影响，可以培养公民的协商意识。

（3）程序保证公共利益决策民主、平等协商。公共利益的确定程序公开是决策所依据内容的科学性保证，公共利益代表的确定依程序则保证协商主体的民主性、科学性，这两者为公共利益决策的科学性提供双重保障。程序在保证决策结果的民主、平等协商中有其独特的作用。一是规范制约，正当的程序为决策的制定提供保障，使决策过程具有程序规范，从而做出有约束力的决定，使抽象的民主在协商的过程中具体化、现实化，同时为参与协商民主的有序性、理性化提供一种社会控制模式；二是程序不仅保证决策过程的有序性，还保证决策结果的科学性、民主性，同时程序的魅力就在于其是固定的模式，并非一次性、临时性的，正当的程序一旦被接受，在适用中体现其内在价值，更在无形中影响参与者，无论直接参与还是间接参与，只要内心确信，使其敬畏程序，同时影响其对决策结果的认同，就更有利于决策的推行实施。程序在协商民主中可以对社会治理中的问题进行过滤，一方面通过程序确定哪些问题值得社会成员协商解决，另一方面为问题的解决提供更多途径，优化问题解决方式，使程序在运行过程中不断修复。

（4）事先公平补偿，事后有权救济。有权利必有救济是法学中一个经典的命题。在实现公共利益的同时，虽然公共利益的横向与纵向选择总是尽可能全面、准确，但是无论深度与广度，其范围越广泛，所代表的利益也就越广泛，影响的主体越复杂，因而在使公共利益的代表更全面、准确的同时，部分人的利益也就容易因公共利益的确定而遭受侵害。在协商民主中，以损害部分人利益来维护公共利益并非协商民主的本质，也非民主法治的要求，强行推行这种形式的协商民主，极有可能会成为少数人的暴政。在协商民主中建立事先公平补偿、事后有权救济的模式能够有效化解"利益"的纠纷。

事先公平补偿，即要求在确定公共利益的时候，既要兼顾公共利益所代表的内容，又要在不损害个人利益的同时进行确定。对一项公共利益的确定，如果其可以代表多数人的利益，且确属公共利益，但损害部分人的个人利益，除非该公共利益的重要程度已经引发一系列问题，不实施立法则会使该问题更加严重，引发社会稳定等一系列社会问题。在该情况下，在协商民主中依照程序对受影响的主体进行事先公平补偿，之后才能实施协商立法。例如，在我国社会中的拆迁问题引发的"强拆"，新闻报道屡见不鲜，对社会公众，拆迁实为一件利国利民的工程，不仅在促进城市化方面具有积极作用，对社会公众而言还可以提高其生活水平，这在本质上也是为社会公共利益所考虑，服务于公众的。但是，对被拆迁人来说，拆迁却实质上影响其权利，此时，便需要对被拆迁人进行补偿、拆迁安置等措施，这些都需要程序进行保证。

事后有权救济是指在经过一系列正当程序后，协商决策已经制定，或者已经实施，此时权利受到侵害的社会公众可以通过事后救济途径进行权利救济。该权利的设置是为了弥补程序实施中存在的不足，因为主体的差异性往往会影响决策的适用性，无论多么科学的决策，其在实施过程中总会有特殊情况出现，也有例外适用。通过事后补救措施，为权利救济提供途径，不仅是对决策科学的正面肯定，还是以程序制定的科学性来从侧面体现决策的民主与科学性。

5. 科学有效性原则

任何形式的社会治理必然是行之有效的治理，社会治理创新中的各种措施、机制只有在发挥作用时才能实现目标。虽然在社会治理中协商立法的基本原则不多，但其影响社会治理的成效，各原则也只有在发挥最大作用时才能切实为协商立法提供理论支撑，因此科学有效性原则在协商立法的基本原则中必不可少。

关于立法的科学化之争尚未停息，主要围绕"法律科学化"和"立法科学化"争论，这两种观点都不能准确反映立法与科学的关系，更甚者，对立法与科学关系的准确表达尚无定论，在党的十七大报告中，便以"立法科学化与民主化"为替代。[1] 在协商立法中应厘清科学有效性原则与立法的关系，以党的十七大报告为基本指导，科学立法、民主立法。

马克思在谈立法的科学性时曾指出："立法者应该把自己看作一个自然科学家，他不是在创造法律，不是在发明法律，而仅仅是在表述法律。他把精神关系的内在规律表现在有意识的现行法律之中。如果一个立法者用自己的臆想来代替事情的本质，那么人们就应该责备他极端任性。"[2] 对马克思关于立法科学性的论断的理解应该是，立法行为应该遵从社会发展的客观规律，以社会

① 胡锦涛在党的十七大报告中指出，全面落实依法治国基本方略，加快建设社会主义法治国家。依法治国是社会主义民主政治的基本要求，要坚持科学立法、民主立法，完善中国特色社会主义法律体系。

② 中共中央马克思恩格斯列宁斯大林著作编译局：《马克思恩格斯选集：第一卷》人民出版社，1965，第183页

关系和事物发展规律为依据。从立法行为上看，立法是"创造"法律的行为；从立法的过程来看，立法则属于对法律的"表述"，是对已存在的符合事物内在规律的"找寻"与"发现"。

科学有效性原则从其表面语义来看，应包含科学性和有效性两个层次的意义。科学性是指对其研究对象以科学的方法进行研究并整理分析。对立法的科学性，关保英给其定义为："所谓科学立法的科学性是指立法过程中必须以符合法律所调整事态的客观规律作为价值判断，并使法律规范严格地与其规制的事项保持最大限度的和谐，法律的制定过程尽可能满足法律赖以存在的内外在条件。"① 这表明立法要与内外在条件相符合，内在符合其所规制的事项，与外在条件相契合，立法是内外在条件相互作用的产物。而有效性则是对立法的评述，包含立法前提的有效性、立法过程的有效性和立法结果的有效性。

协商立法中的科学有效性原则所指便是贯穿于立法全过程的、符合立法内外在条件的立法技术所应遵循的基本准则。从这方面看，科学有效性原则又有两方面含义。一是形式上的科学有效性原则，即协商立法的程序应符合科学有效的形式；二是实质意义的科学有效性，主要指协商立法的结果的科学有效性。

形式意义上的科学有效性包括两方面内容。一是构建新的民主形式，就是要以协商民主的方式进行社会治理，带动社会成员民主参与，保障公民的合法的民主权利；二是通过新的形式实现社会治理的科学有效性，即社会稳定、政治文明、公共事业有序发展的社会形态。形式科学有效性的特点体现在，它是以当前协商民主的实践为基础，结合社会群众的自身条件，以民主理念为指导，建构科学有效的民主参与形式；又是将社会治理的科学有效性与民主观念相结合，形成社会治理的民主二元论，既体现协商民主的形式，又具有协商民主的实质。

实质意义上的科学有效性指在协商民主中更强调结果的民主，但对结果产生的前提条件也要符合实质的科学有效。一是前提的规范有效性，协商民主的两个基本前提就是民主理论与民主程序。协商民主的科学有效性基本体现在以下几个方面：①民主程序制定者的合法正当性；②协商民主过程符合程序规定；③协商民主的规则符合目的；④协商民主规则具有可行性。二是前提的事实有效性，协商立法中的事实不仅指社会生活中的客观事实，还要具有法律上的事实因素。法律对事实的认定不等同于客观事实，法律事实是基于所能证明客观事实的证据来加以认定的，因此客观事实与法律事实不完全等同，甚至完全相

---

① 　关保英：《科学立法科学性之解读》，《社会科学》2007 年第 3 期。

反。在科学有效性原则指导下，协商立法追求实质科学有效就是在制定法律之前对客观事实进行实质评价，在法律制定过程中用法学思想实施协商立法，在立法完成后在实践中检验所立之法的科学有效，做到客观事实与法律事实的差异最小化。

科学有效性原则是对传统经验立法的否定。我国《立法法》对现代法理学中立法的四个基本属性在事实上已经肯定，即科学性、民主性、合宪性、程序性。"使一个国家的体制真正得以巩固而持久的，就在于人们能够这样来因事制宜，以至于自然关系与法律在每一点上总是协调一致，并且可以这样说，法律只不过是在保障着、伴随着和矫正着自然关系而已。"[①] 在党的十八大上列入党的指导思想的科学发展观便提出统筹人与自然和谐发展，而在立法上，判断所立之法是否科学，以科学发展观的眼光看待便是立法与自然是否和谐，当立法与自然和谐则体现立法的科学性。对法律的属性，有学者主张法学属于社会科学，也有学者认为法学属于自然科学，但无论怎样，法学都包含着一定的自然科学，立法行为也应注意到法学的这种特殊属性，一味注重人文精神，所立之法便可被认为经验立法。否定经验立法，在立法中关注法的自然属性，也符合马克思关于法的科学性论述。协商立法的科学有效性旨在强调在协商民主下的立法行为在内要符合其所要规制的内容，在外要兼顾法的自然属性与人文因素，两者统筹于协商民主的全过程。

法治社会的建设离不开立法，在立法过程中，实施立法的精细化、科学化、民主化，反对工程立法，所谓的工程立法是指在短期内将立法作为国家治理的集中行为进行立法，并在短时间内形成一种法律制度。立法的精细化则要求法律的制定要符合社会发展状况，立法是一个循序渐进的过程，是对法律的发现，这个过程不是一蹴而就的。协商立法的科学有效性就是在协商民主的全过程，包括协商会议召开前的召集程序科学有效，会议内容、程序科学有效，会议决策科学有效，对立法的动议则应根据《立法法》的规定，严格依照程序进行立法，才能保证所立之法是在科学有效性原则指导下的立法行为，从此角度也限定了立法不可能在短期内完成，其必然是一个逐步推进的过程，也就为形式的科学有效性奠定了基础。

协商民主的科学有效性不是空中楼阁，也并非无源之水，无论是其科学性还是有效性都需要通过实践进行检验，"只有协商民主能够通过其预测得出与

---

① 卢梭：《社会契约论》，何兆武译，商务印书馆，1982，第71–72页。

预测相符合的结果，就能证实其是一种有效的社会治理形式"①。理论的价值在于能够指引实践活动并在长远来看能够取得相对实践主体有利的结果。否则，理论便不是科学有效的，至少在实践层面是得不到检验的。科学有效性原则作为指导协商民主的一项基本原则，对其理论应放在协商民主的具体实践中进行检验，从而观察其社会效果与协商民主的预期是否相一致，以此来确定社会治理的协商民主理论的科学有效性。在这个层面来说，实践是检验理论科学有效性的根本标准。因为，理论只要能够通过其预测并与预测有着相一致的实践结果，就是具有一定有效性的科学理论。

（三）社会治理协商立法的具体要求

1. 以人大为主导的协商立法

新媒体时代背景下，我国在不断追求法治化，协商立法在我国发挥着越来越重要的作用，其不仅能增加法律的科学化和民主化，还能不断提高人民群众广泛参与立法的热情。协商立法是我国依法治国方略中不可缺少的部分，也是协商民主的重要内容。加强我国的协商立法、民主立法，不断推进协商立法的实施和完善，是中央重要会议的要求，也是国家法治化的必要途径。在新修订的《立法法》中，无论是其修订过程还是修订的条文内容，都强调了制度的具体要求，如公众意见、立法听证、立法评价的反馈和相应的结果。

（1）我国实行以人大为主导的协商民主立法而不是以政协为主导的协商立法。我国已经进入新媒体时代，协商民主立法已成为一个重要的话题，而且有很多学者进行过关于协商立法的研究。"协商立法"和"立法协商"是两个不同的研究对象。关于立法协商，理论界有不同的观点，有学者认为，立法协商在本质上就是政治协商，中国人民政治协商会议是政治协商的主体，也理应是立法协商的主体，其他主体只能作为参与者参与立法协商。还有的学者主张，立法协商就是立法机关在立法活动中按照程序和方法就立法的各个过程都进行协商的活动，协商立法的主体应该是立法机关。"立法协商"和"协商立法"两者的侧重点是不同的，前者侧重于"协商"，故中国人民政治协商会议应该是主要主体，但是"协商立法"中的侧重点是"立法"，"立法"的主体只能是全国人民代表大会，而中国人民政治协商会议的协商作用不能成为协商立法的主体，只能作为参与协商的主体。虽然中国人民政治协商会议在国家法律法规的制定中发挥着重要的作用，具有立法建议权，但它只是参政议政的主体，

① 王建国：《确认科学理论有效性的途径、标准和方法》，《上海交通大学学报（社会科学版）》2002年第2期。

并不具有主导协商立法的功能。《中共中央关于全面推进依法治国若干重大问题的决定》（以下简称《决定》）也指出，要充分发挥政协委员在立法协商中的作用。这也肯定了中国人民政治协商会议制度在立法参与、立法协商的过程中应发挥的巨大作用。我国的法律也规定，立法过程主要包括法律法规的征求意见、规划、起草、提出议案、审议和表决等几个方面，而作为参政议政的人民政协仅仅是在共产党领导下的一个合作与协商的平台，它的能力和权限都不足以主导我国的协商立法。另外，中央发布的《中共中央关于加强人民政协工作的意见》也指出，国家和地方的基本政策及政治、经济、文化和社会生活的重要问题是政治协商最重要的内容。由此可见，所谓政治协商，仅仅是对日常生活中的社会问题及普通民众切身利益相关的问题进行协商和讨论，并没有足够的职权和能力主导我国的协商立法。所以，在自媒体背景下，我国的协商立法实行的只能是以人民代表大会及其常务委员会为主导的协商民主立法。

（2）以人大为主导的协商民主立法利于立法过程的监督。协商民主立法就是指立法要通过协商民主的方式进行。协商民主立法的主体包括各党派、各社会组织及普通民众等；协商民主立法的方式是通过广泛地征求意见、协商表决，表达利益诉求并通过合理的讨论达成共识；协商民主立法的目的是使立法充分体现民主。协商民主立法的特征要求立法的过程必须在人民群众有效制约和监督机制下运行。孟德斯鸠早在18世纪就强调要加强权力的制约，防止权力的滥用。腐败问题一直是阻碍我国法治化进程的重要因素之一，因此政府一直把反腐败作为一项重要工作内容，经过几年的不断完善，我国的反腐败工作获得喜人的成绩，权力的制约因素也不断加强。协商民主立法是权力制约的重要措施，我国实施以人大为主导的协商民主立法有利于制约和监督立法的过程，能够克服以下曾经出现的状况。

第一，缺乏相应的制度规制情况。以前的立法过程容易产生一些需要约束的行为，社会公众发现后，也会想通过一定的程序和方式提出意见或建议，但是，由于我国并未对立法规定相应的监督机制，也缺乏特定实施监督或接受人民群众举报立法过程中不良行为的主体，使人民群众监督无门，无法实施自己的监督行为。

第二，人民群众不能有效实施自己的监督职责情况。受历史及传统文化的影响，我国目前仍处于人情社会中，人情社会的特点和约束远远大于人民群众参政议政的热情，由此会产生他们对政府等权力机关态度冷淡、缺乏热情，未能有效实施监督职能。

协商民主立法是我国实行民主立法的具体内容，广大人民群众参与到我国的协商民主立法过程中，不仅可以有效加强对我国权力机关的制约和监督，还可以充分地在立法过程中表达民众的心声。

（3）以人大为主导的协商民主立法的有效实践。协商立法在我国很多地区进行实践，其中广东省开展的以人大为主导的协商立法、开门立法，积极听取有关部门意见，具有很好的实践和借鉴意义。①

广东省协商立法机制在长期的实践中积累了丰富的经验，其以人大为主导的协商立法机制主要包括立法听证与网络公开征求意见制度、立法咨询专家制度。其中，所谓立法咨询专家，就是在实行立法之前，聘请本领域比较权威、著作研究较多的专家、学者对立法的过程进行指导和帮助，即立法顾问。另外，广东省的立法协商机制还包括立法论坛制度及法规表决前评估制度。

广东省实施的以人大为主导的协商民主立法制度从立法听证与网络公开征求意见制度、立法咨询专家制度到立法论坛制度、法规表决前评估制度，涉及协商民主立法的各个方面，立法听证和公开征求意见使立法的过程更加公开化、民主化，专家制度使立法的过程更加专业化，法规表决前的评估使协商立法更加实际化。另外，广东省还实施与高校共建地方立法研究基地等措施。高校是培养未来法律人才的基地，而立法又是未来法律人才实践的最佳途径，广东省在立法的过程中征求高校的意见和建议，高校在提供咨询的过程中也不断地学习、进步。广东省与高校共建地方立法研究基地也会使协商立法更加科学化、民主化，进而使协商民主立法更好地贯彻实行。

广东省的协商立法是我国实施以人大为主导的协商民主立法的成功实践，对其他地区有一定的借鉴和示范效应。

2. 以人大为主导协商立法的参与主体

协商民主立法主要包括立法的主体、过程和目的三个方面，其中主体是协商立法的基础。所谓协商立法的参与主体，就是指一部法律制定过程中所有参与的人员，即参与一部法律从问题提出、方案设计、方案选择、征求意见、最后出台等整个过程的主体。我国的协商民主立法是以人大为主导的，人民代表大会是代表人民群众利益的，理应是协商民主立法的主导主体。另外，中国共产党、各民主党派、非政府组织的社会公众力量及普通公民个人在协商民主立法过程中的作用也是不容忽视的。因此，笔者认为在新媒体时代背景下，我国的协商立法应坚持党的领导，人民代表大会主导，各民主党派、社会力量及公民个人参与的协商主体地位。

---

① 戴激涛：《充分发挥人大在立法协商中的主导作用》，《人大研究》2015 年第 4 期。

（1）坚持中国共产党的领导。我国从王朝时代到清末、民国，再到中华人民共和国，最能代表人民利益的是中国共产党领导的社会主义中国。在中国共产党的领导下，我国人民的生活在不断提升，社会在不断进步，经济在不断发展，综合国力在世界范围内也在不断向前。在我的社会实践中，中国共产党对各项日常工作及方针政策的领导已经是大家公认的权力。我国始终坚持中国共产党领导制定国家重大方针政策，而立法是国家的重大决策，所以必须坚持党的领导。中国共产党是"三个代表"的核心力量，我国的协商立法也关系到人民群众的切身利益，因此协商立法必须坚持中国共产党的领导。

协商立法坚持党的领导必须做到以下几点。第一，协商立法的法律不能和党的重大方针政策相违背。中国共产党是我国的执政党，坚持全心全意为人民谋利益，党的方针政策也始终代表着国家和人民的利益，协商立法必须坚持党的领导，符合党的方针政策，维护党和国家的利益。第二，协商立法的最终表决通过必须有中国共产党的决策。党是我国各项事务的领导核心，一切涉及党和国家切身利益的事情均应有党的决策参与，只有这样，通过的立法才能体现国家和人民的意志，党才能更好地管理国家。

（2）坚持人民代表大会的主导地位。在我国，最高国家权力机关是全国人民代表大会（简称"人大"），我国的《宪法》和《立法法》中都有规定，立法主体主要是全国人大及其常务委员会，全国人大及其常务委员会的主要工作就是制定法律。我国是人民民主专政的国家，人民是国家的主人，人民代表大会代表人民行使国家权力。我国的法律法规、政策大多是涉及广大人民切身利益、关系到公众生活安宁的。我国的协商民主立法应该符合亚里士多德笔下的"法治"概念①：关系民生的法律的制定应该是大家所服从，并且符合广大人民群众利益的法律，这样的法律必须由人民自己制定，而全国人大及其常务委员会是人民的代表，代表人民行使权力，所以制定法律的主体必须是全国人民代表大会，也只有全国人民代表大会主导的立法才能更好地反映民意，满足最广大人民的需求。

---

① 法治应包含两种含义：已成立的法律获得普遍的服从，而大家所服从的法律又应该本身是制定的良好的法律。

（3）各民主党派参与。由于历史的原因，我国不仅是一个多民族的国家，还是一个多党派的国家，除了执政党中国共产党外，我国还有八个参政党。[①]中国共产党与各民主党派合作的基本方针是"长期共存、互相监督、肝胆相照、荣辱与共"。我国的多党合作制度也决定着各民主党派在我国的协商立法中占据重要的作用，各民主党派的人数较多，他们代表自己本党派的利益，由于党派之间的利益和追求不同，所以我们在协商立法的过程中要吸收他们的想法，使各民主党派参与到协商立法中来。

（4）社会公众参与。伟大的思想家马克思说："法律是统治阶级意志的体现。"但是在新时期的中国，法律不仅是统治阶级的意志，还是广大人民群众切身利益的反映。观察我国的法律法规，大多数内容是关系人民群众切身利益的，因此在协商民主立法的过程中要有人民群众的参与。人民群众参与我国的协商民主立法有两种方式。一种是选举出代表自己利益的人大代表行使自己的权利，那就是上文提到的人大；另外一种方式是人民自己参与协商立法。沃尔德伦提出了一个"政治环境"的概念："在某一群体的成员中，对某一问题感到需要一个共同框架或共同决定或共同行动进程，就是政治的环境，即使他们对框架、决定和行动应该是什么存在着分歧。"[②] "政治环境"告诉我们：我们每个不同的个人组成了一个复杂的社会环境，在这个环境中，我们有自己的想法、有自己的行为，但是毕竟这个环境不是单一的，人们的相处也不一定是和谐的。这个环境中的领导者为了使我们生活的环境稳定、健康发展，会设想制定出一个统一且令大家服从的规则。规则肯定会在一定程度上制约大家在社会环境中的行为，但是人们为了安全，为了生存，他们会支持规则的制定，而制定的前提就是他们要参与制定的过程，领导者为了统一规则会同意民众的要求。所以，一个国家的立法出现了，我们也从"社会环境"进入有立法规范的"政治环境"中。社会公众参与立法最终被社会认可。

在笔者看来，以人大为主导的协商民主立法的参与主体社会公众并不是一个单一的概念，它具有两个方面的含义。一种含义的社会公众是指与协商立法的过程和结果具有利害关系的社会组织及人民团体；另一种含义的社会公众是指对协商立法仅仅是参与协商，发表关于立法的过程和结果的建议的普通民众。

[①] 中国国民党革命委员会、中国民主同盟、中国民主建国会、中国民主促进会、中国农工民主党、中国致公党、九三学社、台湾民主自治同盟。

[②] Jeremy Waldron, *Law and Disagreement* (Oxford: Oxford University Press, 1999), pp.107-113.

因此，社会公众参与协商立法应包括社会组织和公民个人两个方面。

第一，公民个人参与协商民主立法。我国法律规定，国家的权力属于人民，而立法权作为国家的一项权力，当然属于人民所有。虽然我国法律的出台经过层层的审核、表决，最终由全国人大及其常务委员会通过。但是在协商立法时，必须有公民个人的广泛参与。因为我国法律所保护和约束的是公民个人，法律是关乎人民群众切身利益的法律。因此，公民参与国家立法协商是法律条文明确规定的，以人大为主导的立法协商仅仅依靠以全国人民代表大会及其常务委员会的主导并不能完全代表广大人民群众的根本利益，因此协商立法必须坚持普通民众的参与。

第二，社会组织及人民团体参与协商民主立法。《决定》中指出：我国的立法协商的参与主体除了有政协委员、民主党派、工商联、无党派人士、人民团体、社会组织外，还有相关的国家机关、社会公众，因此社会组织和人民团体参与立法协商是国家的规定和要求。我国的人民团体包括八个机构，即工会、妇联、共青团、科协、青联、侨联、台联、工商联。在我国，社会组织和人民团体都是非政府组织，他们是我国的协商民主立法中重要的参与主体。在我国的协商民主立法中，社会组织和人民团体发挥着重要的作用。

一是有利于立法的科学性、民主性。社会组织及人民团体在我国是很重要的社会力量，他们具有广泛的群众基础，代表着不同群体的利益，在协商民主立法中，广泛征求他们的意见，更有利于体现立法的公平性和民主性。立法协商是民主政治的重要内容，因此在立法的过程中，协商民主要加强社会组织及人民团体的主体地位。在参与协商民主立法中，社会组织在表达自己诉求前，可以以开会的形式召集本组织人员，对协商的立法充分表达自己的意见，组织通过汇总而总结出本组织的意见和建议，尽量做到自己的意见表达出本组织的利益诉求。

二是有利于平衡权力机关的立法权。全国人大是我国最高权力机关，我国没有设定专门的机关监督全国人大立法权的行使，全国人大行使立法权由人民监督，人民的广泛性加上国家没有明确规定监督方式，使人民群众监督人大立法权的局限性较大。所以，国家一部法律的出台必须通过全国人大及其常务委员会的表决通过，权力机关也不可避免地会产生权力的滥用，在新的历史时期，为了使国家立法权更加公平公正，真正体现人民的利益，必须将权力关进制度的笼子里。在制约立法权力的过程中，社会组织和人民团体发挥着重大的作用，因此社会组织和人民团体应该参与国家的立法协商。我国的社会组织和人民团体是非政府组织，而非政府组织作为组织化、群体化的权力制约与平衡力量，会通过对权力的制衡使权力慢慢分化，通过限制和消减权力以实现对权力的制衡。① 社会组织和人民团体参与我国的立法协商，不仅平衡权力机关的立法权，还有利于建设法治国家。

我国的协商民主立法的参与主体多样化正是我国民主法治化的体现。在我国古代，虽然也有法律的存在，但更多体现的是"人治"而不是"法治"。法律是统治阶级统治臣民的工具，法律是统治阶级制定的，有时君主的命令就是法律，法律只对普通人有作用，对君主及贵族阶级是不适用的。比如，古时的"刑不上大夫"，这样的"人治"社会不能体现人民的利益。而新时期，我国的协商民主立法正是"法治"化的深刻体现，人民真正参与关于自己切身利益的法律制定。中国共产党是我国的执政党，是一切事务的领导核心，而协商民主立法作为我国法律事务的一部分，必须坚持中国共产党的领导核心作用。全国人大是我国最高国家权力机关，国家法律的出台必须经过全国人大及其常务委员会的表决通过，而我国立法的协商、表决及出台是全国人大及其常务委员会的职责和任务，所以协商民主立法必须坚持人大的主导。我国的非政府组织更多的是非营利性的，它们不同于我国的政府机关，不拥有国家的公权力，但是能够参与协商民主立法并能对立法机关起到很好的监督作用，以防止公权力机关的权力滥用。我国的普通民众对涉及自己的法律更有发言权，所以在协商民主立法过程中应广泛征求普通民众的意愿，让他们选出自己的代表参与协商民主立法，使立法更能体现民意。因此，我国的协商民主立法应该始终坚持中国共产党的领导、全国人大及其常委会的主导、社会力量及普通民众的广泛参与。

3. 以人大为主导的协商立法的风险预防

（1）以人大为主导的协商立法的风险评估。一部新的法律法规的出台大致需要经历五个阶段，分别是问题的提出、政策议程的设置、备选方案的设计和选择、法律最终方案的内部酝酿、法律公开征求意见及法律的最终出台。以人大为主导的协商立法从实施以来，产生了极大的效果和进步，如诱发广泛的政治参与和培育积极的政治心态等，但是这项制度并不是完美的，仍会有一些缺陷和不足。

首先，协商民主立法缺乏明确的法律和法规保障。国家的一项立法活动离不开相关法律的支撑，协商民主立法同样不能缺乏法律法规作为依据。虽然我国《立法法》对享有立法权的地方人大及其常委会的议事规则、地方性规章起

草工作规则等有相关的立法规定，如《立法法》第三十五条①和第三十六条②中都有关于协商立法的规定。但是，这些规定只是说明立法的议案，有关机构应当听取意见，并没有明确说明协商的含义，更没有所谓协商立法的具体内容。因此，协商民主立法缺少法律法规的法律许可。

此外，有些地方通过的地方性法规或其他专门文件中，会针对协商民主立法或多或少地进行规定，认真研究和阅读后发现，这些文件仍存在以下的问题。第一，这些规定零散，没有系统性，有的仅对信息通报、工作部门对口联络等某一方面做事务性规定，却未覆盖协商立法的全过程。第二，这些通过的文件大多是人大常委会及政协制定或出台的规定，内容仅仅约束人大及政协成员，只具有内部效力，不具有约束地方立法的法律效力。这种类型的专门文件在一定程度上使协商民主立法的覆盖面显著降低，封闭性的弱点渐渐凸显。

其次，协商民主立法程序化、规范化不健全。协商民主立法的主要目的就是增强立法的科学性、民主性，尽量减少决策失误，但是我国协商民主立法的程序化和规范化还有很多的不足。

第一，协商立法的形式单一。美国的立法程序一般包括拟定立法草案、委员会和听证会对立法草案的审核、众议院和参议院通过表决和总统签署生效四个阶段。立法辩论是在整个立法程序中必不可少的一个过程。③我国的协商立法制度主要是人大及常委会提出法律草案后，在对草案进行评议前要广泛听取各个方面的意见，然后汇总分析。我国的协商立法制度只是听取意见，不包括给予各方充分发表自己意见的内容及原因的机会，这样一来，意见只是意见，

①《立法法》第三十五条：专门委员会之间对法律草案的重要问题意见不一致时，应当向委员长会议报告。

②《立法法》第三十六条：列入常务委员会会议议程的法律案，法律委员会、有关的专门委员会和常务委员会工作机构应当听取各方面的意见。听取意见可以采取座谈会、论证会、听证会等多种形式。法律案有关问题专业性较强，需要进行可行性评价的，应当召开论证会，听取有关专家、部门和全国人民代表大会代表等方面的意见。论证情况应当向常务委员会报告。法律案有关问题存在重大意见分歧或者涉及利益关系重大调整，需要进行听证的，应当召开听证会，听取有关基层和群体代表、部门、人民团体、专家、全国人民代表大会代表和社会有关方面的意见。听证情况应当向常务委员会报告。常务委员会工作机构应当将法律草案发送相关领域的全国人民代表大会代表、地方人民代表大会常务委员会以及有关部门、组织和专家征求意见。

③ 蒋先福、张嘉文：《协商民主建设的本土化路径——以立法协商为视角》，《贵州社会主义学院学报》2016年第2期。

最终是否会影响立法草案的内容由人大及常委会决定。这样单一的协商立法模式不利于充分表达民意。

第二，协商立法的实践不足。在协商民主立法的实践中，有些协商立法的过程十分仓促，不是刚制定草案或制定草案前广泛征求意见，而是立法草案即将表决通过时才召开协商，这样会使协商立法的参与主体没有充分的时间准备材料参与立法，不能提出有效的建议。

第三，协商立法的执行力不足。我国正在建设社会主义法治国家，协商民主立法的思想已经为大多数人民群众所接受。但是，协商立法不能很好地贯彻执行。由于协商民主立法缺乏完整的实施流程和有效的监管机制，使协商立法机制更倾向于形式化，协商结果不能很好地实行，也使整个制度的作用慢慢弱化，未能达到预期的目的。

最后，协商民主立法存在协商主体受限的情况。我国的协商民主立法的参与主体应有中国共产党、全国人大及其常务委员会、各民主党派、社会力量及公民个人，但是由于各参与主体的性质及工作等原因，各参与主体在协商民主立法的过程中仍然存在着不平等的现象，主要表现在以下几个方面。

第一，普通民众的地位较低，参与立法的过程未得到足够重视。社会公众是协商民主立法的参与主体，但是在实践中，普通民众只是次要角色，处于被动地位，他们提出的建议往往止于表面。在协商民主立法过程中，为体现社会公众的参与主体地位，必须要充分激发民众对立法的参与热情，听取人民群众对立法的建议。然而，社会公众提出的立法建议最终是否被采纳全部由有权机关决定。另外，虽然协商民主立法会强调过程的公开性，但是立法过程的送审稿、讨论记录并非完全公开，普通公民只能够看到最终确立的立法草案，知情权没有得到很好的保障，这样会使社会公众的参与性大大降低。

第二，有些地方开展协商民主立法时，以人大主导为唯一途径，这就排除了社会组织和公民个人的参与，限制了协商民主的主体范围，这种不平等现象会使协商立法的民主性受到极大的限制。此外，一些地方也将尝试实施人大主导以外的主体选择机制，却不是很成熟，选择主体的主要波动因素、主要制约因素仍然存在。

广大人民群众是立法协商的重要主体，没有社会公众的参与，立法协商就不是民主的，因此我国的协商民主立法主体受限情况是阻碍协商立法发展的重要的原因之一。

以人大为主导的协商民主立法自实施以来，积累的成熟经验值得我们学习和发扬，但是正如每项制度的制度和实施都不是完善的，以人大为主导的协商民主立法也是如此，它仍然会存在相关法律法规制度不健全、协商立法形式单一、实践不足、执行力不足及协商主体受限等问题。另外，制约和监督机制是一项制度有效贯彻实施的保障，而我国的协商民主立法没有监督机制，也缺乏有效的制约体系，缺乏相应规则的制度会使人民群众不能有效实施监督职责。以人大为主导的协商民主立法存在的风险较多，必须建立健全有效的防范机制。

（2）以人大为主导的协商立法的风险防范机制。首先，确保协商立法程序内容的确定性，完善协商立法相关法律法规制度建设。为了完善协商民主立法的法律法规，借鉴国内外协商民主立法的经验和实践，并对其进行研究和借鉴。一方面，吸收、借鉴国内外有关法律、法规中关于协商民主立法的规定；另一方面，由于我国已有很多地区实施以人大为主导的立法协商制度，在实施过程中会积累一定的经验和做法，我们应该积极吸收和借鉴国内有益的经验，并加以完善和修改，不断提高我国协商民主立法的专业化、民主化、科学化，使我国的协商民主立法更加完善。

其次，确保协商立法程序设计的中立性，确保各参与主体的平等性。以人大为主导的协商立法要始终坚持党的领导、以人大为主导、社会力量和公民个人共同参与的模式。虽然各参与主体的功能有所不同，党是领导，人大是主导，各民主党派、社会力量和公民个人只是参与，但是各参与主体在协商立法的过程中是平等的。因此，在协商立法的过程中，要坚持主体地位平等的原则，对社会公众、国家权力机关、社会组织等主体进行立法协商前的指导。

对于国家权力机关和社会组织来说，要实现多方联合协商，通过研究相关法律和专门文件，通过合法的方式合理、充分表达自己的利益诉求，提出自己的法律、政策建议。

普通民众中有很大一部分人的知识水平较低、能力较弱，在协商立法前，协商立法的主体人大及其常委会可以组织人员用通俗易懂的语言对普通民众进行广泛宣传，人民群众可以针对立法问题提问，对相关文件认真研究，发表自己的意见和建议。人民群众了解具体情况后真正参与协商立法的过程，人大及其常委会也应维护和尊重他们的参与权，确保参与权的实现。

最后，确保协商立法程序过程的公开性，广泛征求民意。在德国立法的过程中，立法草案和有关的指令、论据都要求按照规定提交给立法机关，普通公民可以通过公开途径征订，也可以通过电子网络媒体进行查找。同时，要建立信息发布协调机制，防止多机关发布信息产生冲突，对公众产生误导。[①]广泛征求民意，保障程序过程的公开性还应做到以下几点。

第一，加强公众的法治意识，调动公众参与协商立法的热情。通过网络或实地宣传的方式让公众了解立法的程序，让普通民众感受到立法协商的价值和效果，充分表达自己的利益诉求。

第二，重视和利用自媒体时代的传媒手段，了解民意、吸纳民意，利用互联网技术发布立法内容和计划，网上征求广大民众关于此项立法的建议和对草案的意见，也可以通过开通网上互动平台使公众参与立法的协商讨论。

4. 以人大为主导的协商立法的反馈机制

立法实践作为一种集体理性活动或群体社会思维，是在具有一定共同利益诉求的社会生活成员之间，通过信息交流而形成的共同社会认识。[②]而协商立法结果的反馈就是对形成这种共同社会认识的回应，是对协商立法参与主体的需求的反映。协商立法结果反馈机制是以人大为主导的协商立法必不可少的一环，只有通过对结果反馈的分析，才能评估协商立法是否实现它应具有的目的。

（1）我国关于协商立法反馈机制的立法规定。现阶段，我国关于协商立法的规定较少，相关的协商立法反馈机制的说明主要体现在 2015 年 3 月 15 日通过的修正后的《立法法》中，具体体现在以下条文中。

《立法法》第三十七条主要规定了常务委员会的法律案起草、修改的过程应该向社会公布，征求人们的意见，并且征求的意见应该向社会公布。

《立法法》第三十八条规定了常务委员会工作机构在法律案中整理的材料应该交给有关专门委员会，必要时，应该发给常务委员会会议。

《立法法》第五十四条规定了常务委员会提出法律案时，应该附带法律草案的文本和说明，如果是修改法律，还应当提交修改法律前后的不同文本，以便进行对照和审议。

《立法法》第六十三条规定了全国人大的专门委员会等机构应该对制定的法律进行立法后评估，并且应该将评估情况向常委会汇报。

《立法法》第一百零一条规定了全国人大的专门委员会等机构应该对法律审查、评议社会各行各业的组织、人民大众的反馈等情况向社会公开。

---

① 蒋先福、张嘉文：《协商民主建设的本土化路径——以立法协商为视角》，《贵州社会主义学院学报》2016 年第 2 期。

② 石东坡：《"后体系时代"的立法实践范畴新论——基于修改〈立法法〉的思考》，《江汉学术》2014 年第 1 期。

我国的《立法法》通过这五个法律条文规定了我国协商民主立法的反馈机制，法律中的反馈机制更多的是在强调我国的协商立法应该广泛征求意见，立法过程进行听证，真正使我国的协商民主立法达到全面的公开化、民主化。

（2）我国协商立法反馈机制的缺陷。虽然我国已有法律规定了协商立法的反馈机制，但是《立法法》只是作为宏观的立法规定，仅有的几个条文规定的立法协商机制的制度缺陷还是很明显的。

第一，协商立法反馈机制不健全。从我国《立法法》来看，几个法条虽然也都体现了对协商立法在立法过程中征求的人民群众意见进行评议、采纳与反馈，但是认真研究条文可知，法条中大多是使用"可以"一词，这样使协商立法的反馈机制显得随意。没有强制性的法条使协商立法反馈机制形同虚设，在协商民主立法的过程中不会把协商立法的反馈机制作为一种必经程序。

第二，协商立法反馈机制的运行缺乏经济保障。全国人民代表大会是国家最高权力机关，但是其在实施自己权力及参与活动时必须依赖于财政的支持。而协商立法的活动体现的是全国人民的利益，当地的财政会以不是当地财政管辖的范围而拒绝提供资金的支持。另外，人大及常委会都有自己固定的人员、固定的工作，有限的人力和物力使他们没有额外的时间组织协商立法，并对协商立法的结果进行反馈，这样也不利于协商立法反馈机制的实行。

虽然我国相关法律明确规定了协商民主立法的反馈机制，但其存在的制度缺陷也是明显的，其中协商立法反馈机制的不健全、反馈机制的运行缺乏经济保障是制度存在的主要问题，因此必须提出相关制度落实和完善反馈机制。

（3）关于我国协商立法反馈机制的构想。协商立法的反馈是我国协商民主立法的重要组成部分，但是我国目前的协商立法却很难做到有效的反馈，人大及其常委会有自己的工作和任务，没有多余的人力、物力、财力去支持和主导我国的协商民主立法。但是，出现上述情况的根本原因还是我国关于协商立法的反馈机制不完善，因此必须采取有效措施改善此种情况。

第一，法律对协商立法反馈机制的保障。目前，我国出台协商民主的专门立法条件还不太成熟，但是在相关法律中应明确协商立法的反馈机制，反馈机制将作为一个必要的程序，征求公众意见，代表人民意志。如果在协商立法的过程中缺少反馈机制，国家应认定此项法律通过的程序不合法而无效，如果在协商立法的过程中，权力机关或行政机关等通过自己权力干预协商立法反馈机制的实行，应采取相应处罚措施，以确保协商立法机制的顺利实行。第二，国家和社会对协商立法反馈机制的理解与支持。协商立法反馈机制是协商立法过程中一个必不可少的步骤，其有利于协商立法的民主性和合理性。坚持协商立法反馈机制应做到以下几点。其一，国家提供专项的资金支持。资金是一项工作顺利进行的保障，国家必须通过财政拨款的方式为我国的协商立法反馈机制提供专项的资金支持。其二，协商立法是重要的立法活动，国家在对协商立法提供经济支持的同时应为反馈机制的运行提供支持，或者直接从协商立法中分出一部分资金支持协商立法的反馈。只有这样，协商民主立法的主导主体全国人大及其常委会才能把协商立法的反馈机制顺利实施下去。另外，社会也应支持协商立法反馈。立法征求意见表决后，要把结果对社会进行反馈，在反馈过程中，社会应积极关注立法的过程和结果，对立法协商的回应结果做出反应，使协商立法机制正确运行发展。

以人大为主导的协商立法的反馈机制是立法完成后的关键环节，这种协商过程与最终的立法结果之间的对接，实现了对回应型立法的最终需求。虽然我国的《立法法》没有大量关于协商立法反馈机制的规定，但是仅有的几个条文并没有把协商立法的反馈机制详细阐明和细化。所以，关于协商立法反馈机制的具体规定是必不可少的。协商立法的反馈也是一项重大的立法活动，它不仅需要立法机关的主导，还需要国家和社会的支持与理解。只有协商立法相关主体之间共同努力，才能使我国的协商民主立法的反馈机制发挥更大的作用。

我国正处于自媒体时代背景下，追求法治化是依法治国奋斗的目标，协商民主立法是我国法治化进程中的一项重大工作。对于社会治理创新目标下的协商立法的具体操作来说，我们应该从整个立法活动加以贯彻实施。新媒体时代的协商立法包括以人大为主体的协商立法和以政协为主体的协商立法，本书认为我国应该坚持以人大为主导的协商民主立法。协商民主立法的主体是协商民主立法的基础，在立法的过程中起着重要的作用，我国的协商民主立法坚持中国共产党的领导地位、坚持人民代表大会的主导地位、坚持各民主党派和社会公众的参与地位，各主体之间相互配合，共同参与我国的协商民主立法。我国很多地区已经实施以人大为主导的协商民主立法，在以人大为主导的协商立法实施程序中，广东省较为典型，本书以广东省协商立法的实践与经验为例，分析现阶段我国协商民主立法程序机制的风险：我国的协商民主立法缺乏对应的法律法规，协商民主立法程序化、规范化不健全，协商主体受限等风险都需要加强防范机制。以人大为主导的协商民主立法的结果反馈机制是立法过程中的重要环节，但是我国现有的法律制度不能有效保障反馈制度的实施，所以必须通过反馈机制的制度化加以完善和健全。协商民主立法是新媒体时代背景下重要的社会治理方式，虽然在实施过程中仍会出现一些现实的问题，但是通过社会创新的方式不断地完善和发展，我国的协商民主立法一定会发挥越来越大的作用，也会加快我国依法治国背景下的法治化进程。

三、社会治理的监督机制

本部分主要是通过司法机关、人大和各媒体等多元合力，构建出对上述立法、法律实施机制完备的监督网络，为社会治理与公民权利保障和救济探索创新机制。

（一）社会治理中的人大监督

现代文明法治社会中，宪法是一国法律制度体系建立与存在的基础，在各国的法律体系中处于根本大法的地位。宪法的权威源于对所规定内容与目的的实现。由此而产生的宪法首要问题便是宪法的实施。但宪法能否贯彻实施及实施的具体效果则主要依赖于监督体系，宪法监督是指国家为了监控、督促宪法实施而建立的各项制度的总称。它是衡量国家民主与法治程度的重要标尺，是宪法实施的内容在现实中得以落实的重要保障。宪法监督主要通过监督宪法的实施效果来保障宪法具体内容的实现，从而实现对公民基本权利的保障。由此，宪法监督的根本目的在于对公民基本权利的保障。

人民主权论是宪法监督的理论基础。法国启蒙思想家卢梭是该理论的集大成者，他从社会契约论出发，认为国家的形成在于人民对自身一部分权利的让渡，通过这部分让渡的权利而组成较大权力的集合。人民与国家关系是建立在契约的基础之上，国家的权力源于人民的授予，国家权力的行使必须体现人民的意志。人民作为国家的主人当然有权对国家的具体行为进行监督。人民主权论这一思想现已体现于世界各国的宪法之中。

人民作为国家的主人，有行使各项监督的权利，其目的在于对自身权利的保障。我国现行《宪法》的构成主要包括公民基本权利与义务和国家机构两部分，国家机构作为权力执行的配置手段，其目的是保障公民基本权利。公民基本权利保障的重点是宪法监督，通过宪法监督来实现对公权力的约束、限制公权力的自由行使，进而实现宪法保障公民基本权利、保障人权的终极目标。

1. 我国现行的宪法监督体制

宪法监督制度是我国社会主义民主法治的重要组成部分，是在中国共产党总结历史经验的过程中逐步建立并发展起来的，是符合我国国情的特色社会主义制度。在社会主义法治进程中，宪法监督在保障宪法实施、维护公民基本权利、夯实社会主义法治基础方面发挥着越来越重要的作用。

我国是人民当家做主的社会主义国家，国家的一切权力属于人民，监督宪法的实施人人有责、人人有权。依据人民主权论的观点，我国的每一个公民都具备与生俱来的宪法监督权利。但宪法监督的结果往往会导致某一个规范性文件的废除与修改，从这个意义上来讲，监督宪法的实施是一项极其庄重和严肃的权力，具体的行使方式决不能归于单个的个体公民。将宪法的监督权力交由统一的机关行使有利于维护宪法的稳定性。我国是实行人民代表大会制度的社会主义国家，人民权力的行使方式主要通过全国人大和地方各级人民代表大会。由此，宪法的监督应由最具权威的国家机关掌握并行使，根据我国《宪法》的相关规定，全国人民代表大会和全国人大常委会监督并行使监督宪法实施的权力。

1982 年《宪法》第六十二条第二项与第十二项规定了全国人民代表大会具有监督宪法的实施、改变或者撤销全国人大常委会不适当的决定的内容。《宪法》第六十二条与第六十七条明确了宪法监督的主体与权限，但缺少对宪法监督程序的具体规定。《全国人民代表大会组织法》《立法法》中对宪法监督的具体问题有相关补充。根据我国《全国人民代表大会组织法》的相关规定，全国人大可依法改变或撤销全国人大常委会不适当的决定及其适用的程序，同时在全国人大会议召开期间，全国人大主席团、全国人大常委会、全国人大各专门委员会及"一府两院"和中央军委可以向全国人大提出属于全国人大职权范围内的议案。通过第九条规定，进一步明确了全国人大与全国人大常务委员会之间的监督与被监督关系。全国人大改变或撤销全国人大常委会不适当的决定也就属于其职权范围内的事务，那么其中必然包含了宪法监督的具体程序。除此，规定通过间接行使的方式扩大了宪法监督的行使主体，但关于这一主体如何提出，却缺乏相关法律程序的规定。

2. 宪法监督机制在民生保障过程中的原则把控

新媒体时代背景下，随着社会生活内容的不断充实和丰富，作为社会基本主体的公民对基本权利的理解认识、关注度和基本权利保障的需求都进入前所未有的更高层次。近年来，对涉及公民基本权利及其他宪法权利保障的公共事务领域受到了全社会的高度关注，引发了热烈的讨论并推动了相关领域立法、执法和司法等方面的积极变化。可以看到的是，社会治理主体在新媒体时代应对不同领域包括传统与新兴领域所出现的各种新问题时，所需要的是寻求并采用符合新媒体时代背景特征的创新性治理思路、手段和方式，以及调整相应的治理目标，而不仅仅照搬过去的经验和方法，用老思路应对新问题。

有鉴于此，社会治理主体在创新治理思路与手段的过程中，是否是以保障公民基本权利及其他宪法权利为主要目标，是否采取了符合宪法及法律规定的手段方法等方面是社会治理主体行为的底线，因而必须采取宪法监督以对其进行必要的规范。在这其中，宪法监督对社会治理主体活动进行考量的依据和标准应当以宪法规定为出处，从宪法最高效力的角度出发对与其相抵触的主体行为和活动进行必要的干预和纠正。在这一过程中，社会治理主体的行为是否符合宪法规定，最根本的依据是宪法所规定的各项原则。同时，这也是我国宪法赋予公民的各项基本权利的抽象体现。

（1）公民基本权利保障原则。公民基本权利保障原则是我国宪法的基本原则之一，它规定了我国公民享有的各项基本权利免受不法侵害。完善民生保障的宪法监督机制，即是要完善对关乎民生保障的各项行政权力的合宪性监督机制。在这其中，对宪法所规定公民享有的各项基本权利是否存在保障缺失，甚至是侵害公民基本权利，进而违背了宪法基本原则的行为的监督，是整个宪法监督机制的头等要义。然而，我国宪法规定的各项基本权利属于抽象的类型化界定，为的是保留权利解释的空间。因此，随着社会科学技术、文化等各领域的不断发展，体现在社会生活和民生等方面中的具体权利需求产生了诸多新的衍生和细化，就需要在相关的类型化权利范畴进行进一步的界定，并制定和完善相关的权利保障及监督机制。在这其中，最为明显的是随着新媒体时代的到来，网络空间不断发展并逐渐成为公民社会生活的重要空间构成及由此产生的诸多新的权利保障需求。据中国互联网中心统计，截至 2016 年 6 月，我国网民规模达到了 7.1 亿，其中手机网民规模达到 6.56 亿，占比超过 90%。由此可知，随着科技的不断发展，社会生活也在不断发展变化，在社会成员参与度高的方面，权利保障需求也就更为明显和迫切。在协调好社会管理向社会治理转变的过程中，社会公共秩序和公民个体权利的保护就成了较为突出的热点问题。例如，在 2002 年前后我国开始逐步实施的网络实名制，即是在进入互联网时代之后出现的以适应新的社会管理需求应运而生的互联网管理制度。这一制度一经实施便引起了巨大的社会反响，争议和争论一直持续到今天。从社会治理的角度出发，这一制度制定和实施的目的在于加强网络虚拟空间的管控力度，对可能出现社会问题的空间领域进行把控。对基于这一考量而制定实施的网络实名制，其目的无可厚非。然而，从宪法监督角度分析，这一制度是否侵害了公民的基本权利，不同学者持有迥异的观点与立场。

由此可以看出，新媒体时代背景下，随着科学技术的发展和社会生活的不断丰富，民生权利保障的内涵发生了新的变化。人们的行为类型已经突破了传统观念所包含的种类，产生了诸多新的社会现象，同时也产生了新的社会问题。因此，新的社会问题需要社会治理主体基于需要而采取创新社会治理手段的方法，以化解社会矛盾、解决社会问题为目标进行革新。但在这一过程中，不免会出现以目标导向为特点的急于求成和功利性表现，导致社会治理主体的不当和侵犯公民基本权利的行为。所以，当社会治理主体的治理行为处于超出传统法律规定的全新领域，而难以引证具体的法律条文时，就必须以宪法基本原则为依据，更好地涵盖宪法所赋予公民的各项基本权利及实现相关宪法规定的立法目的。

（2）社会公序良俗原则。社会公共秩序和善良风俗既是社会得以正常运行的重要组成部分，也是公民社会生活和个人生活的重要保障。保障社会公共秩序及尊重和维护社会善良风俗是世界各国民法领域的重要原则之一。在社会治理方面，民生保障应当充分考量公民对保障社会公序良俗的需要，认真分析和看待社会公序良俗的内涵并在治理过程中充分重视。在这其中，对不同地区、民族的公序良俗应当进行充分的考察调研，结合具体情况制定相应的规章措施。比如，在我国众多少数民族地区，社会公共秩序的维系和善良风俗的保持靠的是当地特殊的风土人情和民族文化，社会治理过程中，就应当在知悉并充分结合当地具体情况的基础上对这一地区具体的民生保障进行调查研究，制定因地制宜的法规政策和执法措施。

此外，在我国大部分地区，社会基本的公序良俗也应当纳入民生保障的范畴。应当看到的是，良好的社会公共秩序和善良风俗是维持社会稳定、人民得以安居乐业的必要前提，也是较高治理水平下的现代社会中应当受到保障的公民权利类型之一。政府在研究如何协调社会治理和公民权利保障这个大课题之下，也应当纳入研究社会治理价值目标与社会公序良俗中所蕴含价值目标的契合与衔接。近年来，各地方政府在追求本地区社会经济发展的过程中，也遇到了诸多这一领域的新问题。尤其是进入新媒体时代以来，在包括网络空间在内的新兴领域的社会道德等问题的争议数量尤多，而新兴事物对传统领域的发展、变革与冲击尤为激烈。面对这样的新变化，一方面，应当加强对政府治理效果的监督，对缺漏和薄弱的问题领域应及早加强立法与执法环节的手段；另一方面，也应当对片面追求经济利益而对社会公序良俗产生影响的不当方式进行监督与制止。

（3）维护法制统一原则。维护法制统一原则是我国宪法明确规定的基本原则之一，它要求我国一切的法律、行政法规和地方性法规，包括各种规章和其他规范性文件都不得与我国的宪法相抵触。这一原则是维护我国宪法最高效力、最高位阶的性质的重要保障。在保障民生过程中，政府所采取的行政立法、执法等的内容与方式，都应当遵循我国宪法的规定。这就要求政府在制定民生保障政策的过程中，充分研究和考量政策法律的制定与上位法的协调与衔接问题，而不能采取较为极端的手段方式追求单一片面目的，进而违背了相关的宪法和法律规定。

随着科学技术的不断发展，政府社会治理的领域也在不断拓展，在面对新兴领域的治理问题时，立法与执法的跟进是必由之路。在这一过程中，立法环节的技术性要求并非一成不变，而应当结合具体领域的特点采取针对性的立法技术进行立法。其中，在涉及民生保障问题时，立法应当倾向于严格和确定的政策法规来保障公民各项基本权利，而非模糊的、自由裁量度更高的立法作为相关部门的执法依据。那么，这就可能存在两方面问题，一是立法与执法对民生保障范围的涵盖不足及保障力度的不够，产生了与宪法及上位法的冲突；二是过于追求具体治理目标的实现而制定和采取了较为极端的政策法规和执法手段，也会产生前一问题。所以，设计相应的宪法监督机制就应当从正反两个方面入手，根据维护法制统一的原则，统筹监督政府的民生保障法规政策及执法手段是否符合这一原则的规定和立法目的。

3. 针对民生的保障和实现成立调查委员会

（1）调查委员会的理论和制度基础。调查委员制度在我国的宪法与法律的历史演变中逐步走向完善，1954 年我国第一部《宪法》第三十四条中明确规定，全国人民代表大会及其常务委员会在认为必要的时候，可以组织特定问题调查委员会。但随后的 1975 年、1978 年两部《宪法》由于历史原因，相关规定中并没有人大特定问题调查制度。[1] 而调查委员会制度的重启是在 1982 年《宪法》重新建立的全国人大特定问题调查委员会制度中做出规定的。

目前，我国人大特定问题调查委员会制度的法律体系主要包括宪法层面与立法层面。宪法在对调查委员会的性质功能认定上，都将其视为具有"临时性"与"补充性"的监督机构。调查委员制度的规范的立法依据主要包括以下相关规定：特定问题调查委员会制度以 1982 年《宪法》对该制度的再次确认为基础。1989 年通过的《中华人民共和国全国人民代表大会议事规则》就全国人大及其常委会调查权行使的程序制度等特定问题对人员组成、调查权力、调查报告的处理等做了较为详细的规定，使特定问题调查委员会制度在程序上更可行，在实施中更实效。《监督法》也在现行法律基础上对全国人大及其常委会和地方各级人大及其常委会的特定问题调查权的行使规定了相关的制度，进一步完善了有关特定问题的调查程序。1992 年的《全国人民代表大会和地方各级人民代

---

① 　温泽彬：《人大特定问题调查制度之改革》，《法学》2015 年第 1 期。

表大会代表法》规定了地方各级人大及其常委会行使调查权的程序制度；1995年修正的《中华人民共和国地方各级人民代表大会和地方各级人民政府组织法》也对特定问题调查的启动程序做了规定，包括县级以上地方各级人民代表大会组织特定问题调查委员会的启动及成立程序、报告提交、决议以及备案制度等。

（2）调查委员会的职能——权利保障特别程序。组织特定问题的调查委员会制度主要针对各地在进行社会治理创新的实践过程中，对可能造成公民基本权利保障的弱化及所受到现实的侵犯事件予以调查，并联合相关部门解决问题。调查委员会制度在保障公民基本权利方面具有特殊的优势。

第一，调查委员会追求调查的专业化。社会治理创新，特别是治理手段和方法专业化是大势所趋。我国科学技术的发展推动社会的转型变化，社会分工的精细化已经改变了人们的思维乃至社会生活的其他领域。越来越多的新问题存在于新兴社会领域及更深层次的传统领域。人大监督目前存在的问题之一是针对特定问题难以形成有效的解决结果，究其原因，除了各机制衔接的缺陷外，人大监督机制内部缺乏问题解决方案的有效产生办法也是重要掣肘。而特定问题调查委员会可以在专业性上具有更高的灵活性，以适应具体问题的解决。第二，具有组织形式上的专门性。人大对相关机构和具体问题的监督是以有效性为优先目的的，无论是在监督的方式、程序还是范围上，都应当在保证有效性的基础上"不怕麻烦"。所以，在既有的人大监督机制中，具体实施监督的主体存在监督广而不精的弊病，监督事项多难以保证对每件具体事项都能保持较高的专门性、精准性，而设立特定问题调查委员会恰恰可以弥补制度上的这一缺陷。对于以调查特定问题而专门设立的委员会而言，在组织形式上具有专门性，以特定问题的调查解决为核心可以保证组织行为的高效性。

（3）人大监督与调查委员会制度的逻辑关系。全国人大特定问题调查委员会从产生到现在一直饱受社会各界的争议，这也导致了理论界及学术界对该制度的重新审视。目前，学界大量学者从学理角度上出发，对我国人大特定问题调查委员会制度进行分析，并从比较法的角度研究域外议会调查制度，从而为我国调查制度的改革提供域外先进的制度及理论经验。总体上来看，特定问题调查委员会制度存在权力配置方面的缺陷，因此人大常委会应当在宪法允许的范围内，增设相关调查权的基本法律，以人大监督作为补充，以保障调查委员会制度的顺利运行。

（4）调查委员会制度改革思路——以公民基本权利保障为导向。人大特定问题调查委员会制度的改革应始终以对公民基本权利的保障为核心，从两个方面入手。一是以现有临时性的特定问题调查委员会制度为基础，同时增设经常性特定问题调查委员会制度，形成以临时性与经常性相结合的"双轨制"人大特定问题调查委员会机制。二是完善调查委员会启动程序的条件，同时进一步明确具体的实施办法。

第一，增设经常性调查委员会，构建"双轨制"调查委员会制度。这一改革方向主要借鉴国外关于调查委员会的立法模式。具体分为经常性调查权机制及临时性调查权机制两种。经常性调查权机制通过设立常设机构行使调查权，是指由议会的常设组织机构在其职权范围内行使调查权，而临时性调查机制则针对某一特定问题而成立。两者各有优势，常设性调查委员会可以不受时间的限制而全面地行使调查权，而临时性调查委员会则对症下药，提高调查效率。因此，两者结合起来可以实现有效监督政府的目的，进而为公民基本权利提供全面的保护。

第二，修法重新配置人大特定问题调查权的启动程序。立法机关在设置调查委员会制度时，应充分考虑启动程序的民主性与效率性。对调查委员会有必要降低启动程序的条件，不应以"必要时"这一模糊条件作为前置启动程序的条件。因此，必须要在相关法律中将这一模糊性规定予以明确。同时，应将成立临时调查委员会的启动条件进一步细化，在民主的基础上适当放宽调查委员会的成立条件，充分调动与发挥调查委员会保障公民基本权利的积极作用。

4. 人大执法检查对社会治理中民生改善的把控

人大监督司法的方式是多元的，既保障政策的高效运行及实施，亦便于解决司法实践中的众多问题及困难，同时提高审判工作和检察工作的质量和效率。在民生改善与保障的过程中，加强人大执法检查对促进和监督行政机关重视和树立以民生保障为目标指引的执法观念、执法手段具有不可或缺的作用。行政执法是对相关领域立法的贯彻与落实，是把纸面上的法转变为社会生活的现实的重要环节，立法效果的好坏在相当程度上也取决于执法环节所采取的方式手段及执法的严格程度。所以，人大执法检查应当被视为行政机关民生保障监督机制的重要环节加以研究和完善。

然而，关于这一环节目前存在的突出问题是，人大对司法机关的执法检查采用的检查方式仍较为单一。同时，执法检查能够有效地发现并纠正行政和司法机关适用法律及错误适用法律的问题，从而对社会治理创新，尤其是民生保障政策法规的制定与严格执法的风险预防提供了更加有力的保障。[1] 执法检查

---

① 谢小剑、徐俊翔：《人大监督司法视野下的执法检查》，《昆明理工大学学报（社会科学版）》2013 年第 4 期。

作为一种对立法目的实现的有效保障和对行政权约束监督的方式，从 20 世纪 80 年代开始尝试，并于 20 世纪 90 年代通过立法予以制度化，最终于 2006 年被《监督法》所确立。同时，执法检查作为一种常规有效的监督方式，在正确实施的前提下必将对行政权及行政执法的过程形成约束。

（1）执法检查的重要意义与作用。法律公正是司法公正的前提，虽然执法检查不等同于立法前的听证，也不是为修改法律的目的而实施，但是执法主体在实施执法检查的过程中可以发现现行法律法规存在的问题，我国《监督法》规定执法主体在执法检查报告中对相关法律法规提出完善意见，这有利于促进法律法规、司法解释的完善。司法机关在履行司法职能时不能解决全部法律有效实施的障碍，但是人大可以利用对政府、法院、检察院的监督职能，协调各方主体解决执法检查的障碍。

其一，现行执法检查制度的缺陷。有调查研究发现，执法检查的过程存在"走过场""监督实效不足"等问题，执法目的难以实现。可见，现行执法检查制度的主要缺陷体现在以下几方面。第一，执法检查的方式单一。一直以来，人大执法检查程序普遍以集中式的方式进行，这样的执法方式需要大量人力资源的投入，以及执法任务繁重，一般采取听取汇报、开座谈会的形式。所以，在执法过程中被执法单位往往是提前接到检查通知，做好检查准备。太过"完美"的检查工作，使执法检查只是流于形式，看不到执法检查所存在的问题，在很大程度上制约了执法检查的功能和效果。第二，检查依赖被调查单位进行。在实践中，许多执法检查组常常吸收了被检查单位的成员，让其为检查组提供相关知识、信息及咨询服务，改变了执法检查法律监督的本质属性，不仅混淆了监督者与被监督者之间的界限，而且大大降低了人大执法检查的权威性。第三，执法检查的立法滞后。执法检查受到现行体制的有效制约，致使很多被查单位应接不暇、难以承受，执法检查也流于形式，缺乏客观性、真实性。我国现行法律中关于执法检查领域的具体制度化条文或专门性法律仍较为缺乏，作为执法检查活动开展的必要制度性前提，这一问题大大制约了执法检查的有效开展及其作用的发挥，因而设立这一制度的目的也一直未能很好实现。第四，执法检查的过程未做到公开透明。在具体操作中，绝大多数情况下执法检查的过程并不会向社会公布，执法检查的透明度也不高，这导致了人们对执法检查的过程缺乏知悉了解。此外，有的检查活动甚至因为缺乏有效的监督，而成了形式化的"走过场"，无法达到预期的效果。第五，执法检查目标的政策性倾向过重。目前，我国执法检查的目的较多放在党的政策的宣传需求和落实情况检查方面，从而导致执法检查对有关法律法规实施情况的关注力度不够。执法检查过程过于倾向和凸显法律以外的政策色彩也必然会对执法效果带来一些负面的消极影响。

其二，人大执法检查制度的完善。为了切实增强人大对司法机关监督的法律实效，更好地发挥人大监督司法的作用，应不断完善执法检查制度。具体而言，可以从以下几方面进行完善。第一，推进执法检查方式的实质化。执法检查在采取座谈会的同时，要对其方式进行创新，由于目前的执法检查只是流于形式，缺乏真实性、客观性，所以要推进执法检查方式的实质化，就要创新执法检查方式，多角度地采取执法检查，发挥执法检查活动的效用。第二，进一步梳理人大与司法机关间的关系，强化跟踪监督的措施，保障监督的实效。综合运用质询和询问、特定问题调查、撤职和罢免等监督方式保证法律得到有效实施。①在实践中，人大在行使监督司法机关职能的同时，需要实际执法部门特别是检察院和法院的配合与支持。第三，完善相关的法律法规。目前，我国执法主体进行执法活动的法律相对来说较少，主要的法律法规仅有《全国人民代表大会常务委员会关于加强对法律实施情况检查监督的若干规定》（1993 年）和《监督法》（2006 年）。就上述法律法规而言，条文甚少，规定疏漏。因此，为了完善执法检查活动的法律依据和制度框架，全国人大应当在重复考量执法检查的实际情况的基础上，制定更多的规范执法检查活动的法律，同时修改完善相关法律，加强对执法活动的监督，使执法检查活动的实效性得到实现，不再流于形式，明确执法检查主体的权利和义务，使执法检查活动更加规范、具体地进行。第四，建立执法检查公开机制。人大的执法检查应当坚持公开透明原则，为广泛的社会关注群体提供信息知悉的渠道，同时进一步增强执法检查的透明度，扩大参与方式，让人民群众能够参与到监督执法检查行为的过程中。执法检查全过程、执法检查的报告及执法检查的落实情况应接受公众的监督，媒体也应对此进行及时、客观、全面的报道，以免执法检查沦为形式化的视察而未达到实际的效果。而且，公民对执法检查的过程和内容中的问题，可以及时向有关部门反映并要求其说明情况。②

（二）社会治理中的社会监督

社会治理体制创新过程中，司法监督为其核心，人大监督则是司法监督在制度上的重要补充与支持。但是，司法监督与人大监督并不是法治监督的全部

---

① 谢蒲定：《从执法检查报告分析人大保障法律实施的对策》，《人大研究》2011年第10期。
② 谢小剑、徐俊翔：《人大监督司法视野下的执法检查》，《昆明理工大学学报（社会科学版）》2013年第4期。

内容。除去这两种具有制度意义的法治监督形式外，在当前新媒体时代背景下，社会监督构成了民生保障法治监督最富有活力、最具有推动力的内容。

1. 传统媒体时代的监督

在各种各样的传统媒体的监督下，政府的各项职能在一定范围内得到了积极的展现。针对特殊的社会问题和热点问题，传统媒体在采访报道和采编程序等各个方面都发挥了自身独特的优势。在社会热点问题上，传统媒体通过对其深度解读，再加上专家的评论和报道方式的改进等手段，使问题得到深入阐释和理性对待，也拓展了监督的广度，加深了监督的深度，发挥了舆论引导的主导作用。传统媒体在发挥监督作用的同时能够始终保持主流媒体的传播力和公信力，保证了新闻的真实性和权威性，也必然会决定在某种程度上确保各类事件的真实性、可靠性。传统媒体的监督始终保持着真实性、客观性，以事实为根据，充分听取民众的意见，这正是社会赋予其"舆论监督"权力的原因所在。

（1）传统媒体监督的必要性。首先，传统媒体监督是规范行政权力，保护人民利益的需要。这里提到的监督大部分指对政府各种行为的实时监督。从理论上来说，各级政府的行政权力直接或者说根本上是源自广大的人民，这种权力是用来维护及增进人民的各项福利的。可是不要忘记，权力在无论什么时候都是一把的"双刃剑"，这把剑既可以为人民群众谋得各种应得的利益，也可以给掌权者或少数人带来私利，这必然会伤害或减损人民的利益。舆论监督是宪法有关公民表达自由权利的体现，是公民基本的权利之一，保障人民在法律限度内自由行使表达权，也体现了建设民主社会的必要性。

因而，社会上的新闻媒体，其所要反映及表达的是大部分人民群众的相似或者相同的意愿，是人民群众对人民政府及我们生活的社会开展监督的非常重要的阵地之一。舆论监督的根本任务是保障人民各项合法的利益需求。

其次，传统媒体监督是多党合作制度和政治协商制度、民族区域自治制度等政治体制监督的现实需要。我们从理论的角度出发，人民代表大会制度有利于实现人民当家作主，体现人民的意志，也与我国情相适应。在实际的权力运行过程中，一部分政府官员罔顾法律法规的规定，对人民的权利进行蚕食和侵占，造成了权力的肆意滥用及严重的腐败，因而在权力的运行方面，人民的合法、合情、合理的各种利益没有得到真正保护，许多人民的意志也就不会有所体现。这一连串的作为让我国政治体制的某些特点及优点不能充分展现。在如今的政治体制中，如果只是靠人大监督、司法监督等体制内部的不完全监督，肯定不容易实现监督的实质效果。最近的十几年来，随着大部分公民意识的不断增强，民众对自己的权益也越来越重视。因此，在社会治理中必然要增强外部的监督力量，切实发动广大人民群众对政府行为进行外部监督，弥补监督机制的漏洞和缺陷，多方面地抑制和制止腐败的进一步产生和恶化。不过，人民群众监督权的使用较大程度上是依靠各种社会媒体来实现的。以各种媒体作为中间媒介的舆论监督，已经变成我国民主政治中对权力进行制衡约束的较为重要的方式之一。政府自觉接受舆论监督、接受人大的法律监督和工作监督、政协的民主监督，要成为硬性要求。

最后，传统媒体监督是满足我国民主政治改革的需要。我国的社会治理进程中，传统媒体监督是推动民主政治建设加快步伐的主要因素之一。社会媒体加强了民众之间的交流，有利于民众表达意见，有利于民主建设。传统媒体作为一种舆论监督的手段，是社会治理的重要方式。传统媒体通过对事件的报道本身就是对各种信息和声音的传递。在进行社会治理时，传统媒体通过对这些声音和信息的接收和确认，获得各个阶层对政府及其行为、体制、社会经济秩序、社会意识形态等各种社会事务的意见的自由表达，既尊重了民众自由表达意见的权利，也扩大了民众对社会事务管理的权利。政府行政管理的权力源自广大群众，因此人们必然有权通过舆论等方式监督政府的各种抽象或者具体的行为，深挖政府的缺陷，批评它所犯的错误，其中最为重要的是对政务人员、政务活动不符合规范的工作和内容进行曝光。因为有舆论监督的存在，社会治理才能有效加强，社会才会更加健康地发展。

（2）传统媒体的监督意义。首先，传统媒体监督是政府公开和依法行政的重要组成部分。媒体抓到任何细微的情节，就可以及时披露，然后对问题进行深入的剖析，直至查清整个事件。另外，新闻媒介的监督具有公开性的特点，会让腐败的人来不及掩盖自己的罪行，就被揭露在大庭广众之下。而一旦由社会媒体曝光，定会引起社会的广泛关注，知道内情的人士就可能会有莫大的信心和坚强的勇气向新闻媒体和相关部门进一步述说其所知道的事情内幕，并提供有关的涉案证据，进而严厉查处腐败人员。

其次，传统媒体监督是社会主义民主政治的重要组成部分。媒体的监督在很大程度上体现着一个国家民主化与法治化的水平，也是对人民民主权利实现途径的体现。传统媒体的监督是通过民众对国家事务、社会热点现象和个人有争议的行为进行概括性的评论而产生的意见、看法和观点，这样就会出现很大的舆论压力，对我们生活的社会起到良好的监督、检查的作用。因此，传统媒体监督是社会主义民主政治的重要组成部分，它为民众提供了各色信息，构建了开放的信息环境，在此基础上对事态的发生做评论，在一定程度上满足了民众对获取信息、发表言论的要求。但是，随着网络技术的进一步发展，网络已然成为民意表达的第二大阵地，网络平台具有开放性和广泛性，是人们获取信息、发表言论的主要渠道之一。在网络平台上，民众通过对新闻的跟帖和发帖，最大限度地参与到新闻事件、社会事务和公共决策中去。传统媒体的监督与网络监督的及时性相比是没有办法达到这种程度的。网络监督有着即时交互性的特点，能够在短时间内迅速形成舆论合力。而传统媒体的监督舆论合力的形成虽然也是存在和发生的，但是在本质上没有办法和网络相比拟，无法在短时间内形成。这种情况是后工业化时代科技不断发展进步必然会出现的结果，也是民主向前发展的有力体现。这样，人民就有了更多的机会及平台来阐述自己的各种观点，并促进有益于社会治理的意见、建议得到更多的关切。

最后，传统媒体监督有利于公民社会的构建。我们沿着公民社会的价值内涵出发真实地构建公民社会，这样做的意义就是有利于保证政府依法行政，更加有益于维护以及增进人民的自身利益。这两方面的实现，就产生一种要求，即切实提高公民的政治参与水平。传统的媒体监督有助于构建社会主义和谐社会，进一步而言就必然会大大促进社会更加公正、公平和正义，使社会公众可以共同分享改革开放以来的成果。和谐社会首要的是建立在政府和公民两者之间良性互动的实质内容之上，这个要求也是构建公民社会的非常重要的内容之一。传统的媒体为民众提供了一个广阔的平台和窗口，让公民的表达渠道有了进一步拓展，公民个人的知情权及话语权也有了进一步扩张，让公民知悉自己权益的用处。公民通过一个良性的平台传达和申诉自己的合法权利，进而吸引广大群众参与和支持社会治理，这让政府在决策的制定及执行过程中更加重视民意。传统媒体的监督在一定程度上扩大了民意对社会和权力的影响力，对公民正当权利的表达具有了更多的现实性、理性和正向的推动力。

2. 自媒体的监督

最新数据显示，我国网民用户高达 7.51 亿，其中网络新闻用户达到 6.25 亿，网络用户的快速增长催生了自媒体监督的快速发展。自媒体的监督通常建立在以微信朋友圈、QQ 空间与微博等为标志的网络新闻与社交应用的自媒体平台上。网络用户特别是网络新闻用户的稳定增长为自媒体监督提供了信息基础。

（1）自媒体发生发展的趋向。2000 年，凯迪社区的创办聚集了一部分优秀的"意见领袖"，大家在创办的社区中发表对时局、经济、文化、环境保护等方面的建议。2003 年，最高人民检察院建立网络举报平台，为民众检举权的落实提供新的途径，拓宽了刑事与民事案件的信息来源。

与此同时，以手机为主体的移动通信设备逐渐成了舆论监督的新力量。手机便捷快速的先天优势与网络的结合使民众可以即时获取各式各样的信息，而手机信息的碎片化可以使民众较为完整地了解社会热点事件的真相。除此之外，微博等自媒体的力量也不容忽视。自媒体的传播很大程度上是通过微博、微信等网络社交 App 而扩大的。社交软件的建立可将发生在自己周围危害公民权利和社会稳定的恶性事件在第一时间通过互联网技术传播出去，由小型的舆论圈扩展为整个社会的舆论导向。近年来，热点新闻的频发是通过这一类社交网络传递出信息，进而扩展至整个网络的。自媒体中民众的力量不断扩大使原本零碎化的公众意见被逐渐聚拢，并且在短期内形成了社会舆论导向，促使相关事件更好、更快地解决。

（2）自媒体参与社会监督的积极作用。随着经济的发展，自媒体也在不断发展，公民对社会事务的参与也随着网络技术的发展而不断加强，自媒体环境下的社会监督已成为一条新的公民参与社会管理的途径。自媒体的舆论监督若是处于理性和界线的合理管控下，对相关社会热点问题的发展和舆论的导向具有积极的促进作用。政府部门应该积极主动地提取通过微博和微信等新媒体工具传播出来的对社会事务管理的建议和意见，并对政务进行合法合理的公开，确保与民众的积极交流，建立与民众的互相信任关系，以达到对人民群众舆论监督与言论自由保护的目的。

首先，自媒体成为社会监督的主体可以有效引导公民对公共政策的认同度。公共政策的合法化包含两层含义。一是法律层面上的合法化，主要指公共政策的制定主体、方式、程序、内容符合有关法律规范的精神，同时表明公共政策上升进化为法律或获得合法地位的过程；二是政治学上的合法化，指公共政策在向社会公布以前，要获得公众广泛的认可及必要的支持。[①] 而民众对公共政策的合法化理解侧重于政治学上的合法化，即程序合法。公共政策的本质是民意的体现，重大公共政策在实施前必须要广泛征求民众的意见，保障民众的知情权，只有民众知晓且认可的公共政策才可以在日后的实施过程中获得普遍认可与遵守。

社会大众在网络平台上建言献策间接开启了政府收集民意的新渠道，有助于为政府的相关决策提供科学与民主化的指导，这有力地解决了政府与民众之间信息不对称的问题。政府积极地参与到网络活动之中，及时合理地进行政务信息公开，普通民众通过网络对政府的行政活动进行监督，并就最新的政策动向发表意见，最终由政府对信息反馈进行收集并以此做出合理的行政决策。民

---

① 宋雷：《"微时代"我国公众网络参与的作用力研究》，硕士学位论文，复旦大学公共管理专业，2013。

众与政府之间的互动越频繁越有利于提高公民对公共政策的认同度，其决策也越具有代表性。目前，微博与微信两大自媒体平台基本覆盖社会各个群体，不同社会群体的民众在自媒体平台上聚拢而形成本群体的利益诉求，共同借助平台发声以保证最终的决策公平。

社会民众对决策的参与度直接关系到决策的信服力与最终执行力，而民众参与的积极性与参与的实际效果有关，因此必须建立多元化的参与途径，让社会各个群体的民众都能参与进来。政府通过举行听证会等形式选派民众代表进行发言，使行政决策真正反映民意。民众的高参与度可以直接转化为高认可度与高执行力，对政府决策的信任使多数民众自愿主动地配合政府开展的各项工作，普通民众也在实际参与中强化了主人翁意识，获得了幸福感与成就感。另外，民众参与可以时刻把控执行的实际效果，防止"上有政策、下有对策"问题的出现，而政策的最终目的在于执行的实现。

其次，自媒体参与社会监督促进政府管理的变革。互联网的发展水平在近年来有了很大的提高，新媒体的即时性也得到了相当程度的彰显。与传统媒体相比，网络的高效化和便捷化使更多的民众乐于在网络上发表自己对某事件的看法，在网络这个平台上主体之间的平等性、讨论范围的广泛性、传递速度的高效性、信息交互的充分性都得到了更大的拓展。基于上述特性，自媒体促使法治思维和法治思想得到进一步的传递，也促进了对法律的外部研究。

国家进行规范治理的表层是法律，而法治思想和法治观念没有被传播开来，深层次的法治建设任务将难以开展，建设法治国家和法治政府的目标将难以实现。网络媒体为法治观念的传播提供了一个较为便利的平台和环境，在这种网络大环境下的社会治理就更能得到民众的接受，也更有利于法治社会的实现。利用民众对社会治理信息的一系列反馈和对立法机关现状的了解，立法部门和司法部门对我国的法治环境和现状有着深层次的了解，进而推动法治水平的提高。

最后，自媒体在社会治理中通过对公权力的监督强化了社会监督。社会监督一般针对的是现实生活中发生的时事热点、公共机构和公共人物。例如，近些年发生的"红十字会"事件、城管打人事件与明星吸毒事件等都是民众行使监督权的体现。政务领域内，公众监督的内容通常表现为对具体行政行为的评判监督，而对抽象行政行为我国目前必须结合具体行政行为进行附带审查。对其中从事公务的人员，普通民众可以通过监察委员会进行检举监督，而对从事公益性质的社会组织可以通过定期信息公开以保证监督权的行使。日常生活领域，普通民众对现实生活中发生的不满意、不公平的事件都可以进行大胆揭露与公开抨击。而以上监督实际主要表现为网络监督，与传统监督方式相比，公众的网络监督具有独特的优势。

传统意义上的监督需要借助权力部门进行控告、检举，只有通过公权力才能对个体进行有效监督，这样的弊端在于要证明与被监督者的实际关联性。而在自媒体时代，每个人都是信息传播的主体，具有争议的事件一旦发生，就会在网上引起相当大的关注，网络围观的形成使每个和事件相关的人员或者毫无关系的人都在一定程度上转变为监督的主体。一旦这种形式的网络合力形成，势必会引起有关部门的重视。网络监督的风险及成本都会大大降低，这也在一定程度上提高了群众参与社会监督的积极性，对社会治理的促进也有了正向的推动。网络中数字化的空间和匿名性的保护，打消了公众行使监督的顾虑，公众可以对社会中的不公正现象进行大胆的揭露而不用担心打击报复，而且网络便捷化的特征消除了监督的时空限制，可以实现对社会的有力监督。

网络监督在社会治理的监督中发挥着越来越重要的作用，尤其是在微博这一平台上，民众通过微博行使社会监督权主要包含三种方式：利害关系人通过发帖暴露不公现象；通过当事人的细节暴露进行细致分析，如郭美美炫富行为；对不法事件进行自发的"人肉搜索"，尤其是腐败事件的网络揭发。成都理工大学廉政与社会发展研究所副所长肖云忠表示，利用微博进行反腐斗争，对公权力来说，就是多了一个制约、监督权力的平台；对社会治理腐败而言，多了一条获取腐败信息和线索的渠道。公众对民主政治的积极参与，尤其是在网络监督中发挥的巨大作用，已经成为民主政治健康发展的有利保障，大大强化了社会监督的效力。[①]

自媒体参与社会监督提高了公众的公民意识，自媒体报道量的扩大势必会使政府职能的发挥越来越透明化，让公众对权力的监督越来越重视，可以起到预防行政权力滥用的作用。政治参与意识是民众文化的本质所在，公民在高理性的基础上时刻关注政治的输出，获得政治认同感和效能感。新型政治参与方式就是建立在网络参与的广泛性与普遍性之上，这一社会监督模式的转变符合时代发展的趋势，极大地激发与鼓励了公众政治参与的热情。自媒体监督克服了传统媒体监督的各种阻碍，为民众的利益表达和政治意愿的输出提供了便捷的通道，加速了民众参与社会事务管理的进程与速度。社会大众由之前政治参与的旁观者变成实际的参与方、推动方，体现了民众政治意识的觉醒。民众关

① 宋雷：《"微时代"我国公众网络参与的作用力研究》，硕士学位论文，复旦大学公共管理专业，2013。

注的焦点不仅涉及自己的切身利益，还包含社会公共利益。由于民众话语权的提升，普通民众在网络参与的过程中，可以通过自身的行为完全独立地做出价值判断，并在此过程中不受公权力的制约，这在一定程度上培养了公民的政治素养与政治独立思考的能力。

网络参与政治的高度自由性是由网络空间的固有特性决定的。宽松的言论环境有利于言论的自由表达。网络为民众表达权的行使提供了良好环境，普通民众通过借助平台可以自由表达对社会治理的看法和意见，可以真实地从自身立场出发对涉及自身权益的政治行为和公共政策表达自己的意见，保证了公众从自我意识的角度出发来实现对政治生活的参与。这种意见的表达无须通过人为的中间环节就可让决策者直面在决策过程中的遗漏行为和不当行为。网络政治参与的成功案例表明公民在虚拟网络空间内的意见表达可以间接为政策的制定提供参考，它是对网络监督机制的有效补充，无论是民众参与的积极性还是参与的实际效果都得到显著提升。网络参与培养了公众的政治意识与政治涵养，进一步实现了政治的社会化，使民众在参与政治过程中形成独立的政治人格，逐步改变根植于普通社会大众内心的臣民文化，为社会主义新时期民主政治建设奠定良好的群众思想基础。

（3）自媒体监督对社会治理的消极影响。自媒体过度宽松的言论环境催生着言论自由，但过度的言论自由可能导致"无政府状态"的出现。互联网的数字化空间由数个独立的支点构成，数个支点间因缺少时空限制可以迅速影响而集合成群。在这个空间中，没有绝对的中心，任意一个理念都可以在网上找到支持者，任何一个支点都可以发展壮大为中心。同时，网络空间作为新兴社会治理主体，由于匿名化特征缺乏管理和约束，在虚拟的数字化空间中，政府难以控制信息传播的方向性和准确性，更难以把握情绪化的言论会对主流意识形态所产生的威胁。自媒体时代，网络平台社会参与路径便捷，打破了传统社会舆论的垄断地位，我们不能对此掉以轻心，也不能对此患得患失。在主流意识形态面临挑战的同时，如果不抓住主流媒体这个阵地，那么意识形态的引导将变得更为困难。信息几何倍数的增加及信息传递通道的多元化，使政府在管控领域内处于艰难、尴尬的境地。价值的多元化不可能产生统一而相同的舆论，而有悖于传统价值的管控成为治理的难点。

现阶段，我国网络文化受到西方发达国家的影响，自由、人权等西方思潮充斥着整个网络。受认知能力的限制，多数人片面强调人权与自由，而未考虑本国实际治理现状，这将会诱导新一轮的"文化殖民主义"。因此，伴随网络这一新型技术的发展变化，各个国家在这一高科技领域的困境，将愈加明显且愈加深化。作为发展中国家而言，我国要结合实际发展状况，有计划、有步骤地推进民主化和制度化的进程，积极倡导社会主义核心价值观，不受外来舆论势力的影响，确保主流文化的引导地位，对特殊领域实行必要的政治控制。

网络社会治理参与容易导致非理性参与行为的盛行。网络社会治理参与者因为教育水平、经济实力等影响产生的话语权也不尽相同，任何团体和个人都具备自由传递政治信息的能力。面对互联网中海量信息的不断轰炸，部分民众难以在短时间内消化和理解，更不具备能力去判断对错。大量信息无法进行处理和消化，使民众在实际生活中不知所措。网络政治参与存在大量的人云亦云现象，一部分人在盲从中失去理性，由此导致网络言论的理性化程度不高。网络中任何人都可能成为道德的说教者，但过激的言论往往会导致侵权行为的产生。基于网民的盲、不理性及网络语言使用的无序性，一些别有用心的个人、组织往往发布一些别有用心的言论，企图误导民众的思维，使民众容易受到情绪的控制，进而发表非理性言论。

（4）自媒体监督与其他监督模式的合力构建。在互联网时代，新媒体传播更为迅速便捷，一个极具报道价值的社会热点往往催生多数媒体的争相报道，进而在网络舆论中持续发酵。网民对热点事件的获悉主要通过网络信息平台，通过使用便捷的微博、微信、论坛等自媒体、社交媒体发表言论，使话题短时间内引发多数网民的广泛关注与热烈讨论，形成舆论监督的氛围。随后，传统媒体会迅速做出反应，各大期刊争相出版形成监督合力的格局，使该事件的影响进一步扩大。传统媒体的深度挖掘和解读与新媒体传播的快捷性、灵活性、开放性相辅相成，使热点事件迅速进入大众的视野，管理部门在整合信息的基础上介入调查，直到发布最终调查及处理的结果。

在利用媒体监督对社会不良现象形成合力之势时必须先要做好舆论引导，尤其当事件涉及社会不同群体间的敏感问题时。在这种情况下，网络上很容易汇集强大的仇富、仇官的社会心理支持，淹没真相，对强势一方形成道德绑架。多数网民因被情绪左右而缺少理智分析问题的能力，丝毫不顾相关事实及真相。这种不利的局面对党、政府和司法机关都会造成巨大的舆论压力。因此，在新媒体和传统媒体监督形成合力之势时，政府要把控好主流媒体的声音，积极做好舆论引导工作。在事件的进展中，政府应及时发布准确而真实的信息，逐步完善新闻发言人制度。当危机事件涉及公共利益时，要主动召开新闻发布会及时将事实反馈给媒体，简明扼要地汇报事件进展，对实际的处理结果进行真实汇报从而稳定网民偏激的情绪。

建立新媒体舆论监督与其他监督模式的配合机制，以期发挥更大的监督力量及效果。新媒体监督作为监督体系的排头兵，是普通民众监督权行使的具体体现，其范围较为宽广，可以为其他监督提供有益参考。但新媒体的监督不可能取代其他类型的监督，民众在新媒体监督中感性与理性并存，对事件也并非整体式、全景式把握，对其中感性部分的价值衡量要借助其他类型的监督，尤其是司法监督。司法监督的客观性、真实性可以有效弥补新媒体的弊端，构建各监督主体合力的新局面。政府与社会各类组织要正确看待被监督的问题，积极主动接受监督。政府自觉接受监督的过程是自我政务提升的过程，其他各类社会组织要达成一定共识，充分运用媒体的舆论监督实现自我提升，消除对网络监督的抵触与恐惧，树立科学、认真、务实、平等的新媒体舆论监督认识。学者要积极探索新媒体舆论监督领域的新理论、新方法，从而形成新媒体舆论监督的理论基础，引导新媒体舆论健康有序发展。多元主体之间在达成基本共识的基础上，相互配合发挥监督合力的良好作用。

建立科学的舆论情况采集、研判和处置机制，由专门的舆论情况监测机构和相关人员对必要的舆论信息、舆论情况进行采集、分析、研判、分类，适时地总结、整理和汇总，及时向上层及相关的领导、部门报告。同时，根据这些信息及情况的归属、性质和风险级别，做出与之相应的反应，最终将结果汇总分派给相关的部门，并建立、完善与舆论监督有关的制度，建立专门分管舆论情况的监测机构。强化网络监督平台的建设，运用大数据、云计算等各类技术支撑快速把握舆论导向，充分发挥新媒体在社会治理中的舆论监督作用。各级监察委员会、纪检等监督机构紧随时代的步伐，建立专门的社会治理网络参与平台与监督平台。针对问题严重、社会影响较大的热点事件，各类主体要分工配合，互相补充，最终由司法做出决断。同时，不可忽视党内监督与人大监督的重要作用，借助网络这一信息化平台直接进行上通下达。目前，国家政府机关、政党组织、社会力量等在社会治理问题上，如何利用新媒体发挥参与治理和监督的效果，尚没有形成明显的整体合力和良性互动，新媒体监督与其他社会监督力量的整合挖掘还不够深入。在新媒体这一环境下，各种监督力量要想形成监督的合力，还必须要有深度的技术挖掘，相关的配套机制、制度建设等。[①]

3. 社交媒体网络监督

博客、微博等新社交媒体的大量出现为实现公民与政府良性互动提供了一种更为有效的途径，普通公民可以通过新社交媒体就一些公共事务发表自己的

---

① 曹光煜：《新媒体监督与其他监督模式形成监督合力的探索》，《行政管理改革》2017年第2期。

看法、分享自己的见解，而且这些看法、见解很有可能被相关机关直接采纳，这在传统媒体时代是很难想象的。政府也顺应时代，针对这一新变化就国家治理做出了相应的调整，如开通政务微博等举措。这种便捷、高效的沟通方式为普通公民对民生保障进行有效的监督提供了可能性。

（1）新媒体时代社交媒体网络监督的兴起。第一，网络监督的兴起与政府权力阳光化的回应。互联网技术为网络监督提供了必要条件，网络平台借助互联网的独特优势在权力监督领域所展现的强大功能是其他媒介无法企及的。社会实情为网络监督的施行提供了"市场"。社会发展期间，各类矛盾纠纷难以避免，这时就需要一个高效率反映矛盾、解决纠纷的途径，网络监督既能表达民意也能约束权力，在参与社会治理、维护自身权益方面是民众节约成本的不二选择。自媒体时代的到来，已经改变了传统媒介物理空间落后、单向的话语传播方式，拓展了即时、便捷、互动的网络传播平台，网民可以时时刻刻通过网络上传种种语音文字、视频图像，并且依靠自媒体的评论、关注、转发等功能实现互动交流，借助网络平台快速传播信息。

网络监督的兴起在政治领域的影响最为深远，它在权力约束方面效果尤为明显。为了应对网民对权力运行公开化、廉洁性的要求，政府部门积极转变治理理念。近年来，政府将权力置于阳光下的努力有目共睹。公权力运行的透明度不断强化，民众的知情权、表达权、参与权、监督权保障制度不断完善，而网络监督对这些良性结果自然是功不可没。在网络监督中，政府通过民众反映的情况来了解社情民意，之后做出相应反馈，让民众能在较短时间内知悉政府的态度。即使该反馈与实施措施之间还有一定时差，网络监督也能实现督促作用。当然，在此期间，政府及时做好舆论引导工作也是不可遗漏的环节。因此，完善网络监督需要政府统揽全局，从大局出发，切实做好公民网络参与的顶层开发，建立一个联动机制，不断提高服务质量和行政效率，及时反馈信息，增加网络监督沟通的有效性，使虚拟空间与现实空间保持顺畅互动。同时，将政府信息公开、网络民意收集、网络办事服务绩效、群众意见回应反馈、网络监测与应对等纳入考核范围，有助于各项工作的高效开展，最终实现保障人民群众的根本利益。①

第二，网络监督提高了政府决策的科学化与民主化。科学化和民主化是现代政府管理中政府决策的重要价值追求，当公民个人利益没有得到妥善有效的

---

① 宋雷：《"微时代"我国公众网络参与的作用力研究》，硕士学位论文，复旦大学公共管理专业，2013。

保护时，很容易降低政府决策的可接受程度。公众的参与可以很好地解决此种考虑失衡带来的消极后果并降低决策成本，其能够有效地解决政府信息不完整和信息收集过程中对公众群体利益考虑不足等实际问题。伴随着网络舆论监督的不断发展，民众参与政府决策的途径逐渐开放化、高效化，极大地提高了民众参与政府决策的积极性，在此过程中，民众找到一个相对舒适、便捷的空间，可以充分发表自己的意见，在政府决策中发挥作用。虽然民众的网络意见不可避免地具备一些局限性和主观性的特点，但也具备一定的广泛性。政府虽然不会将其当作制定政策的直接来源，但会将其作为参考性意见，可以通过民意调查收集分析各阶层的意见。另外，公众在积极参与政府决策的制定时，也会对政府政策的制定动机和目的有更加深刻的、清晰的了解，在扩大自身参与权与知情权的同时，对政策有了更加全面和深刻的了解，这样就使政府在推行新的决策时有了一定的群众基础。综上，公众的意见是政府在制定政策时的重要考虑因素。

第三，网络监督促成了官方与民众互动常态化。网络社交媒体区别于传统媒体的最大特征之一是多向交互性。从21世纪初期起，以博客大众化为标志，中国互联网的传播跨入了"参与式的架构"新时代，互动关系从原本简单、单一的形式逐渐发展为现在的一对一、一对多和多对多的关系。公众利用移动设备在搜索引擎中输入自己感兴趣的话题，大量的信息就会扑面而来，呈现在使用者面前。网民通过自己键入信息可以展开即时讨论，也可以与他人分享自己的看法与观点。网络监督就是通过公众对一个话题产生的无数个观点，并在网络这个可以在短时间内容纳大量观点的大平台上一一展现，使网络民意在短时间内迅速汇聚，成为网民自由交流看法的平台。

这就为政府拓宽了一个了解群众、关心群众、获取基本信息的渠道，新媒体为政府与公民之间的互动提供了一个良性、便捷的平台。这一平台上所反映的各类民生事件，在经过网友讨论达到一定热度后，便会得到官方的正式回应。在得到政府部门的关注后，一系列紧锣密鼓的应对措施也会由政府选择性地公开展现在这一平台上。在这一"接收—反馈"过程中，公民的知情权、参与权、表达权、监督权都得以有效行使，同时在提高政府公信力方面也产生了积极作用。而传统官民关系中，常为大众诟病的官僚作风——"门难进、事难办、脸难看"的三难问题也在新媒体平台上得到极大消解。新媒体平台使政府与民众的交流更加频繁、顺畅，在政府得到认同感的同时，公民获得了幸福感。

（2）网络监督在实践中的困境及其原因。具有便捷、互动特质的互联网为公众营造了一个相对自由的空间，网民利用网络虚拟性与匿名性的特点，自由表达自己的见解和诉求，成了监督公权力的新兴力量。当前的网络监督发挥着两方面的作用，一是畅达民意，二是监督腐败。但不容忽视的是，它也有消极的一面，网络诈骗、网络暴力频发，尤其是网络侵权案件呈指数增长。还有一部分网民为了一己私利，博人眼球，编造虚假信息，发表一些煽动性较强和带有强烈感情色彩的言论，而这些言论极易对公众的判断和分辨造成干扰，再加上网络传播即时性和广泛性的特征，热点事件的爆发极易演变成公共危机事件，并在短时间内一触即发。深究其中，不外乎以下三种问题。

第一，网络监督主体层面缺乏权威性。其一，网络监督在什么范围内是科学合理的，在什么范围内可以引起国家机关的监督但又不会造成公共危机，这都没有令人信服的程式化标准，具有未知性和偶然性。其二，政治参与的无顺序性在网络监督中可能导致监督结果难以达到预期效果。这样的结果往往不会使民众监督的效力体现出来，有时甚至会适得其反，削减了监督体制的整体效能。此外，从现在的网民结构构成上来说，网络舆论主体缺乏代表性，单从年龄角度来看，网民的主体大多数为年轻人[1]，这些舆论仅代表了一个年龄段或者说一部分群体的意见，不能代表社会上大多数人的意见。

第二，网络监督实施层面可能会侵犯公民正当权利。一方面，在网络监督中，数以亿计的网民借助互联网的匿名性、实时性、开放性等特征，将现实中产生的各种信息在网络空间里面迅速传播，急速形成的大规模网络舆论来不及约束，这样就极可能对相关的行政机关、政府工作人员产生思想上的重压，导致舆论左右行政或者干扰司法的情况，以此阻碍依法行政或司法独立，借公权伤害公民人身财产权益。另一方面，网络监督过程中，在将政府工作透明化和社会信息公开化的同时，一旦实施不当，就会使公民的私人信息泄露。网络监督威胁公民隐私权最为典型的例子就是人肉搜索，因此而导致的侵权案件频发。这一行为集聚公众力量和智慧，在违法犯罪活动尤其是职务犯罪举报和调查方面功绩显著，它的出现使网络监督效率得到进一步提高。然而，人肉搜索的弊端也不容忽视。人肉搜索的目标通常是自然人，而搜索的内容往往又是该自然人不愿公布的私密信息或者只在小范围内公开的信息，搜索者通过搜索获取、披露发布、外转传播的方式，由获取隐私到扩散隐私，从而造成对他人权益的损害。[2]

① 根据中国互联网信息中心第 41 次《中国互联网络发展状况统计报告》显示，我国网民以 10～39 岁群体为主。截至 2017 年 12 月，10～39 岁群体占整体网民的 73.0%，其中 20～29 岁年龄段的网民占比最高，达 30.0%。

② 侯登：《自媒体时代的隐私权保护——以人肉搜索为视角》，《法学杂志》2014 年第 9 期。

第三，网络监督用途层面存在滥用现象。网络信息量巨大，信息碎片化、重复率过高，使网民对网络信息在一定程度上难以准确辨认真伪。互联网的商业化趋势让一部分不法分子打着网络监督的幌子，暗地里施行着散布谣言和传播不良信息的行为，扰乱和谐安定的社会秩序，以获取某种精神满足或者物质利益。由于部分网民急于在隐匿真实身份的情形下表达自己的真实观点，而又缺乏大局意识，在不做中立分析的情况下，任意发表言论或是转发信息，从而使附随着自己主观情绪的言论影响他人。尤其在面对突发事件时，他们处于情绪不稳定、不理性状态，再加上行为上的不确定性，这样的带有主观情绪处理后的信息一旦在网上引发大量网民围观，就可能会导致网民对客观事实的误判，直接造成对当事者的误解，甚至对其现实生活产生负面影响。这种不当行为不仅会对当事者的合法权益造成损害，严重的甚至可能引发舆情危机，激化社会矛盾。

（3）我国网络监督制度化路径选择。随着互联网使用主体的平民化和网络技术的不断革新，网络监督已经成为时下我国应用率最广的监督形式之一。但是，这种新式的监督方式并不成熟，存在着一些问题，如不解决将使网络监督效力大打折扣。所以，助推网络监督的良性发展及其制度化建设，就成为如今我们必须要面对的重要问题。具体来说，可以从以下几个方面考虑。

第一，健全网络监督的理性引导机制。首先，要采取疏通的办法。我们需要建立权威、官方的渠道，建立主流媒体，通过对信息的层层筛选，人为地引导网络舆论。其次，当个别事件的出现已经造成大范围的影响时，就要通过官方网络舆论引导阵地的建立，通过主流媒体和重大事件相关领域的专家和学者的意见表达，积极纠正不良影响的散播，传播理性思维，进而引导公众理性、客观地看待问题的发展，从而消除信任危机和舆情危机。再次，要加强网络普法教育，利用官方网络平台和各种媒体的功能，积极进行相关法律知识的普及和传播，提高网民的法律意识，通过对个案进行法律专业化的解释，引导公众在进行网络意见的表达时，要时刻保持自己的理性，忠于事实，不能人云亦云、随波逐流，更不能随意任性地发表一些极不负责任的言论。最后，各类政府网站在进行各种内容的宣传时，要尽量使用新的观点和新的方法进行政策的推广，要加强网络工作平台的建设，提高政策的吸引力，采用公众认可的方式进行网络宣传工作。

第二，鼓励创新网络监督机制。网络监督存在于公共领域，它实质上是一个动态且需要公众广泛参与的集体性程序，因此这一过程就需要诸多机制协调配合来完成。①网络监督机制的建立要全面广泛地收集网络舆论情况，并在此基础上完成对舆情的整理、分析，整合出具有综合性、建设性的意见，进而对这些意见进行基本的判断，对那些消极、负面、片面的舆论情况进行正面、积极的引导，对那些完整、客观的意见进行共享，进而开辟出网络舆论监督的新空间。网络监督机制整体上应当包括保护机制、互动机制、引导机制等。保护机制主要是畅通网络监督渠道并保护监督者权益；互动机制主要是强化监督者与被监督者及不同监督者彼此之间的信息互动；引导机制主要是规范网络监督环境从而把握一种健康、积极、正确的网络监督方向。

第三，完善网络监督立法。建立健全完善的网络监督法律体系，是为网络监督提供合法性保障。互联网技术是一项不断突破的新兴技术，对此世界各国为促进其健康发展而相继制定完备的法律法规，规范网络监督。我国关于互联网管理的法律法规尚不全面，分散于若干单项的网络管理法律法规中，执法主体不明确、责任界定不清晰。就现有的法律法规来说，框架性的内容多，缺乏具体可操作实施的细则，各类规定不能充分结合互联网特征"对症下药"，执行难度较高。②网络技术发展迅速，需要法律调整的新问题层出不穷，这时法律就表现得相对滞后。不难发现，当下网络对政府公权力的监督运行的法治化模式仍需完善。因此，国家必须加强网络舆论监督的立法工作，健全相关的法律法规，用法律来制衡网络舆论监督种种损害法益或者破坏应有秩序的问题。我们必须认清当下网络监督的新形势，准确把握网络监督的社会性与舆论性，整合各方力量解决实践中出现的难题，使网络监督实效得到充分发挥。

① 葛宁、黄忠伟：《基于多学科视角下的网络监督机制研究》，《中国青年政治学院学报》2013年第2期。

② 郝振省：《中外互联网及手机出版法律制度研究》，中国书籍出版社，2008，第3页。

第六章　社会治理与法治的互动关系研究

一、法治与社会治理的内在契合

（一）法治界定了社会治理的构架

中国特色社会主义法治界定了社会治理的关键。社会主义法治为社会治理设定边界，该边界既约束权力也限制权利。当前，我国社会治理的核心是要让权力的天平保持平衡，实现全能政府向有限政府的过渡转型，避免造成权力对权利的侵害。限制政府社会治理权力成为政府在社会治理工作中一项不可避免的现实问题。在社会主义法治国家的大背景下，法律是控制政府社会治理权力的绝佳选择。在当前的社会治理中，政府要重新定位自己的角色，改变传统的全能政府角色，将其部分权力归还给社会，让社会组织及公民个人担负起社会治理的责任。

中国特色社会主义法治界定了社会治理的核心。在社会治理领域，政府公权力和公民权利可以看作所有社会权力的全部内容。因此，控制政府社会治理权力与保障公民社会治理权利要协同并举，在不断变化中维持稳定。在社会治理实践中，保障公民社会治理权利的现状并不乐观，这也是我国在社会治理领域中法治应对社会问题时力不从心的体现。究其根本原因，就在于对公民基本权利的维护不够。社会治理的核心就是保障公民权利，从根本上扭转"权利贫困"现状。实现社会治理行为法治化，也就是将公民的社会治理权利法治化，以国家强制力作为后盾，保障公民基本权利的享有及行使。

中国特色社会主义法治界定了社会治理的价值追求。构建和谐社会，要解决的根本问题就是实现社会公平正义。公平正义是人类社会所追求的最终目标，更是我国社会治理最核心的价值追求。我们追求的公平正义是一个过程和结果均正义的有机统一体，既注重实体正义，也注重形式正义。我们探寻的公平正义必须立足我国国情，结合我国的市场经济制度，在公平的基础上解决利益冲突。社会治理的精神实质就是实现社会公平正义，不断更新社会治理理念，创新社会治理机制，保证公民的利益占有，生产资料分配均等，真正促进并落实全社会的公平正义价值目标的实现。

中国特色社会主义法治界定了社会治理的目的。中国的社会治理必须是社会治理权力和社会治理权利的有效运作，并由法律保障各种社会治理行为得以实施和规范。这样的过程也就是将良法注入社会治理中来，用良法作为保障，最终达到善治的目标。"在社会治理过程中，在法律的规范下，能够实现个体利益最大化，通过合理限制公权力以保障社会组织及个人的有效参与，以法律作为导向实现国家与政府以及同公民的良性关系。"[1] 法治背景下的社会治理，是政府同社会组织、公民的合作治理，一切行为均来自法律授权，政府权力、社会组织权利及公民个人的权利均受法律约束。政府不应是社会治理的唯一的主体，社会组织及公民个人都享有社会治理权利。

（二）法治是社会治理发展的制度保障

在法治国家，社会治理必然是依法治理。在社会治理中，只要社会治理行为不超出法定界限，就可以得到宪法和法律的保障，也会得到大众的认可。社会治理要维护法律，决不能以法治的名义突破法律框架去搞创新，否则其后果必然是社会治理丧失法治基础，失去其合法性，最终损害社会主义法治建设和社会主义和谐社会的建设。只要社会治理活动依法进行，有法治做后盾，社会治理就有了权威性。社会治理要按照法律规范操作，将法律的可操作性赋予社会治理，使社会治理也相应具备了可操作性。

---

① 杨春福：《善治视野下的社会管理创新》，《法学》2011 年第 10 期。

中国特色社会主义法治价值为社会治理提供精神支撑。社会治理的变革就是增进政府、社会、公民之间的对话，增强各方联系，充分发挥社会活力和社会积极性，构建和谐的社会环境。社会主义法治国家的法治价值包括公平、正义、自由、平等，这些价值观念为社会治理提供了精神支撑，凸显了社会治理的内涵。社会治理中必然会产生各种社会问题，法治价值就为社会治理提供了解决各种社会问题的工具。法治的价值要将经济发展和社会发展的价值进行整合，法治的规则之治是以法治价值作为基础，以善治作为目标，在经济与社会协同发展的同时最大限度地维护公平正义。

中国特色社会主义法治为社会治理构建民主参与的机制平台。民主是法治发展的基础和本质，在中国特色社会主义法治条件下的社会治理，发扬民主是必然命题。"对于国家、政府、社会和公民来说，社会管理创新应该是一种民主政治的实践，有助于培养民主的国家、民主的政府、民主的社会和民主的公民，推动中国特色社会主义政治发展。"[①]在社会治理语境中民主参与本身的主动性带动社会治理的发展。社会治理需要民主参与，充分发扬民主，也是社会治理的关键所在。社会主义法治为民主参与提供一个发展平台，是构建科学、和谐社会的必要举措。

（三）社会治理是法治发展的重要助力

社会治理是中国特色社会主义法治发展的动力。在社会治理过程中，政府逐渐还权于社会，增加社会自治能力，并慢慢退出社会自治领域，充分挖掘社会活力，这也是由刚性管制政府向柔性服务政府转变的重要标志。政府与社会治理主体分工协作，彼此制约，在共同发展进步中实现善治目标。社会治理有助于推动并完善政府职能，明确政府和社会的职能分工，这一变革加强了对政府治理权力的监督与约束，有助于政府作用及角色转换，突出了法治在社会治理中的作用，促进了法治目标的实现。

社会治理提供中国特色社会主义法治发展的条件。社会治理的有效实现，要明确政府与社会各自的权力边界。无限政府将"扩权"放在首位，其权力边界具有无限延伸性，权力的行使及运作不受社会约束，政府是权力的单一主体；有限政府是建立在经济与社会和谐发展的基础上，政府权力有明确的界限，且用权受监督，政府也不再是社会治理的唯一主体。社会治理更注重社会的参与权，扩大社会治理主体，增加社会自治范围。因此，社会治理对限定公权力具

---

① 吕志奎：《中国社会管理创新的战略思考》，《政治学研究》2011 年第 6 期。

有积极的推动作用，此项转变更有利于社会主义法治发展，为社会主义法治前进提供了有利条件。

社会治理是构建中国特色社会主义法治发展的社会基础。推进社会治理主体多元化、增加社会活力、促进社会自治能力、加强民主社会的构建，这是社会治理的核心任务。社会治理将各社会主体进行整合，发挥社会组织、公民个人的作用，加强政府、社会、公民的沟通交流。传统的政府管控模式难以满足社会需求，社会组织的参与热情未被激发。将一部分权力归还给社会，实现不同层级的主体对公共事务的合作治理，是社会治理区别于其他治理模式的根本要素，也是社会治理发展的前进方向。在社会治理中，政府鼓励并扶持社会组织发展，优化社会主体结构，充分发挥社会组织的社会治理作用，这是社会主义法治发展变革的社会基础。

社会治理推进中国特色社会主义法治良好秩序的形成。社会治理要求建立有效的社会组织。社会组织是一个介于国家与公民个人之间的中间体，它是保护公众参与权利的有力工具，也是权益保护的安全港。[①] 社会组织可以调整各成员间的关系和矛盾，从而建立良好的自治体系；社会组织也可以更好地制约政府权力，有效保障自身权利。社会组织的建立，顺应了社会发展的需求，为政府与社会的互动提供了良好契机，在这种上下互动、协商合作的发展过程中，政府与社会统一了前进目标，不遗余力地处理公共事务。当代社会主义法治的发展趋向表明，我国法治秩序并不单单是靠"法治至上主义"而建立的，在这一过程中还包括很多协商对话、理性反思和民主决策，从而形成了当下法治"自主自律"的特点。因此，社会治理除了推进民主社会的建立之外，还促进了良好法治秩序的形成。

二、法治与社会治理的互动谱系

运用法治与社会治理互动的双向视角，通过对中国特色社会主义法治与社会治理的互动谱系分析，才能更全面地寻求我国社会主义法治与社会治理的实施进度与发展方向。

（一）法治与社会治理的互动张力

1.中国特色社会主义法律既定性与社会治理的创新性存在张力

社会治理不同于社会管理，面对在社会治理过程中出现的各类问题，我们

---

① 何勤华：《法治的追求——理念、路径和模式的比较》，北京大学出版社，2005，第51-66页。

并没有现成的模式可以套用，只能在借鉴他国成功经验的同时，不断反思、不断摸索，最终确立适合我国国情的社会治理机制。在新媒体时代社会治理过程中，创新必须是社会治理的首要任务之一。因此，在探索及实施社会治理过程中，各种新的思想、新的理念不断涌现，我们需要不断调整以适应一个不断变化的社会关系。但是，我们要知道，并非所有创新都会带来进步，也并非所有改变都意味着发展。我国的社会治理是依法治理，其手段、程序、权力运作、权利行使都由法律划定边界，社会治理的合法性及合理性才是法治社会的根本要求。社会治理的创新性与合理性之间，合理性是首位，在法律的框架内不能突破合理性原则。超越法律界限，违背法律原则，这种社会治理行为是应该被排除的。

2. 中国特色社会主义法治稳定性与社会治理的变动性存在张力

变动性是社会治理的又一主要特征。不断变化的社会现实要求社会治理主体需要不断转变治理理念、更新社会治理手段、完善社会治理机制，以此适应社会结构改革。社会主义法治以良好的法律得到普遍遵守为基本要求。法律由国家制定和认可，一经产生就具有权威性及稳定性。法律的稳定性与适应个体需要的目的性有矛盾之处。因此，社会治理不断更新的动态状态与社会主义法治的稳定性特性存在矛盾与冲突，不断变化的社会结构向社会治理提出了更高的要求，更对社会治理法律制度提出新的要求，即有的不能满足社会需要的法律制度需要进行修正或出台新的法律制度，以达到经济与社会协同发展的目标。

3. 中国特色社会主义法律滞后性与社会治理的超前性存在张力

社会治理意在解决各种层出不穷的社会问题及矛盾，在充分认识了社会发展规律的基础上，更新社会治理理念、手段、方式。因此，与既有的社会管理模式相比，社会治理模式是新的，在观念、理念上更具有超前性。与此相对，受到人们知识水平、思考问题角度和社会不断变化的限制，法律的发展和实施通常会慢于社会的发展速度。在社会治理领域，法律的滞后性与社会治理的超前性会经常发生矛盾冲突。

（二）法治与社会治理的互动要素

1. 中国特色社会主义法治与社会治理的互动主体

中国特色社会主义法治与社会治理的互动包含了两方面彼此依赖的行为主体，即政府与公民。政府与公民的行为方式对社会主义法治与社会治理的互动有着重要影响，并且在法治背景下，政府和公民的关系也是双向的。从社会主义法治与社会治理的互动视角来看，社会治理行为守法，遵从法律界限，其根本含义就是政府执法、公民守法。政府执法与公民守法是社会主义法治与社会治理互动的第一层含义；国家与社会的联系是社会主义法治与社会治理互动的第二层含义。国家与社会的联系为社会主义法治与社会治理的互动增添了自由发展的动力。我们应该构建的是政府和公民形成良性互动的法治模式，公民以遵守法律为己任，同时通过与自己紧密联系的社会风俗习惯来补充国家法律的部分缺陷，从而在保证自身合法权益最大化的前提下维护了法律秩序，推动了社会主义法治社会的构建。

2. 中国特色社会主义法治与社会治理的互动客体

中国特色社会主义法治与社会治理互动客体也就是促使政府与公民关系法治化所需要参与的对象。在法治背景下，政府与公民共同参与的国家事务内容受法律规范，政府与公民遵从的法律制度也是相当的。政府与公民应当积极参与我国的政治生活，确保自己权力和权利的行使，保证社会主义法治社会的建设。如果仍将政治参与事务单纯地归于政府的责任义务，削弱公民的作用，就必定会使我国的社会发展陷入困境之中。因此，明确社会主义法治和社会治理的互动客体，意在区分社会生活中的公私部分，以此构建一条实现两者良性互动的路径。同时，全社会参与也是这一客体的内在要求，以实现在民主基础上的社会治理法治化路径构建。

3. 中国特色社会主义法治与社会治理的互动环境

中国特色社会主义法治与社会治理的互动不能仅仅依靠政府和公民的自由沟通，在沟通机制的背后还应当有法治环境的保障。历史经验告诉我们，缺少环境制约将会导致政民互动变为政民冲突。政民良性互动的关键在于应该有规范制度作为基础，保证政府和公民的利益平衡。因此，构建政府和公民的法治环境基础是社会发展与法治建设的必要条件。中国特色社会主义法治与社会治理互动的环境要素就是不断完善的法治环境，以此作为发展基础。法治完善的过程既包含了国家法吸纳民间法的过程，也包含了民间法补充国家法的过程，这一互动过程使政府与公民更加理性地参与社会治理。

4. 中国特色社会主义法治与社会治理的互动方式

中国特色社会主义法治与社会治理互动的途径是政府与公民之间沟通对话行为的外在表现。从我国社会发展历程来看，我国政府与公民的互动方式主要集中为两大类，即制度化互动和非制度化互动。但从整体来看，政民互动的制度并未涉及细节和具体的程序，导致其法律表征的政府和公民各自的权利边界不够明确稳定，或者没有严格依照法律规定展开互动。政民互动非制度化途径主要表现为群众运动、群体事件等，在一定程度上是对制度化途径的一种完善。如何理性减少非制度化互动途径，更多地采取制度化参与方式参加社会治理活动是解决政府与公民互动问题的关键。网络平台的发展，为政府与公民之间沟通对话从非制度化互动向制度化互动提供了技术支撑。

（三）法治与社会治理的互动路径

中国特色社会主义法治与社会治理既相互协调，又相互矛盾，我们既不能简单地将社会主义法治视为社会治理的手段，也不能简单地将社会治理视为社会主义法治的规范对象。中国特色社会主义法治与社会治理之间的互动，既蕴含着良性互动，也蕴含着消极互动。

1. 以社会主义法治与社会治理高度契合为特征的协调型互动

社会主义法治与社会治理需要相互契合。所谓社会主义法治与社会治理的协调型互动，是指社会主义法治与社会治理彼此协调、相互契合。社会治理符合现有法律制度，在此基础上，社会治理在前进过程中积极主动地利用法律规范，以此加强社会生活领域的规章制度。社会主义法治既为公权力提供合法来源，也为公权力的行使设定边界，同时成了社会治理发展的重要制度支撑。在协调型互动状态下，社会主义法治与社会治理的价值目标高度吻合。中国特色社会主义法治既是构成社会治理的规范性框架，也是社会治理的"利用手段"。社会主义法治的落实和实施，意味着将社会治理向前推进，而发展社会主义法治意味着实现社会主义法治。在这种彼此契合的样态下，社会主义法治与社会治理的互动是完全良性的互动。一方面，社会主义法治为社会治理发展提供了合法性支撑与制度保障；另一方面，法律的贯彻实施通过社会治理的实践活动得以体现，两者相辅相成、相得益彰。

2. 以发展与滞后为内容的矛盾型互动

所谓矛盾型互动，是指现行法律规则体系与社会治理产生冲突。社会主义法治与社会治理有时发生矛盾，这是必然的，因为任何事物的发展都是在矛盾中前进的。社会治理的对象是社会生活，而社会生活一直在发生变化，因此社会治理需要一套规则体系以便能够时刻应对这种变化。然而，社会主义法律体系是一个相对稳定的系统，所以社会主义法治与社会治理发生矛盾和冲突是必然的。中国特色社会主义法治与社会治理之间的矛盾型互动，具体又包括两种情形。其一，社会治理的决策、行为是符合形势发展客观需要的，符合我国国情，但既有的法律规范落后了，没有现成的制度对此给予规定。这种冲突能够带动法律制度的发展，这对社会主义法治的进步具有积极意义。其二，社会治理的决策、行为是盲目冒进的，不适宜我国社会发展，而此时的法律制度是同社会发展相适宜的，是合理的。此时的冲突，就是社会治理完全背离了法治轨道，是应该被我们避免的。所以，在国家发展建设中，我们要区分好这两种冲突矛盾，重视每一种矛盾带来的作用及影响，这对推动社会主义法治与社会治理建设均具有积极意义。

三、法治与社会治理的共生纬度

实现中国特色社会主义法治与社会治理的良性互动是为了社会主义法治与社会治理的繁荣并进。社会治理要顺应中国特色社会主义法治的变革方向，与中国特色社会主义法治的价值目标高度契合。社会主义法治要更多地关注社会生活，有效加强政府与公民的联系，促进民主社会的成长。在中国特色社会主义法治与社会治理的互动中，要找准法治与社会治理的发力点与着重点。

（一）法治与社会治理互动的目标纬度

实现中国特色社会主义法治现代化。中国特色社会主义法治的发展，最终目标就是向现代化迈进，从而从根本上促进国家法治体系建设，完善法律基本制度。实现社会主义法治现代化是我国社会主义法治的内在要求，也是摆脱社会治理困境的必要措施。社会治理的发展方向是增加社会治理权利主体，缩小社会管理权力范围，中国特色社会主义法治发展也需要政府职能转型。因此，我们要解决好各利益主体之间的矛盾关系，明确个人与政府的分工，为公民个人尽可能地提供自由空间，才能最大限度地保证公民与政府的和谐关系，才能使公民利益最大化。中国特色社会主义法治现代化是法律价值基本准则，体现了法律公平、正义、自由、秩序的价值目标，是完善与发展中国特色社会主义法治体系的合理手段。只有我国社会主义法治得到完善，才会加强政府与公民间的联系，达到社会和谐、稳定的状态，并树立法律权威，使法律得到普遍遵从，确保社会主义法治的前进方向，同时为社会治理的发展路径奠定基础。

社会主义法治与社会治理互动的法治化目标必然是基于社会主义法治与民主社会相辅相成的良性循环，确保社会主义法治的基本目标不偏离轨道。我国社会主义法治建设的基本目标在于有效培育民主社会，不断提高民众意识，完善政府权责体系，努力为社会治理的良性发展巩固根基。中国特色社会主义法治体系的不断完善，为我国社会治理发展建设奠定了坚实基础。由政府主导，发掘社会活力，增加社会自治能力的建设；壮大社会组织、人民团体，加强与政府间的对话联系，在互动中养成法治习惯；政府与公民在共同对话方面不断规范化、制度化，最终使我国社会治理走向法治化，使社会主义法治与社会治理的互动呈现法治化趋势。在良性循环的基础上推动整个社会治理法治化的进程，而且只有最终实现社会治理法治化目标，我国社会主义法治才能真正摆脱发展困境，社会治理体系才能够在此基础上得到长足发展。

（二）法治与社会治理的关联共生

维护社会秩序、保障社会和谐、实现人民安居乐业，是社会治理的根本目标。在社会主义法治国家方略下，中国特色社会主义法治是最有效的规章制度，它的权威性和规范性是不容置疑的。符合法治发展的社会治理秩序，可以有序维持国家政治秩序。因此，我们总体上可以认为，中国特色社会主义法治就是社会治理的基本目标，任何社会治理都应当通过法治的方式进行。通过法治实现理性社会治理，核心在于弘扬中国特色社会主义法治对社会治理各项决策行为的约束力。社会治理本有着自己的一套规章制度，即针对问题实施解决方案。由于社会问题复杂多变，社会治理无法时刻按照规范的法治秩序行使决策。解决好社会生活问题是社会治理的一大要务。社会生活同人民群众联系最为密切，社会生活问题更是细小繁杂，但一些社会生活问题并不能直接依靠法律规定解决，甚至法律对此并没有相关制度保障。这时，社会治理就要发挥自主性作用。但这里的自主性并不意味着社会治理依靠自己的逻辑为所欲为。任何时候，社会行为都要在法律框架内行使，法律边界是最后一道防线。社会治理行为要遵循社会主义法治理念，符合社会主义法治精神，不得突破宪法和法律的规定，这便是中国特色社会主义法治对社会治理的规范力。当然，在合理范围内对法律进行解释，在有限范围内拓宽法律界限，给社会治理留下更多的发展空间，这是有利于社会的自我成长的。

中国特色社会主义法治与社会治理之间的良性互动路径也是双向的。一方面，社会治理将法治化作为实现目标；另一方面，社会治理发展带动社会主义法治的前进，使社会主义法治得到实践。对中国特色社会主义法治与社会治理的关系问题，我们在上文已经论述过，两者既相互促进又彼此矛盾。在矛盾的情形下，社会主义法治应以其稳定性和规范性对社会治理加以约束，避免非理性社会治理的冲动行为影响社会发展。相反，在相互促进的情形下，社会治理必须遵守法律规定，时刻将法律规范作为行为边界。此种情况下的社会治理顺应社会发展要求，符合我国国情，可以带动全社会的发展进步。此时，我们就要正确看待社会主义法治与社会治理间的关系，立法机关应该考察相关法律规定，在合理范围内认同社会治理决策，及时弥补法律漏洞，创制符合社会发展的法律规范，实现法律更新与社会主义法治发展。综上所述，当社会主义法治与社会治理彼此协调、相互促进时，我们应该将社会主义法治与社会治理紧密联系，将社会治理看作社会主义法治发展的源泉，在社会治理的不断创新中更新法律相关制度，要辩证地看待每一次社会变革，在合法性框架内努力推动社会主义法治体系建设与社会治理的长效发展。

社会治理法治化体现了社会主义法治与社会治理的良性合作机制。在社会治理法治化进程中，我们要理性看待社会主义法治与社会治理的关系，要从中寻找彼此的结合点，在动态变化中彼此制约又彼此促进。同时，将社会治理置于社会主义法治的背景下，把握两者在动态发展中的彼此促进又相互制约的互动关系。

后　记

　　同"法治"与"人权"这两个千百年来始终唤起人们的联想，并使人孜孜以求、不懈践行的"伟大名词"一样，"社会治理"也是一个让人爱憎交织、内涵丰富的历史"隐喻"。中国社会治理的概念来源于十八届三中全会，在此之前，不论是理论研究方面还是课题申报方面，均使用"社会管理"这一概念。从十八大到十八届三中全会社会治理工作所做出的进步，"社会管理"与"社会治理"不仅是一个字的改变，而且主体由政府扩大到社会公共机构等，国家将更多精力集中于宏观方向，从多主体、多层次、多角度互动的视角重新审视社会治理问题，努力实现从传统社会管理向现代社会治理的转变。

　　社会治理的法治生态研究从系统的、动态的方法论出发，明确法治生态是社会治理系统的组成部分。社会治理不能脱离法治生态系统范畴而独立存在和发挥作用。法治生态理论的和谐特性是社会治理的核心阐释。社会治理与法治生态的共生关系是新媒体时代下权力与权利关系，法治社会的治理强调整体关联性下的权利与权力智慧共生，强调基于自我修复和平衡法则下的权利制衡权力，追求权利保障与权力规范的和谐共赢。

　　本书是国家社科基金项目《新媒体时代社会管理创新的法治生态研究》

228

（13XFX006）的结项成果。由笔者确定选题，然后与原新利、赵龙反复论证设计了框架，花了将近三年的时间完成写作。期间，还有贾军、谢芳、张军成、辛万鹏、刘尚洪、朱诗蕊等参与了本书的写作。

本书能够出版，幸得兰州理工大学法学院专著基金经费支持，以及吉林出版集团相关工作者付出的辛勤劳动，在此深表感激。书稿虽已完成，但书中的缺陷和错误肯定不少，我们将随时欢迎来自各方面的批评和指正，以期在今后的学术研究中不断地思考，以弥补本书的不足。

张有亮

二〇二〇年五月